ALBER-TEXTE PHILOSOPHIE

Zu diesem Band:
Metaphysik als rationale menschliche Tätigkeit zielt ab auf eine Theorie höchster Allgemeinheitsstufe, die unsere Erkenntnisbemühungen abschließt. Sie handelt von der Gesamtheit des Seins sowie von der Rolle des Menschen darin. Der Band vereint repräsentative Ausschnitte aus exemplarischen metaphysischen Werken der Philosophiegeschichte. Die Auswahl läßt den systematisch umfassenden Charakter von Metaphysik deutlich werden und stellt die bedeutendsten metaphysischen Entwürfe der abendländischen Philosophie vor. Kontrastierende Positionen ergeben sich u. a. im Anschluß an die klassischen Fragen nach Gott (oder kein Gott?), Freiheit (oder nur Zufall und Notwendigkeit?) und Unsterblichkeit (oder vollständige physische Immanenz und Endlichkeit?).

Metaphysics deals with the totality of being as well as the role of human beings therein. This volume offers a representative selection from exemplary metaphysical works of the history of philosophy. The selection intends to clearly show the systematically comprehensive character of metaphysics and to introduce the most important, contrasting metaphysical conceptions of Western Philosophy. Differing metaphysical positions result, among others, from the classical questions about God (or no God?); freedom (or only chance and necessity?); and immortality (or complete physical immanence and finiteness?).

Der Herausgeber: Professor Dr. phil. Uwe Meixner, geb. 1956, lehrt Philosophie an der Universität Regensburg. Forschungsschwerpunkte und Veröffentlichungen zur Metaphysik, Ontologie, Philosophiegeschichte und Logik.

Uwe Meixner (Hg.)
Klassische Metaphysik

Alber-Texte Philosophie

herausgegeben von
Karl-Heinz Lembeck

Band 1

Uwe Meixner (Hg.)

Klassische Metaphysik

Verlag Karl Alber Freiburg/München

Alber-Texte Philosophie
herausgegeben von Karl-Heinz Lembeck

Band 1

Die Deutsche Bibliothek – CIP-Einheitsaufnahme

Klassische Metaphysik / Uwe Meixner (Hg.). –
Freiburg (Breisgau); München : Alber, 1999
(Alber-Texte Philosophie ; Bd. 1)
ISBN 3-495-48001-3

Redaktion: Angelika Kuhlmann

Gedruckt auf alterungsbeständigem Papier (säurefrei)
Printed on acid-free paper
Alle Rechte vorbehalten – Printed in Germany
Wir danken den Verlagen und Inhabern der Originalrechte
für die freundlicherweise erteilten Abdruckgenehmigungen
sowie für die damit gewährte kollegiale Unterstützung.
© Verlag Karl Alber GmbH Freiburg/München 1999
Copyright der Rechte an den zitierten Texten
siehe Quellennachweis an Ort und Stelle sowie im Anhang
Einbandgestaltung: Finken & Bumiller, Stuttgart
Satzherstellung: SatzWeise, Trier
Inhalt gesetzt in der Aldus und Rotis SansSerif
Druck und Bindung: Freiburger Graphische Betriebe 1999
ISBN 3-495-48001-3

Inhalt

UWE MEIXNER
Einleitung 9

ARISTOTELES
Die Metaphysik 21

LUKREZ
Von der Natur der Dinge 45

THOMAS VON AQUIN
Die Summe gegen die Heiden 77

BARUCH DE SPINOZA
Die Ethik 119

GOTTFRIED WILHELM LEIBNIZ
Metaphysische Abhandlung 145

ARTHUR SCHOPENHAUER
Die Welt als Wille und Vorstellung 173

Anhang
Quellennachweis 217
Weiterführende Literatur 218

Einleitung
Uwe Meixner

Die Textauswahl aus dem Reichtum der Tradition metaphysischen Denkens erfolgte unter mehreren Gesichtspunkten, an erster Stelle naturgemäß unter der Voraussetzung einer bestimmten Definition von dem, was Metaphysik ist. *Die* Metaphysik ist diejenige *menschliche Aktivität,* die darauf abzielt, auf einer hohen Stufe der begrifflichen Allgemeinheit ein theoretisches (also logisch organisiertes) Gesamtbild von allem überhaupt und von uns Menschen darin hervorzubringen. *Eine* Metaphysik ist dagegen ein *Produkt dieser Aktivität,* eben ein theoretisches Gesamtbild von allem überhaupt und vom Menschen darin auf einer hohen Stufe der begrifflichen Allgemeinheit.

Offenbar ist der Metaphysik nach ihrer Definition der systematische Charakter wesentlich. Wir sind heute – in Zeiten, in denen dem System und mithin dem systematischen Denken mißtraut wird – geneigt, gerade darin eine große Gefahr für den Wahrheitsgehalt von Metaphysik zu erblicken. Doch ist tatsächlich kein logischer Grund einzusehen, warum der Wahrheitsgehalt eines theoretischen Systems eo ipso geringer sein sollte als der einer Ansammlung von Aphorismen. Der systematische Charakter einer Metaphysik ist vielmehr ein Kriterium für ihren Wert. Letztlich entscheidend dafür ist aber natürlich, ob sie wahr ist. Genau dies ist nun jedoch besonders schwer auszumachen. Und so bezieht sich die generelle erkenntnistheoretische Metaphysikkritik zumeist auf eben diesen Punkt. Insbesondere Kant oder die logischen Empiristen, z.B. Rudolf Carnap, sind hier zu nennen. Daneben stört manchen auch die angeblich typische begriffliche Unklarheit von Metaphysik, die jedoch weniger ein Problem der Metaphysik als solcher sein dürfte als vielmehr das mancher Metaphysiker. Die moderne Entwicklung der Erkenntniskritik zeigt nun aber, daß zwischen Metaphysik und anderen Erkenntnisaktivitäten in Wahrheit kein kategorischer Unterschied besteht, sondern allenfalls ein Unterschied des Grades. Absolute Gewißheit ist, außer vielleicht in den trivialeren Bereichen der Logik, in keiner Erkenntnisaktivität zu haben, am wenigsten freilich in der Metaphysik. Angesichts ihres Erkenntnisziels kann das aber nicht verwundern. Unser Wissen in einem theoretischen, begrifflich allgemeinen Gesamtbild zu einem definitiv letzten Abschluß in »ersten Prinzipien« zu bringen, kann aus erkenntnistheoretischen Gründen kein Vorhaben sein, das sich mit relativer Gewißheit in dieser oder jener Weise realisieren ließe. Denn ein solches Vorhaben geht notwendig über pragmatische oder empirische Argumente hinaus. Das Ausbilden gleichberechtigter, aber einander widersprechender theoretischer Alternativen ist daher der Metaphysik so wesentlich wie ihre systematische Gestalt. Und beides ist durch die faktischen historischen Ausprägungen der Metaphysik in der Philosophie des Westens bestens dokumentiert.

Die vorliegende Sammlung beinhaltet Auszüge aus sechs solchen Ausprägungen, aus sechs Metaphysiken. Diese Auszüge müssen vergleichsweise umfangreich sein, um dem Leser einen Eindruck von dem wesenhaft systematischen Charakter von Metaphysik zu vermitteln. Das ist nicht möglich auf jeweils nur ein paar Seiten. Die Auszüge verweisen, gelegentlich ganz explizit, auf die größeren textlichen Zusammenhänge, denen sie entnommen sind. Und natürlich ist der Leser eingeladen, diesen Verweisen nachzugehen. Die architektonische Größe einer Metaphysik wird sich nämlich erst dann enthüllen, wenn man sie zur Gänze kennt. Die Länge der gewählten Textausschnitte verkleinert allerdings die Anzahl der Autoren, die auf 200 Seiten zu Wort kommen können, drastisch. Ausgeklammert bleibt daher eine Repräsentierung der (sehr lebendigen) Metaphysik des 20. Jahrhunderts, obwohl auch dort reichlich interessanter, ja faszinierender Stoff vorhanden ist; etwa bei Alfred N. Whitehead, J. M. E. McTaggart oder den modernen Metaphysikern der Analytischen Philosophie, David Lewis und David Armstrong. Daß für unser Jahrhundert hingegen kaum deutschsprachige Metaphysiker zu nennen sind (Heidegger etwa ist wohl eher zu den »Metaphysiküberwindern« zu zählen), sollte allerdings zu denken geben. Denn diese Tatsache spricht womöglich für eine gewisse innere Lähmung der deutschen Philosophie, deren Ursachen nicht weit zu suchen sein dürften. Einerseits liegen sie in einer kritiklosen Verinnerlichung der Metaphysikkritik Kants, verstärkt durch die Rezeption des »Metaphysiküberwinders« Wittgenstein und des Metaphysikfeindes Nietzsche. Andererseits wirkt noch immer der ebenso kritiklose Glaube an Hegels System als nicht mehr zu überbietendem Höhepunkt (also eigentlichem Endpunkt) aller Metaphysik nach.

Aufgenommen wurden in diesen Band allein Autoren, die in jeder Hinsicht Klassiker der Metaphysik sind, jedoch nicht alle, die diesen Namen verdienen. Insbesondere die lange Tradition der christlichen Metaphysik hat nicht wenige Autoren zu bieten, die sehr wohl als metaphysische Klassiker bezeichnet werden können: etwa Augustinus, Anselm von Canterbury und vor allem Duns Scotus. Doch tritt hier ein anderer Gesichtspunkt der Textauswahl in Kraft, der den Verzicht auf die Repräsentation dieser Autoren angesichts des wenigen zur Verfügung stehenden Platzes rechtfertigt: der des *ausgeprägten Kontrastes*. Es kommt mir darauf an, klassische Metaphysiken vorzustellen, die nicht bloß im Detail kontrastieren. Metaphysik ist eben auch wesenhaft eine Erkenntnisbemühung, die zu einander widersprechenden Ergebnissen führt. Hier kommt es also darauf an, den metaphysischen Konflikt *im Grundsätzlichen*, so wie er historisch vorliegt, repräsentativ sichtbar zu machen. Dem klassischen universalen christlichen Theismus Thomas von Aquins stehen in der abendländischen Tradition an prominentester Stelle vier Metaphysiken gegenüber, die wiederum auch untereinander stark kontrastieren: 1. der rein immanente materialistische Naturalismus Epikurs, dessen attraktivste Gestalt diejenige ist, die ihm der römische Dichter Lukrez verliehen hat und der gerade heute wieder besonders aktuell ist;[1] 2. der pantheistische, mystisch leuchtende Naturalismus Spinozas; 3. der logico-theistische Optimismus Leibnizens; und 4. der Schopenhauerische Pessimismus – letzterer eine neuartige Erscheinung in der Philosophie des Westens, da er ein dort zuvor noch nicht vernommenes uneingeschränktes Nein zum erscheinenden Dasein und zu dessen Grund beinhaltet. Lukrez, Spinoza, Leibniz, Schopenhauer haben demzufolge ebenso wie Thomas Eingang in diese Textsammlung gefunden. Alle fünf Denker haben im Grundsätzlichen kontrastierende Systeme der Metaphysik geschaffen.

An Aristoteles vorbeizugehen, ist aber gänzlich unmöglich, da er die Disziplin der Metaphysik (er nannte sie »Erste Philosophie«) in ihrer eigentümlichen Gestalt eigentlich erst begründete. Er hat

---

[1] So sind etwa in Bernulf Kanitscheiders Buch *Im Innern der Natur* – u.a. ein Plädoyer für den modernen Naturalismus – allenthalben lukrezische Anklänge erkennbar, z.B. in seiner Religionskritik.

Uwe Meixner

sie nicht nur durch eigene Beiträge bereichert, deren Einfluß kaum zu ermessen ist, sondern mit ihm kam die Metaphysik erst zu sich selbst. Von Aristoteles stammen auch die ersten Metaphysikdefinitionen, die die wesentlichen Theorie-Elemente bestimmen, die in jeder Metaphysik – und sei es in der Verneinung – zum Tragen kommen. Nach dem im vorliegenden Band dokumentierten Verständnis von Metaphysik ist diese allerdings weder mit der (allgemeinen) Ontologie des Aristoteles, seiner Wissenschaft vom Seienden als Seienden identisch, noch mit dessen Theologie, der Wissenschaft vom abgetrennt Unbeweglichen. Vielmehr gehören über diese zwei Theorie-Elemente hinaus immer auch kosmologische und anthropologische Motive zu einer Metaphysik, die sich als begrifflich-allgemeines Gesamtbild *von allem überhaupt und des Menschen darin* versteht. Diese beiden letzteren Elemente mögen sich etwa manifestieren in Aussagen zur (effizienten wie finalen) Kausalität, zur Bewegung (und damit zu Raum und Zeit), zu Notwendigkeit, Zufall und Freiheit, zu Leib und Seele sowie in Aussagen zu einer ersten (oder »letzten«) Bestimmung dessen, *was* der Mensch ist, wovon eine Charakterisierung des letzten (oder »ersten«) Sinns der menschlichen Existenz praktisch unabtrennbar ist. Spätestens an diesem Punkt der metaphysischen Sinnaussage wird Metaphysik auch in ethischer Hinsicht bedeutsam. Denn es ist klar, daß eine Ethik, wenn es sie sinnvoll überhaupt geben soll, ohne ein ihr eigentümlich zugrundeliegendes Menschenbild nicht auskommt. Ein solches aber liefert auf allgemeinster Ebene die Metaphysik. Diese Verhältnisse führen somit zu dem von David Hume beobachteten und monierten,[2] aber im Kern legitimen Nexus zwischen Metaphysik und Ethik, Seins- und Sollensaussagen: Ethik bedarf eben eines Menschenbildes, und Metaphysik ist in der mit einem Menschenbild implizierten Sinnaussage nicht völlig wertfrei.

Es ist Aufgabe der Metaphysik, das primäre (oder ultimative) Menschenbild zu erstellen. Die empirischen Details, die andere Wissenschaften beitragen, sind für jenes Menschenbild in jedem Fall relevant, können es aber – auch in ihrer Akkumulation – in keinem Fall erzwingen. In diesem Zusammenhang ist ein Wort über das Verhältnis von Metaphysik und Erfahrung bzw. empiri-

---

[2] Vgl. das 3. Buch des *Traktats über die menschliche Natur*, Teil I, Abteilung I, Schlußabsatz.

scher Wissenschaft angezeigt: Metaphysik ist keineswegs als eine *apriorische* Wissenschaft intendiert. Keineswegs versteht sie sich also als eine Wissenschaft, die die Erfahrung nicht benötigt, und in der statt dessen die Vernunft sich nur mit sich selbst beschäftigt, wie etwa Kant meinte (vgl. *Prolegomena*, A 125). Richtig ist es zu sagen, daß Metaphysik, indem sie all unser empirisches Wissen zu einem Abschluß in einer allgemeinen letzten Deutung und Stellungnahme bringt, unweigerlich *transempirisch* ist. Das ist aber etwas anderes als *apriorisch*. Reflexionen dieser Art zum Selbstverständnis der Metaphysik finden sich sowohl am Anfang der hier vorgelegten Sammlung bei Aristoteles, als auch an ihrem Ende bei Schopenhauer, als Reaktion auf Kants Metaphysikkritik. Insbesondere die Reflexionen Schopenhauers richten sich gerade auf das Verhältnis von Metaphysik und Erfahrung. Sie gehören zum Besten, was ein Metaphysiker auf Kant erwidern kann, der freilich selbst der erste war, der erkenntnistheoretische Reflexionen über Metaphysik in größerem Umfang und (anders als Hume oder Locke) mit echtem Verständnis für die Sache der Metaphysik anstellte.

Doch zwingt Vernunft keineswegs, Kant zu folgen – auch wenn dieser selbst es vielleicht so sah. Will man sich statt dessen kritisch mit Kants Metaphysikkritik auseinandersetzen, so bietet sich dafür die Darstellung seiner erkenntniskritischen Philosophie an, die er unter dem Titel *Prolegomena zu einer jeden künftigen Metaphysik, die als Wissenschaft wird auftreten können* gegeben hat. Anlaß zu einer solchen kritischen Auseinandersetzung besteht jedenfalls genug. So lesen wir in den *Prolegomena* (A 195) die folgende trutzige Herausforderung: »Glaubt jemand sich hiedurch [sc. durch die Behauptung, daß die Metaphysik seit Aristoteles keinen Fortschritt gemacht habe; U. M.] beleidigt, so kann er diese Beschuldigung leicht zu nichte machen, wenn er nur einen einzigen synthetischen, zur Metaphysik gehörigen Satz anführen will, den er auf dogmatische Weise a priori zu beweisen sich erbietet, denn nur dann, wenn er dies leistet, werde ich ihm einräumen, daß er wirklich die Wissenschaft weiter gebracht habe: sollte dieser Satz auch sonst durch die gemeine Erfahrung genug bestätigt sein. Keine Foderung kann gemäßigter und billiger sein, und, im (unausbleiblich gewissen) Fall der Nichtleistung, kein Ausspruch gerechter, als der: daß Metaphysik als Wissenschaft bisher noch gar nicht existiert habe.« Muß sich irgendein Metaphysiker *als* Metaphysiker –

Uwe Meixner

also als jemand, der solche Erkenntnisansprüche gar nicht stellt, weil sie seiner Disziplin nicht zugehören – hiervon betroffen und angegangen fühlen? Muß es *gerade ihm* darum gehen, irgendeinen seiner Sätze »auf dogmatische Weise a priori zu beweisen«, wenn doch Beweise und apodiktische Gewißheit außerhalb von Logik und Mathematik nirgendwo in der Wissenschaft zu haben sind? Würde »das Spielwerk von Wahrscheinlichkeit und Mutmaßung« der Metaphysik, wie Kant meint *(Prolegomena,* A 195), wirklich ebenso schlecht anstehen wie der Geometrie, wenn doch, wie schon Xenophanes sagt und noch im 20. Jahrhundert Karl Popper bestätigt, »Vermutung an allem haftet« *(Diels/Kranz,* Fragment B 34)? Schon Aristoteles zufolge *(Nikomachische Ethik,* 1094b) darf man vernünftigerweise von keiner Disziplin einen höheren Gewißheitsgrad erwarten, als es ihr Sachgebiet zuläßt. Eben dies tut aber Kant in bezug auf die Metaphysik. Von ihr erwartet er einen höheren Gewißheitsgrad als es das Thema, auf das sich ihre Erkenntnisbemühungen richten, eigentlich zuläßt. Kant äußert diese Erwartung also selbst *unvernünftigerweise* – wenn auch vor allem in Reaktion auf die überzogenen Gewißheitsansprüche mancher Metaphysiker, Aristoteles selbst nicht ausgenommen.

Wie in inhaltlicher Hinsicht unterscheiden sich die ausgewählten Autoren auch in ihrem Stil (was freilich in diesem Band – außer natürlich bei Schopenhauer – nur in Übersetzungen spürbar gemacht werden kann). Die berüchtigte Undurchsichtigkeit von Aristoteles' Büchern zur *Metaphysik* (Avicenna, der bedeutendste arabische Metaphysiker des Mittelalters, las sie vierzigmal ohne sie zu verstehen) geht zu einem nicht geringen Teil auf die notizenhafte Knappheit seiner Texte zurück. Seine gänzlich trockenen Ausführungen waren wohl für den Vorlesungsbetrieb gedacht; im nachhinein kann man sie aber auch, wenn sie sich erst dem Verständnis geöffnet haben, durchaus als äußerst prägnant empfinden, jedenfalls im Griechischen. Lukrez ist ein großer Dichter, der sein Lehrgedicht der epikureischen Philosophie *De rerum natura* in wuchtigen, von aufklärerischer Leidenschaft durchdrungenen Hexametern, im Versmaß des homerischen Epos vorträgt. Thomas wiederum türmt in seiner *Summe gegen die Heiden* Kapitel für Kapitel in völlig unpersönlicher, emotions- und schnörkelloser Prosa Argument auf Argument. Beständig führen mehrere Argumente zu ein und derselben Konklusion, wobei sie von akzeptierten, von den Autoritäten (u.a. Aristoteles) herstammenden Gemeinplätzen ausgehen. Ihre logische Struktur ist meist recht durchsichtig gehalten, keineswegs aber stets im strengen Sinne syllogistisch. Spinoza wiederum ist fasziniert vom Ideal der mathematischen Erkenntnis und sucht daher in seiner *Ethik* Metaphysisches *more geometrico* zu beweisen. Er bietet das schwere Gerät von Axiomen, Definitionen und Lehrsätzen auf – nicht immer mit entsprechender logischer Kompetenz. Leibniz dagegen, der sicherlich als der beste Logiker unter den sechs in diesem Band repräsentierten Metaphysikern gelten kann, spricht im *Discours de Métaphysique* gewissermaßen in intellektuellem Plauderton über die tiefsten Fragen. Schopenhauer schließlich will verstanden werden – in der deutschsprachigen Philosophie eine Zielsetzung, die man gewiß loben muß. Doch paradoxerweise trägt gerade sein meisterlich klarer Stil gelegentlich dazu bei, manche Schwäche in der Argumentation für seine tiefempfundene Philosophie in *Die Welt als Wille und Vorstellung* zu verschleiern.

Neben ihrer systematischen Bedeutung als Beiträge zur Metaphysik sind die ausgewählten Texte auch historische Dokumente, und infolgedessen ist manches an ihnen rein zeitbedingt. Das betrifft insbesondere Aussagen, die sich auf die jeweils zeitgenössische empirische Wissenschaft beziehen. Doch darf man sich dadurch die systematische Bedeutung der Texte ebensowenig verdunkeln lassen wie durch andere historische Akzidenzien (wie z.B. daß Schopenhauer ein enttäuschter Mann in einer enttäuschten Epoche war). Denn mag auch die Geschichte der empirischen Naturwissenschaft voranschreiten, mag sich die Physik als deren Inbegriff wandeln – die Alternativen der Metaphysik bleiben davon im Kern unberührt. Denn Metaphysik beginnt ihrem Wesen nach erst dort, wo die Physik aufhört. Beispielsweise ist es für die zentrale metaphysische Botschaft von Lukrez unerheblich, daß der antike Atomismus von der modernen Atomtheorie ganz und gar verschieden ist. Die metaphysische Alternative einer transzendenzlosen Welt, die aus sich heraus durch innere Notwendigkeit und Zufall da ist und sich wandelt, wäre sogar auch dann noch eine vertretbare Position, wenn unsere Physik inhaltlich ganz anders geartet wäre, als sie es gegenwärtig ist, selbst wenn sie dabei nicht weniger erfolgreich wäre. Es überrascht nicht, daß in diesen Zeiten der Hochblüte empirischer Naturwissenschaft die metaphysische Tragweite ihrer Erkenntnisse weithin überschätzt wird. So sind viele Zeitgenossen der Ansicht, die »moderne Wissenschaft« schließe den Theismus aus und liefere statt dessen gute Gründe, für einen physikalistischen Naturalismus zu optieren, den Physikalismus. Der Physikalismus findet die ersten bewegenden Prinzipien der Natur im objektiven Zufall und in einer nicht weiter zurückführbaren objektiven naturgesetzlichen Notwendigkeit; und er läßt außer physikalischen Entitäten nichts anderes gelten. Wer sich für diese metaphysische Alternative entscheidet, übersieht dabei leicht, daß seine Wahl keineswegs durch die Naturwissenschaften *an sich*, nämlich insofern sie empirische sind, gefordert ist. Er vergißt die Tatsache, daß diese Wahl eben eine *Wahl*, genauer: eine *rational freie* Wahl ist. Dies kann auch durch die folgende Überlegung erläutert werden: Nehmen wir an, die Wissenschaftsentwicklung wäre eine ganz andere gewesen, weil die Welt eben eine wesentlich andere wäre. Nehmen wir an, es hätte sich herausgestellt, daß die Sonne, wie alle Gestirne, um die Erde, den Mittelpunkt des Kosmos, kreist und daß die Arten der Lebewesen nach ihrem offenbar spontanen ersten Auftreten am Anfang der Welt konstant sind, so daß eine Evolution weder stattgefunden hat noch stattfindet. Wäre damit der Theismus bewiesen und der Physikalismus widerlegt? Gewiß nicht.

Doch scheint es eine metaphysische Tradition zu geben, deren Zeit definitiv abgelaufen ist und die nur noch historisches Interesse beanspruchen kann. Ich meine die gut zweitausendjährige Tradition des Platonismus, die angefangen bei Platon selbst (der freilich seinerseits keineswegs ein Platonist im Vollsinn ist) vor allem durch Plotin, Proklos, Scotus Eriugena und Nikolaus von Kues verkörpert wird. Viele Motive des Platonismus haben Aufnahme in anderen metaphysischen Richtungen gefunden, vor allem im klassischen christlichen Theismus. Jedoch erscheint die Annahme einer vielschichtigen transzendenten geistigen Welt, die statt des blutigen Dunkels der Verbannung in die Materie unsere eigentliche metaphysische Heimat ist, uns heute wohl als gar zu phantastisch. Man mag sie nicht einmal mehr als Zufluchtsort aus negativen historischen Erfahrungen empfehlen. Immerhin ist und bleibt der Platonismus die klassische metaphysische Einbettung der westlichen (christlichen oder nichtchristlichen) Mystik, an der das Interesse gegenwärtig so groß ist wie nie zuvor.

Platon ist kein systematischer Metaphysiker, wie es Plotin und Eriugena ohne Zweifel sind. Doch sind manche Texte von ihm von derart großer metaphysischer Bedeutung, daß sie hier wenigstens im Rahmen eines *Verweises* auf metaphysische Texte der plato-

nischen Tradition – neben solchen von Platon sind es Texte von
Plotin und Eriugena – genannt werden sollen: Aus den Dialogen
Platons: *Timaios:* 27c – 31b, 37c – 38b, 46d – 48a, 49d – 52c, 68e –
69c, 92c; *Phaidon:* 80e – 84b, 97c – 103c, 105b – 107d; *Politeia:* 508a
– 511e, 514a – 517e; *Symposion:* 210a – 212a; *Parmenides:* 130a –
135c. Dann aus den Lehrschriften Plotins: *Enneade* IV,8 [6]; *Enneade* VI,9 [9], 46-Schluß; *Enneade* V,3 [49], 77-Schluß; *Enneade* I,8
[51], 1–24; *Enneade* II,9 [33], 20–180.[3] Schließlich aus dem dritten
Buch von Eriugenas monumentalen Werk *Periphyseon* (oder *Von
der Einteilung der Natur)* Kapitel 4 und die Kapitel 17–23. (Zu Angaben über geeignete Übersetzungen dieser Werke siehe im Anhang.)

Es bedarf einer besonderen Rechtfertigung, warum in der vorliegenden Sammlung Hegel fehlt. Wäre mehr Platz zur Verfügung
gestanden, so hätte ohne Zweifel ein Text von Hegel Aufnahme in
dieses Buch gefunden, obwohl es besonders schwer ist, anhand von
Textausschnitten einen auch nur einigermaßen erhellenden Eindruck vom Hegelschen System zu vermitteln. Hegels Philosophie
ist jedoch nicht, wie viele glauben wollen, der Endpunkt oder gar die
Vollendung der Metaphysik. Deshalb ist es nicht unbedingt zwingend, seine Philosophie durch Abdruck eines Textes in dieser
Sammlung zu berücksichtigen, zumal andere Gesichtspunkte *dagegen* sprechen, nicht zuletzt die der mangelnden Verständlichkeit
und unzureichenden logischen Transparenz. Und welcher der sechs
aufgenommenen Autoren sollte Hegel auch Platz machen? Ich
wüßte keinen.

Auch können nicht berücksichtigt werden die Metaphysiken
der interessantesten aller Metaphysikfeinde, also diejenigen David
Humes und Friedrich Nietzsches. Hume bietet ein lehrreiches Beispiel für die Instabilität der metaphysischen Skepsis. Die skeptische
Ablehnung der vorgefundenen, in ihrer Begrifflichkeit aber kaum
mehr verstandenen scholastischen Metaphysik verwandelt sich unter Humes Händen (wie besonders im 1. Buch des *Traktats über die
menschliche Natur* nachzulesen) unversehens in eine der bizarrsten
aller Metaphysiken: Die Welt wird zum transzendenz- und substanzlosen, in seiner Bewegung grund- und ziellosen Fluß subjekt-

---

[3] Die in eckigen Klammern angegebenen Zahlen sind die Stellen der Lehrschriften in
der Chronologie des Porphyrius; die Abschnittsangaben dahinter beziehen sich auf die
fortlaufende Passagenzählung der Harderschen Übersetzung.

loser, aber dennoch quasi-psychischer, quasi-substantieller Qualia (»perceptions«). Der Mensch aber, Körper und Seele, erscheint als eine temporäre Verklumpung dieser Qualia. Es ist eben nur ein kleiner, wiewohl logisch unzulässiger Schritt von der Ablehnung einer Annahme zu der Annahme ihrer Negation (von z. B. »ich mache nicht die Annahme, daß es materielle Substanzen gibt« zu »ich mache die Annahme, daß es keine materiellen Substanzen gibt«). Es ist aber eben ein Schritt, der unversehens auch vom Skeptiker getan wird, weil auch er dem metaphysischen Bedürfnis nach Abschluß, Vollständigkeit, Unbedingtheit in der Erkenntnis unterliegt, so daß auch er kognitive Bestimmtheit sucht: *hin* zu »ich weiß, daß A« oder zu »ich weiß, daß nicht A«, aber *weg* von »ich weiß nicht, ob A«. Jedoch ist bei Hume – und in ganz ausgeprägter, wahrhaft monomanischer Form bei Nietzsche, der wie Hume als Skeptiker nur beginnt – noch ein weiteres Motiv für jenen Schritt erkennbar: der Drang, gegebene metaphysische Ansichten zu zerstören. Denn man kann eine Ansicht nur durch die Annahme ihrer Negation zerstören, und keineswegs schon dadurch, daß man sich der Ansicht – wie der echte Skeptiker – nicht anschließt, sie nicht mitmacht.

Doch mögen Hume und Nietzsche auch *eine* Metaphysik zerstört haben (was mehr als zweifelhaft ist), *die* Metaphysik selbst haben sie gewiß nicht zerstört. Letzteres zu behaupten heißt nur, einem gängigen philosophiehistorischen Klischee zu folgen. Denn klarerweise ist die Annahme der Negation einer (von anderen gemachten) metaphysischen Annahme wiederum eine metaphysische Annahme. Hume und Nietzsche haben somit, insofern sie über die bloße Skepsis hinausgingen, nur jeweils eine neue Metaphysik einer anderen, schon gegebenen entgegengesetzt. Die Metaphysikfeinde sind also selbst zu Metaphysikern geworden. Wenn das weiter oben Gesagte richtig ist, dann sind Nietzsches oder Humes Metaphysiken zudem keineswegs besser begründet als andere konsistente Metaphysiken, sondern es handelt sich bei ihnen bestenfalls um weitere, prinzipiell ergreifbare metaphysische Alternativen.

Das dem erkennenden Menschen wesentliche Bedürfnis nach Erkenntnisabschluß wird insbesondere auch in seiner ultimativen Ausrichtung auf die Erstellung eines begrifflich-allgemeinen theoretischen Bildes des Seins als Ganzes weiterhin wirksam bleiben. Deshalb besteht die Notwendigkeit, sich mit den metaphysischen

Einleitung

Alternativen auseinanderzusetzen, insbesondere mit den klassischen Resultaten, die jenes Bedürfnis (»Metaphysik als Naturanlage«, wie Kant sagt) schon gezeitigt hat. Es ist wichtig zu sehen, daß es dabei nicht auf eine Entscheidung zwischen den Alternativen ankommen kann – nicht auf eine *offizielle,* eine *persönliche* trifft ohnehin ein jeder. Eine allgemeinverbindliche Entscheidung auf rein kognitivem Wege ist nicht möglich. (Aber ist sie das bei den Naturwissenschaften? Spielen nicht auch dort in Entscheidungssituationen – also am dramatischsten bei sog. »wissenschaftlichen Revolutionen« – erkenntnisexterne Motive eine unabdingbare Rolle?) Aus dieser erkenntnistheoretischen Situation haben die Metaphysikkritiker zwar stets viele Argumente gewonnen. Doch auf eine Entscheidung kommt es, wie gesagt, gar nicht an, jedenfalls nicht im Rahmen der Philosophie. Es kommt vielmehr an auf eine Pflege dessen, was man als »metaphysische Kultur« bezeichnen könnte. (In Deutschland freilich kann man wohl nicht einmal mehr von Pflege, sondern muß geradezu von Neugewinnung dieser Kultur sprechen.) Unter Pflege der metaphysischen Kultur ist gemeint der philosophisch kompetente Umgang mit metaphysischen Begriffen, Fragestellungen, Argumentationen und mit alternativen metaphysischen Theorien aus Interesse an der Sache, das eben deshalb nicht *bloß historisch* sein darf. Erst ein solcher Umgang vermag zu einer wahren philosophischen Kennerschaft *in metaphysicis* führen. Diese Kennerschaft dient der eigenen Orientierung im Denken; es ist schon viel erreicht, wenn metaphysische Fragen überhaupt als solche erkannt, und nicht etwa für naturwissenschaftliche gehalten werden. Und erst solche Kennerschaft kann, wenn sie entsprechende Verbreitung findet, vielleicht auch hierzulande neue Entwicklungen im Bereich der Metaphysik vorbereiten. Weiterhin dient philosophische Kennerschaft in metaphysischen Dingen der Gewinnung kritischer Kompetenz, um die manchmal recht dürftigen metaphysischen Versuche philosophischer Laien von anderen, ernsterzunehmenden Entwürfen unterscheiden zu können. Nicht zuletzt ist jene Kennerschaft ein Bollwerk gegen den Irrationalismus (die »Schwärmerei«, würde Kant sagen), der in moderner Gestalt nicht selten als Esoterik auftritt. Der damit verbundenen Verabschiedung von reflektierter Begrifflichkeit, Logik und Argumentation in der Anwendung auf letzte Fragen kann nur durch Pflege der metaphysischen Kultur entgegengewirkt werden. Ihr soll dieses Buch dienen.

Text 1
Aristoteles

Aristoteles (geboren 384 v. Chr. in Stagira, gestorben 322 v. Chr. in Chalkis auf Euböa) ist der Begründer der gesamten abendländischen theoretischen Wissenschaft (mit Ausnahme der Mathematik). Auch die Metaphysik ist eine seiner Stiftungen: er hat sie als erster als eigene Wissenschaft definiert und entwickelt. Von den Begriffen, Problemstellungen, Lösungsansätzen, die Aristoteles zur Verfügung stellte, hat die Metaphysik jahrtausendelang gezehrt, noch kann man sagen, daß seine metaphysischen Konzeptionen heute nur noch eine historische Bedeutung hätten.
Aus dem Nordosten Griechenlands stammend, trat Aristoteles 367 in Platons Schule, die Akademie zu Athen, ein und verbrachte dort 20 Jahre. Nach Platons Tod folgten zwölf Wanderjahre, die ihn nach Assos (wo er u. a. heiratete) und nach Lesbos führten; 343/342 wurde er Lehrer Alexanders (des späteren Großen). 335 kehrte Aristoteles nach Athen zurück. Als drei Jahre später Xenokrates an die Spitze der Akademie trat, gründete Aristoteles sein eigenes Institut, das Lyzeum, wo insbesondere auch empirische Studien betrieben wurden. Im Zuge der antimazedonischen Umtriebe nach dem Tode Alexanders verklagte man Aristoteles der Gottlosigkeit; um sich das Schicksal des Sokrates zu ersparen, verließ er Athen, starb aber bald darauf.
Werke: Von den epochalen Werken des Aristoteles sind besonders hervorzuheben: die *Erste und Zweite Analytik* (Begründung der Logik und Wissenschaftstheorie), die *Nikomachische Ethik*, die *Physik* und schließlich eben die *Metaphysik*.

Die Metaphysik (1. Hälfte des 4. Jahrhunderts v. Chr.)

Buch IV

1 (a) Es gibt eine Wissenschaft, welche das Seiende als Seiendes untersucht und das demselben an sich Zukommende. Diese Wissenschaft ist mit keiner der einzelnen Wissenschaften identisch; denn keine der übrigen Wissenschaften handelt allgemein vom Seienden als Seiendem, sondern sie grenzen sich einen Teil des Seienden ab und untersuchen die für diesen sich ergebenden Bestimmungen,

wie z. B. die mathematischen Wissenschaften. (b) Indem wir nun die Prinzipien und die höchsten Ursachen suchen, ist offenbar, daß diese notwendig Ursachen einer gewissen Natur an sich sein müssen. Wenn also auch diejenigen, welche die Elemente des Seienden suchten, diese Prinzipien suchten, so müssen dies auch die Elemente des Seienden sein nicht in akzidentellem Sinne, sondern insofern es ist. Daher müssen auch wir die ersten Ursachen des Seienden als Seienden erfassen.

(a) Das Seiende wird in mehrfacher Bedeutung ausgesagt, aber 2 immer in Beziehung auf *Eines* und auf eine einzige Natur und nicht nach bloßer Namensgleichheit (homonym); sondern wie alles, was gesund genannt wird, auf Gesundheit hin ausgesagt wird, indem es dieselbe erhält oder hervorbringt, oder ein Anzeichen derselben, 1003b oder sie aufzunehmen fähig ist, und wie etwas ärztlich heißt in Beziehung auf die Arzneikunde, entweder weil es die Arzneikunde besitzt oder zu ihr wohl befähigt oder ein Werk derselben ist; und wie wir dasselbe beim Gebrauch der übrigen Wörter finden werden: ebenso wird auch das Seiende zwar in vielfachen Bedeutungen ausgesagt, aber doch alles in Beziehung auf *ein* Prinzip. Denn einiges wird als seiend bezeichnet, weil es Wesen (Substanzen), anderes, weil es Eigenschaften eines Wesens sind, anderes, weil es der Weg zu einem Wesen oder Untergang oder Beraubung oder Qualität oder das Schaffende und Erzeugende ist für ein Wesen oder für etwas in Beziehung zu ihm Stehendes, oder Negation von etwas unter diesen oder von einem Wesen (deshalb sagen wir ja auch, das Nichtseiende *sei* nicht-seiend). Wie nun alles Gesunde *einer* Wissenschaft angehört, so verhält es sich gleicherweise auch bei dem übrigen. Denn nicht nur das, was *nach Einem* ausgesagt wird, sondern auch das, was *in Beziehung auf Eines* ausgesagt wird, ist Gegenstand einer einzigen Wissenschaft; denn in gewissem Sinne wird auch dies *nach Einem* ausgesagt. Also gehört offenbar auch alles Seiende als Seiendes einer einzigen Wissenschaft an. Überall geht aber die Wissenschaft vornehmlich und zunächst auf das Erste, von dem das übrige abhängt und wonach es benannt ist. Ist dies nun das Wesen (Substanz), so muß der Philosoph die Prinzipien und die Ursachen der Wesen (erfaßt) haben.

Von jeder Gattung gibt es aber, wie nur *eine* Sinneswahrnehmung, so nur *eine* Wissenschaft; die Grammatik z. B. als eine einzige Wissenschaft handelt von allen Lauten. Daher gehören auch alle Arten des Seienden einer der Gattung nach einzigen Wissen-

Die Metaphysik

schaft an, die Arten des Seienden aber den Arten der Wissenschaft. (b) Nun sind das Eine und das Seiende identisch und *eine* Natur, indem sie einander folgen, wie Prinzip und Ursache, nicht insofern als sie durch *einen* Begriff bestimmt würden. (Doch macht es nichts aus, wenn wir das letztere annehmen, vielmehr ist es für die Untersuchung noch mehr förderlich.) Denn dasselbe ist *ein* Mensch und seiender Mensch und Mensch, und die Verdoppelung im Ausdruck »er ist *ein* Mensch« oder »er ist Mensch« bringt keine Veränderung des Sinnes hervor (offenbar wird es auch beim Entstehen und beim Vergehen nicht getrennt, und dasselbe gilt vom Einen); der Zusatz bezeichnet also hier nur dasselbige, und das Eine ist nicht etwas Verschiedenes außer dem Seienden. Auch ist jedes Wesen eines, nicht bloß in akzidentellem Sinne, und ebenso ist es seiend an sich. So viel es also Arten des Einen gibt, so viel gibt es auch Arten des Seienden, deren Was zu untersuchen die Aufgabe einer der Gattung nach einzigen Wissenschaft ist, ich meine z. B. die Untersuchungen über das Identische, das Ähnliche und anderes dergleichen und das ihnen Entgegengesetzte. So gut wie alle Gegensätze aber werden auf dies Prinzip zurückgeführt. Hierüber mag das genügen, was 1004a wir in der Auswahl der Gegensätze untersucht haben. Und Teile der Philosophie gibt es so viele, wie es verschiedene Wesen gibt, so daß notwendig ein Teil von ihnen erster, ein anderer der folgende sein muß; denn das Eine und das Seiende liegt von vornherein in Gattungen vor, und deshalb werden ihnen (nach Gattungen geordnet) die Wissenschaften entsprechen. Es verhält sich nämlich mit dem Philosophen wie mit dem sog. Mathematiker; denn auch die Mathematik hat Teile, und es gibt in ihr eine erste und zweite Wissenschaft und so andere der Reihe nach. (c) Da nun die Untersuchung des Entgegengesetzten *einer* Wissenschaft angehört, dem Einen aber die Vielheit entgegensteht, und die Negation ebensogut wie die Privation zu untersuchen derselben *einen* Wissenschaft zukommt, weil in diesen beiden das Eine, wovon es Negation oder Privation gibt, betrachtet wird (entweder nämlich sagen wir schlichthin, daß jenes nicht vorhanden sei oder für eine bestimmte Gattung nicht; in diesem Falle kommt zu dem negierten Einen außer der Negation noch der negierende Unterschied hinzu; denn die Negation ist Abwesenheit des Negierten. Bei der Privation tritt auch ein bestimmtes Wesen auf, von welcher die Privation ausgesagt wird); – da also dem Einen die Vielheit entgegengesetzt ist, so ist auch die Erkenntnis dessen, was den erwähnten Gegenständen entgegengesetzt ist, (nämlich) des Anderen, des Verschiedenen, des Ungleichen und was noch sonst nach diesen oder nach der Menge und dem Einen genannt wird, Aufgabe der genannten Wissenschaft. Hierzu gehört auch der (konträre) Gegensatz; denn der Gegensatz ist ein Unterschied, der Unterschied eine Verschiedenheit. Da nun also das Eine in mehreren Bedeutungen ausgesagt wird, so werden auch diese Gegenstände in verschiedenen Bedeutungen ausgesagt werden, aber die Erkenntnis aller wird doch *einer* Wissenschaft zufallen; denn wegen der Mehrheit der Bedeutungen gehört ein Gegenstand erst dann verschiedenen Wissenschaften an, wenn die Begriffe weder *nach* Einem ausgesagt, noch *auf Eines hin* bezogen werden. Da aber alles auf das Erste zurückgeführt wird, z. B. alles, was Eines heißt, auf das erste Eine, und man sagen muß, daß es sich ebenso auch bei dem Identischen und dem Anderen und den Gegensätzen verhält: so muß man unterscheiden, in wie vielen Bedeutungen jedes ausgesagt wird, und dann in Beziehung auf das Erste in jeder Kategorie angeben, wie es sich zu diesem verhält; denn einiges wird nach dem Ersten in derselben Kategorie genannt werden, weil es dasselbe hat, anderes, weil es dasselbe hervorbringt, anderes auf andere ähnliche Weisen.

(d) Hieraus ist nun offenbar, was bei den aufgeworfenen Fragen erwähnt wurde, daß es *einer* Wissenschaft zukommt, diese (Gegensätze) ebenso wie das Wesen zu erörtern; dies war aber eine von den besprochenen Fragen. Auch kommt es dem Philosophen zu, alle (diese) Gegenstände untersuchen zu können. Denn wenn nicht dem Philosophen, wem soll es denn zukommen zu erforschen, ob Sokrates und der sitzende Sokrates dasselbe ist, oder ob immer Eines zu Einem in Gegensatz steht, oder was der Gegensatz ist, oder in wie vielen Bedeutungen er ausgesagt wird, und ebenso in bezug auf anderes derartiges? Da dies nun Eigenschaften des Einen an sich sind, insofern es Eines, und des Seienden, insofern es Seiendes, nicht insofern es Zahl oder Linie oder Feuer ist, so hat offenbar jene Wissenschaft sowohl das Was als auch die Akzidenzien (Eigenschaften) hierzu zu erkennen. Und nicht insofern fehlen die, welche hierüber Untersuchungen anstellen, als dies der Philosophie nicht angehöre, sondern als sie von dem Wesen selbst, das doch das Frühere ist, nichts wissen. Denn wie die Zahl als Zahl besondere Eigenschaften hat, z. B. Ungeradheit und Geradheit, Verhältnis und Gleichheit, Übermaß und Mangel, was den Zahlen sowohl an sich als in Beziehung auf einander zukommt; und ebenso das Solide,

Die Metaphysik

das Unbewegte und das Bewegte, das Schwerelose und das Schwere andere Eigenschaften hat: ebenso hat auch das Seiende als solches gewisse eigentümliche Merkmale, und sie sind es, hinsichtlich deren der Philosoph die Wahrheit zu erforschen hat. Ein Beweis dafür ist auch folgendes: Die Dialektiker und die Sophisten wollen ebenfalls für Philosophen gelten. Denn die Sophistik ist nur Scheinweisheit, und auch die Dialektiker diskutieren über alles, gemeinsam aber ist allem das Seiende. Sie diskutieren darüber offenbar deshalb, weil es der Philosophie angehört. Denn die Sophistik und die Dialektik beschäftigen sich mit derselben Gattung wie die Philosophie, nur unterscheidet sich diese von der einen durch die Art und Weise ihres Vermögens, von der andern durch ihren Lebenszweck. Denn die Dialektik versucht sich nur an dem, was die Philosophie erkennt, und die Sophistik scheint nur Weisheit zu sein, ist es aber nicht. Ferner ist die eine Reihe der Gegensätze Privation, und alles wird auf das Seiende und Nicht-Seiende und auf das Eine und die Vielheit zurückgeführt, z. B. Ruhe auf das Eine, Bewegung auf die Vielheit. Das Seiende und die Wesenheit lassen so gut wie alle in übereinstimmender Ansicht aus Gegensätzen zusammengesetzt werden, indem ja alle als Prinzipien Gegensätze annehmen, einige das Ungerade und das Gerade, andere das Warme und das Kalte, andere Grenze und Unbegrenztes, andere Freundschaft und Streit. Und auch alles übrige wird offenbar auf das Eine und die Vielheit zurückgeführt; die Art der Zurückführung wollen wir (als bekannt) voraussetzen. Und vollends die von den anderen gesetzten Prinzipien fallen unter diese (gegensätzlichen) Gattungen. Also auch hieraus erhellt, daß die Untersuchung des Seienden als Seienden *einer* Wissenschaft angehört; denn alles ist entweder Gegensatz oder aus Gegensätzen, Prinzipien aber der Gegensätze sind das Eine und die Vielheit. Diese aber gehören *einer* Wissenschaft an, mögen sie nun nach Einem genannt sein oder nicht, wie denn das letztere wohl in Wahrheit der Fall ist. Indessen wenn auch das Eine in mehrfacher Bedeutung ausgesagt wird, so wird doch das übrige in *Beziehung* auf das erste Eine ausgesagt werden, und dasselbe gilt von dem Entgegengesetzten. Auch schon deshalb (selbst wenn das Seiende und das Eine nicht ein Allgemeines und dasselbe für alles oder selbständig abtrennbar ist – wie dies wohl auch nicht der Fall ist –, sondern teils durch seine Beziehungen auf das Eine, teils durch Reihenfolge Eines ist) kommt es nicht dem Geometer zu, zu untersuchen, was das Konträre oder das Vollkommene oder das Seiende,

1005a

das Eine oder das Identische oder das Verschiedene ist, ausgenommen voraussetzungsweise.

(e) Hiernach ist denn klar, daß es *einer* Wissenschaft zukommt, das Seiende als Seiendes und das dem Seienden als solchem Zukommende zu untersuchen, und daß dieselbe Wissenschaft nicht nur die Wesen, sondern auch die den Wesen zukommenden Merkmale untersucht, sowohl die bisher genannten, als auch das Früher und Später, Gattung und Art, Ganzes und Teil und anderes derartiges.

(a) Zu erörtern ist nun, ob es einer und derselben oder verschiedenen Wissenschaften zukommt, von den in der Mathematik so genannten Axiomen und von dem Wesen (Substanz) zu handeln. Offenbar kommt die Untersuchung der Axiome derselben *einen* Wissenschaft zu, nämlich der des Philosophen; denn sie gelten von allem Seienden, nicht von irgendeiner Gattung insbesondere, geschieden von den übrigen. Alle bedienen sich ihrer, weil sie vom Seienden als Seiendem gelten, und jede Gattung Seiendes ist. Sie bedienen sich ihrer aber nur insoweit, als es für sie nötig ist, d.h. soweit die Gattung reicht, auf welche ihre Beweisführungen gehen. Da sie also von allem gelten, insofern es Seiendes ist (denn dies ist das allem Gemeinsame), so kommt ihre Untersuchung dem zu, der das Seiende als solches erkennt. Deshalb unternimmt denn auch keiner von denen, die sich einer speziellen Wissenschaft widmen, über diese zu sprechen, ob sie wahr sind oder nicht, weder der Geometer noch der Arithmetiker, ausgenommen einige Physiker. Daß diese es taten, hat seinen guten Grund; denn sie allein glaubten über die ganze Natur und über das Seiende Untersuchungen anzustellen. Da es aber einen Wissenschaftler gibt, der noch über dem Physiker steht (denn die Natur ist ja nur *eine* Gattung des Seienden), so wird diesem, welcher (das Seiende) allgemein und das erste Wesen betrachtet hat, auch die Untersuchung der Axiome zufallen. Die Physik ist zwar auch eine Weisheit, aber nicht die erste.

[...]

Buch XI

[...]

(c) Da es eine Wissenschaft gibt vom Seienden, insofern dies seiend und selbständig abtrennbar ist, muß untersucht werden, ob man diese für identisch mit der Physik zu halten hat oder vielmehr für eine andere. Die Physik handelt nun von den Dingen, die in sich selbst das Prinzip der Bewegung haben; die Mathematik dagegen ist zwar eine theoretische (Wissenschaft) und hat zum Gegenstand das Bleibende, aber nicht das Abtrennbare. Von demjenigen Seienden also, das abtrennbar und unbeweglich ist, handelt eine andere, von diesen beiden verschiedene Wissenschaft, sofern nämlich ein solches abtrennbares und unbewegtes Wesen existiert, wie wir zu beweisen versuchen werden. Und wofern es unter dem Seienden ein solches Wesen gibt, so muß da auch wohl das Göttliche sich finden, und dies würde das erste und vorzüglichste Prinzip sein. Es gibt also offenbar drei Gattungen betrachtender (theoretischer) Wissenschaften: Physik, Mathematik, Theologie. Die betrachtenden Wissenschaften sind die höchste Gattung unter allen Wissenschaften, und unter ihnen wieder die zuletzt genannte; denn sie handelt von dem Ehrwürdigsten unter allem Seienden, höher und niedriger aber steht eine jede Wissenschaft nach Maßgabe des ihr eigentümlichen Gegenstandes des Wissens. (d) Man könnte in Zweifel sein, ob man die Wissenschaft vom Seienden, insofern es ist, als allgemein zu setzen hat oder nicht. Von den mathematischen Wissenschaften nämlich handelt jede einzelne über eine bestimmt abgegrenzte Gattung, die allgemeine Mathematik aber ist allen Gattungen gemeinsam. Angenommen nun, die physischen Wesen seien die ersten unter allem Seienden, so würde auch die Physik die erste unter den Wissenschaften sein. Gibt es dagegen noch eine andere Natur und ein Wesen, das abtrennbar und unbewegt ist, so muß auch die Wissenschaft derselben von der Physik verschieden sein und früher als diese und muß darum allgemein sein, weil sie die frühere ist.

1064b

8 (a) Da das Seiende schlechthin in verschiedenen Bedeutungen ausgesagt wird, unter denen eine das akzidentelle Seiende meint, so wollen wir zuerst das in diesem Sinne Seiende in Erwägung ziehen. Daß nun keine unter den überlieferten Wissenschaften vom Akzidentellen handelt, ist offenbar; denn die Baukunst fragt nicht nach dem, was für die zukünftigen Bewohner des Hauses ein Akzidens sein wird, z. B. ob sie es in Trauer oder in Freude bewohnen werden; ebensowenig fragt die Kunst des Webers, Schusters oder Kochs danach. Jede von diesen Wissenschaften ist vielmehr auf das ihr Eigentümliche, d. h. auf den ihr angehörigen Zweck gerichtet. Auch danach, daß der Gebildete, wenn er sprachkundig geworden ist, beides zugleich sein muß, während er es früher nicht war, – was aber

nicht immer seiend ist, das wurde einmal, also wurde er zugleich gebildet und sprachkundig –, hiernach fragt keine der Wissenschaften, die man allgemein als Wissenschaften anerkennt, sondern nur die Sophistik; denn diese allein beschäftigt sich mit dem Akzidentellen; daher hatte Platon nicht unrecht, wenn er behauptete, die Sophistik beschäftige sich mit dem Nicht-Seienden. Daß aber von dem Akzidentellen eine Wissenschaft auch nicht einmal möglich ist, das wird sich zeigen, wenn wir versuchen zu sehen, was eigentlich das Akzidens ist. Wir sagen von allem entweder, es sei immer und mit Notwendigkeit (ich meine nicht die gewaltsame Notwendigkeit, sondern diejenige, welche wir in den Beweisen haben), oder, es sei meistenteils, oder aber, es sei weder immer noch meistenteils, sondern nur, wie es sich eben trifft. In den Hundstagen z. B. kann wohl Kälte vorkommen, aber dies findet weder immer und mit Notwendigkeit, noch in der Regel statt, sondern es kann sich einmal so treffen. Es ist also das Akzidentelle dasjenige, was zwar geschieht, aber nicht immer, noch mit Notwendigkeit, noch auch meistenteils. Hiermit ist erklärt, was das Akzidens ist; es leuchtet aber ein, warum es von einem solchen Gegenstand keine Wissenschaft geben kann; denn jede Wissenschaft ist auf das gerichtet, was immer oder meistenteils ist, das Akzidentelle aber findet sich in keinem dieser beiden Gebiete. (b) Daß aber die Ursachen und Prinzipien des Akzidentellen nicht so beschaffen sind wie die des an sich Seienden, ist offenkundig; sonst müßte ja alles mit Notwendigkeit sein. Denn wenn dieses ist, sofern dies zweite ist, dies zweite, sofern dies dritte, und dieses nicht zufällig, sondern mit Notwendigkeit stattfindet, so muß auch alles mit Notwendigkeit stattfinden, dessen Ursache dies dritte ist, bis zur letzten Wirkung hin; diese fand aber in akzidenteller Weise statt. Es müßte also hiernach alles mit Notwendigkeit stattfinden, und der Zufall und die Möglichkeit des Werdens und Nichtwerdens müßten aus dem Gebiete des Werdens ganz hinweggenommen werden. Auch wenn man die Ursache nicht als seiend, sondern als werdend voraussetzt, wird sich dieselbe Folgerung ergeben; alles nämlich wird mit Notwendigkeit geschehen. Denn die morgige Finsternis wird eintreten, sofern dies geschieht, dies, sofern ein zweites, das zweite, sofern ein anderes geschieht; auf diese Weise wird man von der begrenzten Zeit zwischen heute und morgen immer einen Zeitteil hinwegnehmend endlich bis zu dem gegenwärtig Existierenden gelangen. Da nun dies ist, so muß mit Notwendigkeit alles nach ihm geschehen, so daß danach überhaupt

alles mit Notwendigkeit würde. (c) Von dem, was wahr und was akzidentell seiend ist, beruht das eine in der Verbindung des Denkens und ist eine Affektion desselben; darum werden nicht die Prinzipien des in diesem Sinne Seienden, sondern des außer dem Denken und abtrennbar (selbständig) Seienden gesucht; das andere Seiende aber, das akzidentelle, ist nicht notwendig, sondern unbestimmt; darum sind seine Ursachen ohne Ordnung und Grenze.
(d) Das Weswegen findet sich in dem, was durch Natur oder durch die Denkkraft entsteht. Zufall aber findet statt, wenn etwas hiervon in akzidenteller Weise geschieht. Denn so wie von dem Seienden einiges an sich, anderes akzidentell ist, so ist dies auch bei der Ursache der Fall. Der Zufall aber ist akzidentelle Ursache in dem, was nach Vorsatz um eines Zwecks willen geschieht. Darum hat der Zufall dieselben Objekte wie die denkende Überlegung; denn Entschluß findet ohne denkende Überlegung nicht statt. Die Ursachen aber, durch welche das Zufällige geschehen kann, sind unbestimmt; darum ist er für menschliche Überlegung unerkennbar und akzidentelle Ursache, von nichts aber ist er Ursache schlechthin. Glücklich und unglücklich ist der Zufall, wenn der Erfolg desselben ein Gut oder ein Übel ist; Glück und Unglück tritt ein, wenn dieser Erfolg groß ist. Da nun aber nichts Akzidentelles früher ist als das An-sich, so gilt dies auch von den Ursachen. Sollte also wirklich der Zufall und das Unwillkürliche Ursache des Himmels sein, so würden doch noch früher Vernunft und Natur eine Ursache sein.

9 (a) Einiges ist nur der Wirklichkeit, anderes nur dem Vermögen (der Möglichkeit) nach, anderes sowohl dem Vermögen als auch der Wirklichkeit nach ein bestimmtes (einzelnes) Seiendes oder ein Quantum oder eine von den anderen Kategorien. Die Bewegung ist aber nicht neben und außer den Dingen; denn Veränderung findet immer den Kategorien des Seienden gemäß statt. Etwas Gemeinsames über diesen, was in keine Kategorie fiele, läßt sich nicht finden. Jedes kommt aber in zweifachem Sinne allem zu, z. B. das bestimmte Etwas; teils nämlich ist es Gestalt desselben, teils Privation; ebenso ist in der Qualität einiges weiß, anderes schwarz, in der Quantität einiges vollkommen, anderes unvollkommen, in der Bewegung einiges oben, anderes unten, oder leicht und schwer. Es gibt also von der Bewegung und Veränderung soviel Arten wie vom Seienden. Indem nun in jeder Gattung des Seienden das Mögliche von dem Wirklichen geschieden ist, so nenne ich die

Wirklichkeit des Möglichen, insofern es möglich ist, Bewegung. (b) Daß diese Bestimmung wahr ist, erhellt aus folgendem: Wenn das Erbaubare, insofern wir es eben erbaubar nennen, der Wirklichkeit nach ist, so wird erbaut, und dies ist das Erbauen. Dasselbe gilt von dem Erlernen, Heilen, Wälzen, Gehen, Springen, Altern, Reifen. Das Bewegtwerden tritt ein, sobald Verwirklichung selbst stattfindet, weder früher noch später. Die Vollendung (Wirklichkeit) also des in Möglichkeit Seienden, sobald es in Wirklichkeit seiend tätig ist, nicht insofern es selbst (wirklich) ist, sondern insofern es bewegbar ist, ist Bewegung. Das »insofern« meine ich so: Das Erz ist dem Vermögen nach Bildsäule, aber doch ist die Wirklichkeit des Erzes, insofern es Erz ist, nicht Bewegung. Denn Erz-sein und dem Vermögen nach etwas sein ist nicht identisch; denn wäre es schlechthin dem Begriff nach identisch, so würde die Wirklichkeit des Erzes Bewegung sein. Es ist aber nicht identisch, wie aus dem Gegenteil erhellt; denn gesund werden können und krank sein können ist nicht identisch (sonst wäre ja auch gesund sein und krank sein identisch), wohl aber ist das Substrat, welches sowohl gesund wie auch krank ist, mag dies nun Flüssigkeit oder mag es Blut sein, identisch und eins. Da nun jenes nicht identisch ist, sowenig wie Farbe und Sichtbares identisch sind, so ist die Wirklichkeit des Möglichen, insofern es möglich ist, Bewegung. Daß nämlich diese Wirklichkeit Bewegung ist, und daß das Bewegtwerden dann eintritt, wenn diese Wirklichkeit stattfindet, und weder früher noch später, ist offenbar. Denn es ist möglich, daß dasselbe bald in wirklicher Tätigkeit sei, bald nicht, z. B. das Erbaubare, insofern es erbaubar ist, und die Wirklichkeit des Erbaubaren als Erbaubaren ist das Erbauen. Denn entweder ist dieses das Erbauen, die Wirklichkeit, oder das erbaute Haus. Aber sobald das Haus ist, ist das Erbaubare nicht mehr; erbaut aber wird das Erbaubare. Also muß das Erbauen die Wirklichkeit sein, das Erbauen aber ist eine Bewegung. Dasselbe gilt auch von den übrigen Bewegungen.

[...]

Buch XII

(a) Das Wesen ist der Gegenstand unserer Betrachtung; denn die Prinzipien und Ursachen der Wesen werden gesucht. (b) Denn wenn das All wie ein Ganzes ist, so ist das Wesen sein erster Teil, und wenn es in einer Abfolge vorliegt, so ist auch in diesem Falle das Wesen das Erste, darauf folgt das Qualitative, dann das Quantitative. Zudem ist das übrige nicht einmal als eigentlich Seiendes anzusprechen, sondern als Qualität und Bewegung, wie auch das Nicht-Weiße und das Nicht-Gerade; denn wir schreiben ja doch auch diesem Sein zu, z. B. »es ist nicht weiß«. Ferner ist nichts von dem übrigen selbständig abtrennbar. Auch legen die alten Denker durch die Tat Zeugnis dafür ab; denn sie suchten Prinzipien, Elemente und Ursachen des Wesens. Die jetzigen Philosophen nun setzen mehr das Allgemeine als Wesen; denn die Gattungen sind etwas Allgemeines, und diese stellen sie darum als Prinzip und Wesen auf, weil sie ihre Untersuchung vernunftmäßig (begrifflich) führen; die alten Denker hingegen setzten das Einzelne als Wesen, z. B. Feuer und Erde, aber nicht das Allgemeine, Körper.

(c) Der Wesen sind drei; erstens das sinnlich wahrnehmbare; von diesem ist das eine ewig, das andere vergänglich, das alle anerkennen, z. B. die Pflanzen und die Lebewesen, wovon die Elemente gefunden werden müssen, mag es nun eines oder mehrere sein. Zweitens das unbewegliche (Wesen). Dieses behaupten einige als existierend, und teils scheiden sie dieses in zwei Bereiche von Wesen, teils setzen sie die Ideen und die mathematischen Dinge als ein Wesen, teils nehmen sie auch von diesen nur die mathematischen Dinge als unbewegliche Wesen an. Jene Wesen gehören der Physik an, denn sie sind der Bewegung unterworfen, diese aber einer anderen Wissenschaft, da sie ja mit jenen kein gemeinsames Prinzip hat.

(a) Das sinnliche Wesen ist veränderlich. Wenn nun die Veränderung von dem Entgegengesetzten oder dem Mittleren ausgeht, aber nicht von jedem Entgegengesetzten (denn auch die Stimme ist etwas Nicht-Weißes), sondern von Konträrem: so muß notwendig etwas zugrunde liegen, was in den Gegensatz übergeht, da das Konträre selbst nicht übergeht. Ferner, bei der Veränderung beharrt etwas, das Konträre aber beharrt nicht. Also gibt es noch ein Drittes außer dem Konträren, die Materie (den Stoff). (b) Wenn es nun vier Arten von Veränderungen gibt, nämlich des Was, der Qualität, der Quantität und des Ortes, und die Veränderung des Was absolutes Entstehen und Vergehen, die der Quantität Vermehrung und Verminderung, die der Affektion Umwandlung, die des Ortes Ortsbewegung ist: so würde demnach die Veränderung bei jeder Art ein Übergang in den jedesmaligen Gegensatz sein. (c) Notwendig muß sich nun der Stoff verändern, indem er zu beiden Gegensätzen das Vermögen hat. Indem aber das Seiende zweierlei ist, so geht alles aus dem, was nur dem Vermögen nach ist, in das der Wirklichkeit nach Seiende über, z. B. aus dem Weißen dem Vermögen nach in das Weiße der Wirklichkeit nach. In gleicher Weise verhält es sich bei der Vermehrung und Verminderung. Also kann nicht nur aus Nichtseiendem in akzidentellem Sinne etwas werden, sondern alles wird auch aus Seiendem, nämlich aus solchem, was der Möglichkeit nach ist, der Wirklichkeit nach aber nicht ist. Dies ist gemeint mit dem Einen des Anaxagoras – denn besser wird es so ausgedrückt als »es war alles beisammen« – sowie mit der Mischung des Empedokles und des Anaximander, wie auch mit der Lehre des Demokrit: »Es war alles beisammen«, nämlich der Möglichkeit nach, nicht aber der Wirklichkeit nach. Sie haben also im Grunde den Stoff gemeint. (d) Alles aber hat einen Stoff, was sich verändert, nur Verschiedenes einen verschiedenen; auch die ewigen Wesen, welche nicht dem Entstehen, wohl aber der Bewegung unterworfen sind, haben einen Stoff, nicht aber für Entstehung, sondern nur für Bewegung. (e) Man könnte aber fragen, aus was für einem Nichtseienden die Entstehung hervorgeht, da das Nichtseiende in drei verschiedenen Bedeutungen gebraucht wird. Offenbar aus dem, was nur der Möglichkeit, nicht der Wirklichkeit nach ist, aber dennoch nicht aus dem ersten besten, sondern verschiedenes aus verschiedenem. Und es reicht nicht hin zu sagen, alle Dinge waren beisammen; denn sie unterscheiden sich dem Stoffe nach. Weshalb wären es denn sonst unendlich viele und nicht bloß eines? Denn die (wirkende) Vernunft ist nur eine: Wäre daher auch der Stoff ein einziger, so würde das in Wirklichkeit, was der Stoff der Möglichkeit nach war. – (f) Drei sind also der Ursachen und drei Prinzipien: zwei bildet der Gegensatz, dessen eines Glied der Begriff und die Form, das andere die Formberaubung (Privation) ist, das dritte ist der Stoff.

(a) Ferner, weder die Materie entsteht noch die Form, ich meine nämlich die letzte Materie und die letzte Form. Denn bei jeder Veränderung verändert sich etwas und durch etwas und in etwas. Dasjenige, wodurch es sich verändert, ist das erste Bewegende; das, was sich verändert, ist der Stoff; das, worin es sich verändert, ist die Form. Man müßte also ins Unendliche fortschreiten, wenn nicht nur das Erz rund würde, sondern auch das Runde und das Erz würde. Also muß notwendig einmal ein Stillstand eintreten.

(b) Ferner, jedes Wesen wird aus einem wesensgleichen (es sind nämlich sowohl die natürlichen Dinge Wesen als auch die übrigen). Entweder nämlich entsteht es durch Kunst oder durch Natur oder durch Zufall oder von ungefähr. Die Kunst nun ist ein in einem Anderen befindliches Prinzip, die Natur Prinzip in dem Dinge selbst; denn der Mensch erzeugt wieder einen Menschen. Die übrigen Ursachen aber, Zufall nämlich und Ungefähr, sind Privationen dieser. (c) Der Wesen aber sind drei: erstens der Stoff, welcher dem Scheine nach ein bestimmtes Etwas ist (denn was nur in äußerster Berührung, nicht durch Zusammenwachsen zusammenhängt, ist Stoff und Zugrundeliegendes); zweitens die Natur (Wesen), das Bestimmte, zu welcher etwas wird, und eine gewisse Haltung, drittens das daraus hervorgehende einzelne Wesen, z. B. Sokrates, Kallias. Bei manchen Dingen nun gibt es das bestimmte Etwas nicht selbständig außer dem konkreten Wesen, z. B. die Form des Hauses, wenn man nicht die Kunst als Form des Hauses bezeichnet. Auch findet bei diesen nicht Entstehen und Vergehen statt, sondern in anderer Weise kommt dem nicht stofflichen Hause und der Gesundheit und allem durch Kunst Entstehenden Sein und Nichtsein zu. Vielmehr wenn es selbständig existiert, so bei den natürlichen Dingen. Daher hatte Platon nicht unrecht, wenn er nur für die natürlichen Dinge Ideen setzte, sofern es überhaupt von ihnen verschiedene Ideen gibt, wie Feuer, Fleisch, Kopf; denn dies alles ist Stoff, und zwar als der letzte Stoff des Wesens im eigentlichen Sinne. (d) Dasjenige nun, was bewegende Ursachen sind, besteht schon vorweg. Dasjenige aber, was als Formbegriff Ursache ist, besteht zugleich. Denn dann, wenn der Mensch gesund ist, ist auch die Gesundheit vorhanden, und die Gestalt der ehernen Kugel und die eherne Kugel selbst bestehen zugleich. Ob die Formbestimmung auch nachher noch verbleibt, das ist zu untersuchen. In manchen Fällen steht dem nichts im Wege; die Seele z. B. ist vielleicht von dieser Beschaffenheit, nicht die gesamte, sondern die Vernunft; denn daß die ganze Seele verbleibe, ist wohl unmöglich. Offenbar ist also nur, daß man deshalb nicht der Annahme der Ideen bedarf; denn der Mensch erzeugt den Menschen, der einzelne den einzelnen. In ähnlicher Weise verhält es sich bei den Künstlern; denn die Heilkunst ist der Begriff der Gesundheit.

[...]

6 (a) Da nun der Wesen drei waren, nämlich zwei natürliche und ein unbewegtes, so wollen wir nun von diesem handeln und zeigen,

Aristoteles

daß es notwendig ein ewiges unbewegtes Wesen geben muß. Denn die Wesen sind von dem Seienden das Erste, und wenn alle vergänglich sind, so ist alles vergänglich. Unmöglich aber kann die Bewegung entstehen oder vergehen; denn sie war immer. Ebensowenig die Zeit; denn das Früher und Später ist selbst nicht möglich, wenn es keine Zeit gibt. Die Bewegung ist also ebenso stetig wie die Zeit, da diese entweder dasselbe ist wie die Bewegung oder eine Affektion derselben. Stetige Bewegung aber ist einzig die Ortsveränderung, und zwar unter dieser die Kreisbewegung. (b) Gäbe es nun ein Prinzip des Bewegens und Hervorbringens, aber ein solches, das nicht in Wirklichkeit wäre, so würde keine Bewegung stattfinden; denn was bloß das Vermögen (die Möglichkeit) hat, kann auch nicht in Wirklichkeit sein. Also würde es nichts nützen, wenn wir ewige Wesen annehmen wollten, wie die Anhänger der Ideenlehre, sofern nicht in ihnen ein Prinzip enthalten wäre, welches das Vermögen der Veränderung hat. Aber auch dies würde nicht genügen, noch die Annahme irgendeines anderen Wesens neben den Ideen; denn sofern das Wesen nicht in Wirklichkeit sich befände, so würde keine Bewegung stattfinden. Ja, wenn es selbst in Wirklichkeit sich befände, sein Wesen aber bloßes Vermögen wäre, auch dann würde keine ewige Bewegung stattfinden; denn was dem Vermögen nach ist, kann möglicherweise auch nicht sein. Also muß ein solches Prinzip vorausgesetzt werden, dessen Wesen Wirklichkeit ist. (c) Ferner müssen diese Wesen ohne Stoff sein; denn wenn irgend etwas anderes ewig ist, müssen sie es sein; also müssen sie der Wirklichkeit nach sein. (d) Doch hier entsteht eine Schwierigkeit. Denn das Wirkliche, meint man, ist alles möglich, das Mögliche nicht alles wirklich, so daß demnach das Vermögen (das Mögliche) das Frühere sein würde. Aber wäre dies wahr, so würde nichts von dem Seienden sein; denn es ist möglich, daß etwas zwar vermag zu sein, aber doch noch nicht ist. Stimmt man freilich der Ansicht der Theologen bei, welche alles aus der Nacht hervorgehen lassen, oder der der Naturphilosophen, welche behaupten, daß alle Dinge beisammen waren, so kommt man auf dieselbe Unmöglichkeit. Denn wie soll etwas bewegt werden, wenn nicht eine Ursache in wirklicher Tätigkeit vorhanden wäre? Denn es kann ja doch der Stoff nicht sich selbst in Bewegung setzen, sondern dies tut die Baukunst, und ebensowenig kann die Menstruation oder die Erde sich selbst bewegen, sondern das tut der Same oder der Keim. Darum setzen einige eine ewige wirkliche Tätigkeit voraus, z. B.

Leukippos und Platon; denn sie behaupten, es existiere immer Bewegung. Aber warum dies so ist, und welche Bewegung es ist, warum sich dies so, jenes anders bewegt, davon geben sie keinen Grund an; denn es bewegt sich ja nichts so, wie es sich eben trifft, sondern es muß immer etwas zugrunde liegen, wie sich ja jetzt etwas von Natur auf diese Weise, durch Gewalt aber oder durch Wirkung der Vernunft oder durch etwas anderes auf eine andere Weise bewegt. Ferner, welche Art von Bewegung ist die erste? Denn darauf kommt gar sehr viel an. Für Platon aber würde es öfters gar nicht möglich sein zu sagen, welches er für das Prinzip hält, nämlich das sich selbst bewegende; denn, wie er sich ausspricht, müßte die Seele später sein (als die Bewegung) und doch auch zugleich mit dem Himmel. (e) Die Ansicht nun, daß die Möglichkeit der Wirklichkeit vorausgehe, ist gewissermaßen richtig, gewissermaßen auch nicht; wie dies gemeint, ist früher erklärt. Daß aber die wirkliche Tätigkeit das Frühere ist, dafür zeugen Anaxagoras (denn der Geist ist in wirklicher Tätigkeit) und Empedokles mit seinen Prinzipien, Liebe und Haß, und diejenigen, welche eine ewige Bewegung annehmen, wie Leukippos. Also war nicht eine unendliche Zeit Chaos oder Nacht, sondern immer dasselbige, entweder im Kreislauf oder auf eine andere Weise, sofern die Wirklichkeit dem Vermögen vorausgeht. Wenn nun immer dasselbe im Kreislauf besteht, so muß etwas bleiben, das gleichmäßig in wirklicher Tätigkeit ist.

1072a

[...]

7 (a) Da es nun aber angeht, daß sich die Sache so verhalte, und wenn sie nicht sich so verhielte, alles aus der Nacht und dem Beisammen aller Dinge und dem Nicht-Seienden hervorgehen würde, so lösen sich demnach diese Schwierigkeiten, und es gibt etwas, das sich immer in unaufhörlicher Bewegung bewegt, diese Bewegung aber ist die Kreisbewegung. Dies ist nicht nur durch den Begriff, sondern auch durch die Sache selbst deutlich. Also ist der erste Himmel ewig. (b) Also gibt es auch etwas, das bewegt. Da aber dasjenige, was bewegt wird und bewegt, ein Mittleres ist, so muß es auch etwas geben, das ohne bewegt zu werden, selbst bewegt, das ewig und Wesen und Wirklichkeit ist. (c) Auf solche Weise aber bewegt das Erstrebte und das Intelligible (Erkennbare); es bewegt, ohne bewegt zu werden. Von diesen beiden ist das erste (als Prinzipien) dasselbe. Denn Gegenstand des Begehrens ist dasjenige, was als schön erscheint, Gegenstand des Willens ist an sich das, was schön ist. Wir erstreben aber etwas vielmehr, weil wir es für gut

halten, als daß wir es für gut hielten, weil wir es erstreben. Prinzip ist die Vernunfttätigkeit. Die Vernunft wird vom Intelligiblen bewegt, intelligibel aber an sich ist die eine Reihe der Zusammenstellung (der Gegensätze); in ihr nimmt das Wesen die erste Stelle ein, und unter diesem das einfache, der wirklichen Tätigkeit nach existierende (Eines aber und Einfach ist nicht dasselbe; denn das Eine bezeichnet ein Maß, das Einfache aber ein bestimmtes Verhalten), aber auch das Schöne und das um seiner selbst willen Erstrebbare findet sich in derselben Reihe, und das erste (als Prinzip) ist entweder das beste oder dem analog. Daß aber der Zweck zu dem Unbewegten gehört, macht die Unterscheidung deutlich; denn es gibt einen Zweck für etwas und von etwas; jener ist unbeweglich, dieser nicht. Jenes bewegt wie ein Geliebtes, und durch das (von ihm) Bewegte bewegt es das übrige. (d) Wenn nun etwas bewegt wird, so ist es möglich, daß es sich auch anders verhalte. Wenn also Ortsbewegung die erste Wirklichkeit (wirkliche Tätigkeit) insofern ist, als das Bewegte in Bewegung ist, so ist insofern auch möglich, daß es sich anders verhalte, nämlich dem Orte, wenn auch nicht dem Wesen nach. Nun gibt es aber etwas, was ohne bewegt zu werden selbst bewegt und in Wirklichkeit (in wirklicher Tätigkeit) existiert; bei diesem ist also auf keine Weise möglich, daß es sich anders verhalte. Denn Ortsbewegung ist die erste unter den Veränderungen, und unter ihr die Kreisbewegung; diese Bewegung aber wird von jenem ersten Bewegenden hervorgebracht. Also ist es notwendig seiend, und inwiefern es notwendig ist, ist es auch so gut und in diesem Sinne Prinzip. Notwendig nämlich wird in mehreren Bedeutungen gebraucht, einmal als das gegen den eigenen Trieb mit Gewalt Erzwungene, dann als das, ohne welches das Gute nicht sein kann, drittens als das, was nicht anders möglich ist, sondern absolut ist. Von einem solchen Prinzip also hängen der Himmel und die Natur ab. (e) Sein Leben aber ist das beste, und wie es bei uns nur kurze Zeit stattfindet, da beständige Dauer uns unmöglich ist, so ist es bei ihm immerwährend. Denn seine Wirklichkeit (wirkliche Tätigkeit) ist zugleich Lust. Und deshalb ist Wachen, Wahrnehmen, Vernunfttätigkeit das Angenehmste, und durch diese erst Hoffnungen und Erinnerungen. Die Vernunfttätigkeit an sich aber geht auf das an sich Beste, die höchste auf das Höchste. Sich selbst erkennt die Vernunft in Ergreifung des Intelligiblen; denn intelligibel wird sie selbst, den Gegenstand berührend und erfassend, so daß Vernunft und Intelligibles dasselbe sind. Denn die Vernunft ist das aufnehmende Vermögen für das Intelligible und das Wesen. Sie ist in wirklicher Tätigkeit, indem sie das Intelligible hat. Also ist jenes (das Intelligible) noch in vollerem Sinne göttlich als das, was die Vernunft Göttliches zu haben scheint, und die Betrachtung (theoretische Tätigkeit) ist das Angenehmste und Beste. Wenn sich nun so gut, wie wir zuweilen, der Gott immer verhält, so ist er bewundernswert, wenn aber noch besser, dann noch bewundernswerter. So verhält er sich aber. Und Leben wohnt in ihm; denn der Vernunft Wirklichkeit (wirkliche Tätigkeit) ist Leben, jener aber ist die Wirklichkeit (Tätigkeit), seine Wirklichkeit (Tätigkeit) an sich ist bestes und ewiges Leben. Der Gott, sagen wir, ist das ewige, beste Lebewesen, so daß dem Gott Leben und beständige Ewigkeit zukommen; denn dies ist der Gott. (f) Alle diejenigen aber, welche, wie die Pythagoreer und Speusippos, annehmen, das Schönste und Beste sei nicht im Prinzip enthalten – weil ja auch bei den Pflanzen und Tieren die Prinzipien zwar Ursachen sind, das Schöne und Vollkommene aber erst in dem daraus Hervorgehenden sich findet –, haben keine richtige Ansicht; denn der Same geht aus anderem, ihm selbst vorausgehenden Vollendeten hervor, und das erste ist nicht der Same, sondern das Vollendete. So würde man z. B. vom Menschen sagen, daß er früher sei als der Same, nämlich nicht von dem Menschen, der aus diesem Samen wird, sondern von einem anderen, aus welchem der Same hervorgegangen ist. (g) Daß es also ein ewiges, unbewegtes, von dem Sinnlichen getrennt selbständig existierendes Wesen gibt, ist aus dem Gesagten klar. Es ist aber auch erwiesen, daß dieses Wesen keine Größe haben kann, sondern unteilbar und unzertrennlich ist. Denn die unendliche Zeit hindurch bewegt es, nichts Begrenztes aber hat ein unbegrenztes (unendliches) Vermögen. Da nun jede Größe begrenzt oder unbegrenzt sein muß, so kann es eine begrenzte Größe aus dem angegebenen Grunde nicht haben, eine unbegrenzte Größe aber darum nicht, weil es überhaupt keine unbegrenzte Größe gibt. Aber es ist auch ferner erwiesen, daß es keiner Affektion und keiner Qualitätsveränderung unterworfen ist; denn alle übrigen Bewegungen folgen erst der Ortsbewegung nach. Von diesem also ist offenbar, warum es sich so verhält.

1073a

8   (a) Ob nun aber nur *ein* solches Wesen anzunehmen ist oder deren mehrere, diese Frage darf nicht übersehen werden, vielmehr müssen wir auch die Erklärungen der anderen Philosophen erwähnen, nämlich daß sie hierüber nichts Bestimmtes ausgesprochen

Aristoteles

haben. Denn die Ideenlehre enthält hierüber keine eigentümliche Untersuchung; die Anhänger derselben erklären nämlich, die Ideen seien Zahlen, über die Zahlen aber sprechen sie bald so, als seien derselben unendlich viele, bald wieder, als seien sie mit der Zehnzahl begrenzt und abgeschlossen; weshalb aber die Vielheit der Zahlen gerade so groß sei, dafür führen sie keinen ernstlichen Beweis. Wir aber müssen uns darüber unseren Grundlagen und den bisherigen Bestimmungen gemäß aussprechen. (b) Das Prinzip nämlich und das Erste von allem Seienden ist unbewegt, sowohl an sich wie auch in akzidenteller Weise, aber es bringt die erste, ewige und einige Bewegung hervor. Da nun das Bewegte von etwas bewegt werden, und das erste Bewegende an sich unbewegt sein, und die ewige Bewegung von einem ewigen (Prinzip), die einige von einem einigen ausgehen muß, und da wir ferner außer der einfachen Bewegung des Ganzen, welche nach unserer Behauptung von dem ersten und unbewegten Wesen ausgeht, noch andere ewige Bewegungen sehen, die der Planeten nämlich (denn ewig und ruhelos ist der im Kreis bewegte Körper, wie dies in den physischen Schriften erwiesen ist), so muß auch jede dieser Bewegungen von einem an sich unbeweglichen und ewigen Wesen ausgehen. Denn die Natur der Gestirne ist ein ewiges Wesen, und so ist auch das Bewegende ewig und früher als das Bewegte, und was früher ist als ein Wesen, muß notwendig Wesen sein. Demnach ist aus dem vorher erörterten Grunde offenbar, daß ebensoviele Wesen existieren müssen, die ihrer Natur nach ewig und an sich unbewegt und ohne Größe sind. (c) Daß also Wesen existieren, und von ihnen

1073b eines das erste und zweite ist nach derselben Ordnung wie die Bewegungen der Gestirne, ist offenbar. Die Anzahl aber der Bewegungen müssen wir aus derjenigen mathematischen Wissenschaft entnehmen, welche mit der Philosophie in der nächsten Beziehung steht, aus der Astronomie. Denn diese stellt Untersuchung an über das zwar sinnlich wahrnehmbare, aber doch ewige Wesen; die anderen mathematischen Wissenschaften dagegen handeln gar nicht von einem Wesen, z. B. die Wissenschaft der Zahlen und der Geometrie.

[...]

(e) Daß aber nur *ein* Himmel existiert, ist offenbar. Denn gäbe es mehrere Himmel, wie es der Menschen mehrere gibt, so würde das Prinzip eines jeden einzelnen der Form nach eines sein, und nur der Zahl nach wären es viele. Was aber der Zahl nach eine Mehrheit ist, hat einen Stoff; denn der Begriff der mehreren, z. B. des Menschen, ist einer und derselbe, Sokrates aber ist ein Einzelner. Das erste Sosein aber hat keinen Stoff, denn es ist Vollendung (Wirklichkeit). Eines also ist dem Begriff und der Zahl nach das erste bewegende Unbewegte; also ist auch das immer und stetig Bewegte nur Eines; also gibt es nur einen Himmel. (f) Von den Alten und den Vätern aus uralter Zeit ist in mythischer Form den Späteren überliefert, 1074b daß die Gestirne Götter sind und das Göttliche die ganze Natur umfaßt. Das übrige ist dann in sagenhafter Weise hinzugefügt zur Überredung der Menge und zur Anwendung für die Gesetze und das allgemeine Beste. Sie schreiben ihnen nämlich Ähnlichkeit mit den Menschen oder mit anderen lebendigen Wesen zu und anderes dem Ähnliches und damit Zusammenhängendes. Wenn man hiervon absehend nur das erste selbst nimmt, daß sie nämlich die ersten Wesen für Götter hielten, so wird man darin einen göttlichen Ausspruch finden, und da wahrscheinlich jede Kunst und jede Wissenschaft öfters nach Möglichkeit aufgefunden und wieder verlorengegangen ist, so wird man in diesen Ansichten gleichsam Überreste von jenen sehen, die sich bis jetzt erhalten haben. Nur insoweit also ist uns die Ansicht unserer Väter und unserer ältesten Vorfahren klar.

9 (a) Hinsichtlich der Vernunft aber entstehen einige Zweifel. Unter dem Erscheinenden nämlich gilt sie für das Göttlichste; inwiefern aber und durch welche Eigenschaft sie dies sei, ist schwierig anzugeben. Denn wenn sie nichts erkennt, sondern sich so verhält wie ein Schlafender, worin läge denn da ihre Würde? Wenn sie jedoch erkennt, dieses Erkennen aber durch etwas anderes bestimmt ist, so wäre sie, da das, worin ihr Wesen besteht, dann nicht Erkennen als Tätigkeit, sondern nur das Vermögen dazu ist, nicht das beste Wesen. Denn durch das Erkennen kommt ihr die Würde zu. Ferner, mag nun Vernunft oder ihre Tätigkeit ihr Wesen sein, was erkennt sie denn? Entweder doch erfaßt sie sich selbst oder etwas anderes, und wenn etwas anderes, dann entweder immer dasselbe oder Verschiedenes. Macht es nun einen Unterschied oder keinen, ob man das Schöne oder ob man das erste beste erfaßt? Oder ist es nicht vielmehr gar unziemend, manches zum Gegenstand des Erkennens zu machen? Offenbar denkt sie das Göttlichste und Würdigste, und zwar ohne Veränderung; denn die Veränderung würde zum Schlechteren gehen, und dies würde schon eine Bewegung sein. (b) Erstlich nun, wenn die Vernunft nicht Erkenntnistätigkeit

ist, sondern nur Vermögen, so ist natürlich, daß ihr die Stetigkeit des Erkennens beschwerlich wäre. Ferner ist offenbar, daß etwas anderes würdiger wäre als die Vernunft, nämlich das Erkannte. Denn das Erkennen und seine Tätigkeit wird auch dem zukommen, der das Schlechteste erkennt. Wenn nun dies zu fliehen ist, wie es ja auch besser ist, manches nicht zu sehen, als es zu sehen, so würde demnach die Vernunfttätigkeit nicht das Beste sein. Sich selbst also erkennt die Vernunft, wenn anders sie das Beste ist, und die Vernunfterkenntnis (bzw. -tätigkeit) ist Erkenntnis ihrer Erkenntnis (-tätigkeit). (c) Nun haben jedoch offenbar die Wissenschaft und die Sinneswahrnehmung, die Meinung und die Vorstellung immer etwas anderes zum Objekt, sich selbst aber nur nebenbei. Ferner, wenn vernunftmäßiges Erkennen und Erkanntwerden verschieden sind, in Beziehung auf welches von beiden kommt denn der Vernunft das Gute zu? Denn das Sein der Vernunfterkenntnis und des Erkannten ist ja nicht dasselbe. (d) Doch bei manchem ist ja die Wissenschaft die Sache selbst. Bei den hervorbringenden Wissenschaften ist dies das Wesen ohne den Stoff und das Sosein, bei den betrachtenden der Begriff (als die Sache) und die Erkenntnistätigkeit. Da also das Erkannte und die Vernunft nicht verschieden sind bei allem, was keinen Stoff hat, so wird es dasselbe sein, und Vernunfterkenntnis mit dem Erkannten ein einziges. (e) Ferner bleibt nun noch eine schwierige Frage übrig: ob das Erkannte zusammengesetzt ist; denn es würde ja dann das Erkennen in den Teilen des Ganzen einer Veränderung unterworfen sein. (f) Vielmehr ist doch wohl alles, was keinen Stoff hat, unteilbar. Wie sich die menschliche Vernunft, d. h. die auf das Zusammengesetzte gerichtete, in einer gewissen Zeit verhält – denn sie hat nicht in diesem oder in jenem Teil das Gute, sondern im Ganzen das Beste, welches etwas anderes ist (als sie selbst) –: so verhält sich die Vernunfterkenntnis ihrer selbst (der göttlichen Vernunft) die ganze Ewigkeit hindurch.

(a) Es ist aber auch zu erwägen, auf welche von beiden Weisen die Natur des Alls das Gute und das Beste enthält, ob als etwas Abgetrenntes, selbständig an sich Bestehendes, oder als die Ordnung seiner Teile. (b) Oder wohl auf beide Arten zugleich, wie dies bei dem Heer der Fall ist; denn für dieses liegt das Gute sowohl in der Ordnung als auch im Feldherrn, und mehr noch in diesem. Nicht er ist nämlich durch die Ordnung, sondern die Ordnung durch ihn. (c) Alles aber ist in gewisser, doch nicht in gleicher Weise zusammengeordnet, Fische wie Vögel und Pflanzen (und es ist nicht so, daß das eine zum anderen in keiner Beziehung stände, sondern es besteht eine). Denn alles ist auf Eines hin geordnet, jedoch so, wie in einem Hauswesen den Freien am wenigsten gestattet ist, etwas Beliebiges zu tun, sondern für sie alles oder doch das meiste geordnet ist, für die Sklaven hingegen und die Tiere nur weniges von dem, was auf das Allgemeine Bezug hat, während das meiste ihrem Belieben überlassen bleibt. In solcher Art nämlich ist die Natur eines jeden von ihnen Prinzip; ich meine, alle müssen zur Aussonderung kommen. Ebenso verhält es sich mit anderen Dingen, die alle gemeinsam verbunden zum Ganzen beitragen.

(d) In welche Unmöglichkeiten und Ungereimtheiten nun diejenigen geraten, welche anderer Ansicht sind, und in welche diejenigen, welche noch die angemesseneren Ansichten aufstellen, und bei welchen Ansichten sich die geringsten Schwierigkeiten ergeben, das darf uns nicht verborgen bleiben. (1.) Alle nämlich lassen alles aus Entgegengesetztem entstehen. Dabei haben sie weder darin recht, daß sie alles, noch darin, daß sie es aus Entgegengesetztem entstehen lassen, und wie dasjenige, bei dem das Entgegengesetzte sich findet, aus dem Entgegengesetzten entstehen solle, erklären sie gar nicht; denn das Entgegengesetzte ist unfähig eines von dem anderen eine Affektion zu erfahren. Für uns löst sich diese Schwierigkeit ganz natürlich durch die Annahme eines Dritten, des Stoffes. Jene aber machen den einen von den beiden Gegensätzen zum Stoff, wie das Ungleiche für das Gleiche, die Vielheit für die Einheit. Auch dies löst sich auf dieselbe Weise; denn der Stoff, der ein einziger ist, hat keinen Gegensatz. (2.) Ferner würde danach alles am Schlechten teilhaben mit Ausnahme der Einheit; denn das Schlechte selbst ist das eine von den beiden Elementen. Die anderen aber setzen das Gute und das Schlechte nicht einmal als Prinzipien, und es ist doch unter allem am meisten das Gute Prinzip. Jene aber haben darin zwar recht, daß sie das Gute als Prinzip setzen, inwiefern es aber Prinzip ist, erklären sie nicht, ob nämlich als Zweck oder als Bewegendes oder als Form. (3.) Unstatthaft ist auch die Ansicht des Empedokles; er setzt nämlich die Freundschaft als das Gute. Diese ist aber Prinzip sowohl als bewegend, denn sie verbindet, wie auch als Stoff, denn sie ist ein Teil der Mischung. Wenn es nun auch ein Akzidens desselben Dinges sein kann, sowohl stoffliches als auch bewegendes Prinzip zu sein, so ist doch Stoff-sein und Bewegendes-sein nicht dasselbe. In welcher von beiden Bedeutungen also ist sie Freundschaft? Unstatthaft ist es aber auch, daß der Streit unvergänglich sein soll; denn er ist ja selbst die Natur des Bösen. – (4.) Anaxagoras aber setzt das Gute als bewegendes Prinzip, denn der Geist bewegt; aber er bewegt wegen eines Zweckes, dieser ist also etwas von ihm verschiedenes, es sei denn, daß er so annehme wie wir; denn die Heilkunst ist in gewissem Sinne die Gesundheit. (5.) Unstatthaft aber ist es auch, nicht etwas dem Guten und der Vernunft Entgegengesetztes anzunehmen. (6.) Alle aber, welche die Gegensätze annehmen, bedienen sich gar nicht einmal der Gegensätze, wenn man sie nicht richtig ordnet. Und weshalb einiges vergänglich, anderes unvergänglich ist, erklärt keiner; denn sie lassen alles Seiende aus denselben Prinzipien entstehen. (7.) Ferner lassen die einen das Seiende aus dem Nichtseienden hervorgehen, die anderen setzen, um nicht hierzu gezwungen zu werden, alles als Eines. (8.) Ferner, weshalb das Entstehen ewig sein soll und was die Ursache des Entstehens, erklärt keiner. (9.) Und für die, welche zwei Prinzipien setzen, ergibt sich die Notwendigkeit, daß ein anderes Prinzip höher und entscheidender sei, und so müßten auch die Anhänger der Ideenlehre ein anderes höheres Prinzip setzen. Denn weshalb hatten oder haben denn die Dinge teil an den Ideen? (10.) Und für die anderen ergibt sich die notwendige Folge, daß der Weisheit und der würdigsten Wissenschaft etwas entgegengesetzt sein muß, für uns aber nicht; denn für das Erste gibt es keinen Gegensatz. Denn alles Entgegengesetzte hat einen Stoff und ist dem Vermögen nach dasselbe; die der Weisheit entgegengesetzte Unwissenheit würde also auf das Entgegengesetzte gehen. Dem Ersten aber ist nichts entgegengesetzt. (11.) Wenn nun außer den sinnlichen Dingen keine anderen existieren, so würde es kein Prinzip, keine Ordnung, kein Entstehen, keine himmlischen Dinge geben, sondern immer würde für das Prinzip wieder ein anderes Prinzip sein, wie dies den Theologen und den Naturphilosophen widerfährt. Existieren aber die Ideen oder die Zahlen außer dem Sinnlichen, so sind sie Ursache von nichts oder doch nicht Ursache der Bewegung. (12.) Ferner, wie soll aus dem, was keine Größe hat, Größe oder Stetiges hervorgehen? Die Zahl wird ja nichts Stetiges hervorbringen, weder als bewegendes noch als formbestimmendes Prinzip. (13.) Aber auch von den beiden Gegensätzen wird keiner erzeugendes oder bewegendes Prinzip sein; denn dann wäre es ja möglich, daß es nicht sei. Das Hervorbringen ist ja später als das Vermögen. Also würde das Seiende nicht ewig sein. Es ist aber ewig; also muß von diesen Behauptungen etwas aufgehoben werden. Wie dies, ist früher erklärt. (14.) Ferner, wodurch die Zahlen Eines sind oder die Seele und der Körper und überhaupt die Form und die Sache, darüber gibt keiner irgendeine Erklärung; auch können sie keine Erklärung geben, wofern sie nicht uns beistimmen, daß das Bewegende die Einheit hervorbringt. (15.) Diejenigen aber, welche die mathematische Zahl als die erste ansehen, und so immer ein Wesen nach dem anderen, und für jedes andere Prinzipien setzen, machen das Wesen des Ganzen unzusammenhängend (denn das 1076a eine Wesen trägt durch sein Sein oder Nichtsein nichts für das andere bei) und nehmen viele Prinzipien an. Das Seiende aber mag nicht schlecht beherrscht sein.»Nimmer ist gut eine Vielherrschaft; nur Einer sei Herrscher!«

Aristoteles, Philosophische Schriften in sechs Bdn., Bd. V Metaphysik, übers. v. H. Bonitz, bearb. v. H. Seidl, Hamburg (Felix Meiner) 1995; 61–67, 232–237, 247–250, 254–260 u. 262–267 [1003a–1005b, 1064a–1066a, 1069a–1070a, 1071b–1073b u. 1074b–1076a].

Text 2

Lukrez

Der römische Dichter *Titus Lucretius Carus* (geboren 98 v. Chr., gestorben 55 v. Chr.) stellt in seinem Lehrgedicht *De rerum natura* umfassend, eloquent und stellenweise mit wahrhaft poetischem Aufschwung die Gehalte der epikureischen Philosophie dar (wobei sich das Poetische bei Lukrez eher altrömischer Naturfrömmigkeit verdankt), insbesondere aber die auf Demokrit und Leukipp zurückgehende immanentistische und materialistisch-naturalistische epikureische Metaphysik (samt Menschenbild). In zwei Jahrtausenden haben sich Physik und Naturwissenschaft fundamental gewandelt, die Eckpfeiler einer physikalistischen Metaphysik aber nicht; sie lassen sich bei Lukrez unschwer und exemplarisch wiedererkennen.
Werke: Über das Leben des Autors ist praktisch nichts bekannt; dafür ist sein Lehrgedicht, das postum von Cicero zuerst herausgegeben wurde (54 v. Chr.), um so besser überliefert. Aus fünf der sechs Bücher von *De rerum natura* wird hier eine größere Auswahl geboten.

Von der Natur der Dinge (54 v. Chr.)

Erstes Buch

[...]
Du im übrigen jetzt lenk offenes Ohr und den Geist mir
frei von Sorgen her zu der wahren Lehre der Dinge;
daß du meine Geschenke, in treuem Eifer gerichtet,
nicht, bevor verstanden sie sind, verachtet zurückläßt.
Denn über letzten Grund will dir von Himmel und Göttern
ich zu sprechen beginnen, will zeigen der Dinge Atome,
aus denen alles Natur erschafft, vermehret und nähret,
in die zugleich sie Natur dann wieder vernichtet und auflöst;
wir sind gewohnt, sie Stoff und Ursprungskörper der Dinge
bei der Lehre Beweis zu heißen und Samen der Dinge
auch zu nennen und eben diese zugleich zu bezeichnen
als die ersten Körper, weil alles aus jenen zuerst ist.

Lukrez

Als das Leben der Menschen darnieder schmählich auf Erden
lag, zusammengeduckt unter lastender Angst vor den Göttern,
welche das Haupt aus des Himmels Gevierten prahlerisch streckte
droben mit schauriger Fratze herab den Sterblichen dräuend,
erst hat ein Grieche [Epikur] gewagt, die sterblichen Augen dagegen
aufzuheben und aufzutreten als erster dagegen;
den nicht das Raunen von Göttern noch Blitze bezwangen noch drohend
donnernd der Himmel; nein, nur um so mehr noch den scharfen
Mut seines Geistes reizte, daß aufzubrechen die dichten
Riegel zum Tor der Natur als erster er glühend begehrte.
Also siegte die Kraft des lebendigen Geistes, und weiter
schritt er hinaus die flammumlohten Mauern des Weltballs,
und das unendliche All durchstreift' er männlichen Sinnes;
bringt als Sieger darum zurück von dort die Erkenntnis,
was zu entstehen vermag und was nicht, und wie einem jeden
schließlich die Macht ist beschränkt und im Grunde verhaftet der Grenzstein.
Drum liegt die Furcht vor den Göttern unter dem Fuß, und zur Rache
wird sie zerstampft, uns hebt der Sieg empor bis zum Himmel.

Jenes befürcht ich dabei, daß vielleicht du könntest vermeinen,
ruchlosen Lehren zu folgen unsrer Vernunft und die Straße
einzuschlagen der Sünde. Demgegenüber hat öfters
jene Furcht vor den Göttern verursacht Frevles und Böses.
So wie in Aulis einst der Trivia Altar befleckten
schmählich mit Blute der Jungfrau, der Iphianassa,
sie, die erlesenen Führer der Danaer, Fürsten der Männer.
Da nun das Opferband um die bräutlichen Locken gewunden
gleich in der Länge zu beiden Seiten der Wange herabfloß
und sie traurigen Blicks vorm Altar stehen den Vater
sah und diesem zu Seite das Eisen verhehlen die Diener,
bei ihrem Anblick indessen Tränen verströmen die Bürger,
stumm vor Furcht in die Knie sank da sie und suchte den Boden.
Und es vermochte der Armen zu nützen in solcher Bedrängnis
nicht, daß sie zuerst schenkt' Vaters Namen dem König.
Denn von den Händen der Männer gepackt wurde zitternd zum Altar

sie geschleift, nicht, daß nach feierlich heiligen Opfers
Ende geleitet sie heim werden könnte von Hochzeitgesängen,
nein, daß die Reine auf unreine Art, am Tage der Hochzeit
fiele traurig als Opfer gebracht von der Hand ihres Vaters,
daß seiner Flotte ein End mit Glück und Segen bevorstünd.

Soviel hat Furcht vor den Göttern raten können Verbrechen!
Du wirst selber, zermürbt vom schreckenkündenden Worte
unserer Seher, von uns zu Zeiten dich lossagen wollen.
Freilich: Wie vieles allein vermögen vor Augen zu gaukeln
Träume, was schon imstand ist, die Ordnung des Lebens zu stürzen
und durch Angst dir alles Ergehen tief zu verwirren.
Und mit Recht: Denn sähen ein sicheres Ende die Menschen
ihrer Leiden, so wären in einer Weise sie mächtig,
abergläubiger Angst zu begegnen und Drohung der Seher.
Jetzt ist nirgends ein Weg zu trotzen, nirgends Vermögen,
da man ewige Strafen im Tod ja zu fürchten gezwungen.
Weiß man doch nicht, wie beschaffen es ist, das Wesen der Seele,
ob sie geboren ist oder im Gegenteil schlüpft in Gebornes
und ob zugleich mit uns sie stirbt, im Tode zerfallen,
oder des Orkus Dunkel aufsucht und mächtige Höhlen
oder auf göttliche Art in andere Tiere sich einstiehlt,
wie unser Ennius sang, der als erster brachte vom schönen
Helikon den Kranz aus nimmer welkenden Blättern,
der im italischen Stamm der Menschen sollte berühmt sein;
freilich außerdem auch, daß seien des Acheron Reiche,
klärt uns Ennius auf, in ewigen Versen es kündend,
wo nicht Seelen hin drängen hindurch, nicht unsere Körper,
sondern Abbilder nur, die fahl auf seltsame Weisen;
dorther sei ihm entstiegen des immer frischen Homerus
Bild, so sagt er, und habe begonnen, salzige Tränen
zu vergießen und im Wort das Wesen zu künden. –
Darum müssen wir gut sowohl die oberen Dinge
tief bedenken, den Gang der Sonne, den Gang auch des Mondes,
wie er geschieht, durch welche Gewalt ein jedes betrieben
wird auf der Erde, besonders jedoch mit scharfer Berechnung
muß man sehen, woraus des Lebens besteht und der Seele
Wesen, und was uns im Wachen begegnend die Sinne
schreckt, wenn Krankheit uns quält, und wenn wir im Schlafe be-
  graben,

daß zu schauen wir die und zu hören glauben persönlich,
deren Gebein die Erde umfängt nach Erleiden des Todes.

Und ich täusche mich nicht, daß der Griechen dunkele Funde
schwierig ist im lateinischen Vers nach Bedeutung zu lichten,
da ja vieles zumal mit neuen Worten zu tun ist
wegen der Armut der Sprache so wie der Neuheit der Dinge;
aber dein hohes Sein jedoch rät mir und erhoffte
Wonne süßer Freundschaft, die Mühen alle zu tragen
bis zum Ende und zwingt, zu wachen in heiteren Nächten,
suchend mit welchem Wort und welchen Weisen ich schließlich
helles Licht vor deinem Geiste zu breiten vermöchte,
daß in der Tiefe du kannst die verborgenen Dinge erschauen. –

Diesen Schrecken muß, dies Dunkel der Seele notwendig
nicht der Sonnen Strahl, noch die hellen Geschosse des Tages
schlagen entzwei, vielmehr Naturbetrachtung und Lehre.
Ihr Beginn aber wird von da den Ausgang uns nehmen,
daß kein Ding aus nichts entsteht auf göttliche Weise.
Hält doch drum die Angst in Banden die Sterblichen alle,
weil geschehen sie vieles am Himmel sehn und auf Erden,
dessen Gründe sie nicht, auf keine Weise, erkennen
können und zurück darum führen auf göttliches Walten.
Darum, wenn wir gesehen, daß nichts aus nichts kann entstehen,
werden wir dann unser Ziel von daher richtiger schauen,
beides: Woher ein jedes Ding vermag zu entstehen
und wie jedes geschieht, ohne daß sich die Götter bemühten.
Denn entstünd es aus nichts, so könnt aus jeglichem Dinge
jegliche Gattung entstehn und nichts bedürfte des Samens.
Aus dem Meere zunächst vermöchten die Menschen, aus Erde
Schuppengeschlecht zu entstehn und Vögel vom Himmel zu
    stürzen,
Herden und anderes Vieh, des Wildes jegliche Gattung
hielte besetzt von unklarer Herkunft Bebautes und Wüstes,
nicht würde selbige Frucht den Bäumen bestehen gewöhnlich,
sondern änderte sich, hervorbrächten alle dann alles.
Freilich: Da ja jedem die Zeugungskörperchen fehlten,
wie könnte da den Dingen die Mutter fest und bestimmt sein?
Weil aber alles jetzt von bestimmten Samen erzeugt wird,
springt es dorten hervor und steigt in die Räume des Lichtes,

Von der Natur der Dinge

wo der Stoff eines jeden wohnt und die Körper des Ursprungs;
und darum vermag nicht alles aus allem zu werden,
weil in bestimmten Dingen zuhaus ist geschiednes Vermögen.

Weiter: Warum sehen wir im Lenz die Ros', in der Hitze
Korn, die Reben, wann rät der Herbst, mit Macht sich entfalten?
Doch weil dann, wenn zu ihrer Zeit zusammengeströmt sind
ihnen bestimmte Samen der Dinge, sich auftut, was aufwächst,
während die Unwetter fern und die lebenstrotzende Erde
sicher den zarten Keim in die Räume des Lichtes entsendet!
Würden sie aber aus nichts, müßten entspringen sie plötzlich
zu beliebiger Zeit und fremden Teilen des Jahres;
freilich, gäbe es nicht doch Urkörper, welche gehindert
werden könnten am Bund der Geburt zu schädlichen Zeiten.

Ferner: Wäre nicht Zeit den wachsenden Dingen erfordert
zu des Samens Verein, vermöchten aus nichts sie zu wachsen;
Männer würden im Nu aus eben noch stammelnden Kindern,
und aus der Erde spräng plötzlich der Busch, wie eben entstanden.
Wovon nichts geschieht, das ist klar, da mählich ja alles
aufwächst, wie das entspricht bei festbemessenem Samen,
und im Wachsen die Art sich bewahrt; so kannst du erkennen:
Jedes wird groß und nährt sich von seinem eigenen Stoffe.

Hierzu kommt noch dies, daß ohne die Regen des Jahres
prangenden Wuchs nicht die Erde heraufzusenden vermöchte,
weiter von Nahrung geschieden das Wesen alles Belebten
sein Geschlecht nicht fortpflanzen kann noch sein Leben erhalten;
so, daß eher man meint, daß zahlreiche Dinge gemeinsam
zahlreiche Körper besitzen, wie Worte Buchstaben sichtlich,
als daß irgendein Ding ohne Urkörper könnte bestehen.

Schließlich: Warum hat die Natur so mächtig die Menschen
nicht zu bilden vermocht, daß zu Fuß durch Furten das Meer sie
queren und mit der Hand sie könnten Gebirge zerreißen,
lebend die Lebenszeit von vielen Geschlechtern besiegen?
Doch weil begrenzter Stoff den werdenden Dingen zuteil ward,
in dem beruht das feste Gesetz, was vermag zu entstehen.

Nichts kann demnach aus nichts entstehen, mußt du bekennen,

da ja des Samens die Dinge bedürfen, aus welchem erschaffen
jedes erheben sich mag ins sanfte Wehen der Lüfte.

Schließlich: Da man ja sieht, daß dem unbebauten Gelände
weit überlegen gepflegtes, den Händen bessere Frucht gibt,
gibt es natürlich im Boden Ursprungskörper der Dinge,
die wir, fruchtbare Scholle mit unsern Pflügen wendend
und den Boden des Lands bemeisternd, zum Aufgange rufen.
Gäb es sie nicht, so würdest auch ohne unser Bemühen
alles aus eigener Kraft du viel besser entwickeln sich sehen.

Hierzu kommt: die Natur löst jedes wieder in Ursprungs-
Körper auf und vernichtet die Dinge mitnichten zu Nichtsen.
Denn wenn irgend etwas in allen Teilen wär sterblich,
ginge den Augen entrafft ein jedes plötzlich zugrunde;
wäre Gewalt doch nicht nötig, die seinen Teilen vermöchte
Trennung zu wirken und ihre Verknüpfung zur Lösung zu bringen.
Jetzt jedoch, weil alles besteht aus ewigem Samen,
läßt die Natur, bis Gewalt eintritt, welche Dinge mit Schlägen
sprengt oder eindringt in sie durch Leeres hindurch und sie auflöst,
keines Vernichtung sich in der Welt der Erscheinungen zeigen.
[...]
Aber um jetzt im Wort das Begonnene wieder zu wirken:
Alle Natur, an sich wie sie ist, besteht aus der Dinge
zwei; denn es gibt die Körper und andrerseits gibt es das Leere,
in dem diese gelegen und wo sie verschieden sich rühren.
Denn daß Körper es gibt, zeigt an die allen gemeine
Sinnesempfindung; wenn ihr zuerst das Vertrauen von Grund auf
stark nicht ist, ist nichts, worauf in verborgenen Dingen
wir beziehend etwas mit Verstand zu behaupten vermöchten.
Weiter wenn Platz und der Raum, den wir das Leere benennen,
nicht da wär, würden nirgends die Körper zu liegen vermögen
und überhaupt nach verschiedener Richtung sich nicht zu bewegen;
das haben oben wir ja kurz vorher schon dir gewiesen.
Außerdem ist nichts, was von jedem Körper getrennt du
heißen könntest und annehmen abgeschieden vom Leeren,
was als dritte Natur gleichsam an Zahl sich erfände.
Denn was immer es gibt, muß irgend etwas an sich selbst sein
großen Umfangs oder von kleinem, wenn überhaupt nur.
Wenn dem Berührung eignet, sei noch so klein und gering sie,

Von der Natur der Dinge

wird es des Körpers Zahl vermehrn und Gesamtem gehören;
wenn unfaßbar jedoch es ist, weil nirgends ein Ding es
durch sich hindurch zu gehen beim Schreiten vermöchte zu hindern,
wird doch sicher es das sein, was lediges Leeres wir nennen.

Außerdem: Alles was ist an sich, wird entweder etwas
tun oder selbst, wenn anderes handelt, sich lassen gebrauchen,
oder es wird so sein, daß Dinge in ihm sind und leben.
Aber tun und tun mit sich lassen kann nichts ohne Körper,
nichts stellt Raum zur Verfügung, es sei denn das Leere und Freie.
Also kann außer dem Leeren an sich und außer den Körpern
nicht eine dritte Natur in der Zahl der Dinge verbleiben,
nicht eine, die einmal unter unsere Sinne je fiele,
noch eine, die jemand mit dem Denken erreichen je könnte.

Denn was immer besteht, wirst diesen beiden du finden
eigen oder wirst es als Geschehen an ihnen erkennen.
Eigen ist das, was nirgends ohne vernichtende Scheidung
von ihnen abgelöst werden kann und von ihnen gesondert,
wie dem Stein das Gewicht, dem Feuer die Wärme, dem Wasser
Flüssigkeit, allen Körpern Berührung, Unfaßbarkeit Leerem.
Knechtschaft dagegen, Armut und Reichtum, ebenso wie die
Freiheit, der Krieg, die Eintracht, das übrige, bei dessen Zutritt
unversehrt die Natur bestehen bleibt und beim Wegtritt,
das sind gewohnt wir, wie billig, der Dinge Geschehen zu heißen.
Auch die Zeit ist nicht an sich, sondern nur von den Dingen
selber folgt das Empfinden, erfolgt was ist in den Zeiten,
dann was bevorsteht, weiter was folgt in der Reihe dahinter;
und an sich spürt keiner die Zeit, das muß man gestehen,
von der Bewegung der Dinge getrennt und friedlicher Ruhe.
Schließlich: Wenn man sagt, geraubt ist die Tyndarostochter
und die Troer, sie seien im Krieg unterworfen, so muß man
sehen, daß dies nicht vielleicht uns zwingt, es sei selber, zu sagen,
da der Menschen Geschlechter, deren Geschehnisse dieses
waren, vergangene Zeiten habe unwiderruflich entfernet.
Denn das eine wird Städten, das andre den Gegenden selber,
was auch immer geschieht, Geschehnis genannt werden können.
Schließlich: Wenn kein Stoff für Dinge sich dorten befunden,
noch hätten Raum und Platz, in dem sich ein jedes vollführet,

nie wäre worden entfacht durch der Tyndaris Schönheit in Liebe
züngelnd empor die Glut im phrygischen Herzen des Paris
und hätte hellen Kampf des wilden Krieges entzündet,
nie hätte Trojens Volke das hölzerne Roß im geheimen
Pergamons Feste entflammt in nächtlichem Wurf der Achaier;
so daß erkennen du kannst, daß alle Geschichte von Grund aus
nicht wie Körper an sich besteht und eigenes Sein hat
noch in derselben Art existiert, wie Leeres Bestand hat,
sondern vielmehr so, daß mit Recht du Geschehen es nennen
könntest des Körpers und Raumes, in dem sich alles vollführet.

Körper sind weiter teils die Ursprungskörper der Dinge,
teils was aus dem Verein der Anfangskörper sich bildet.
Keine Gewalt aber kann die Ursprungskörper der Dinge
auslöschen; bleiben mit festem Körper sie schließlich doch Sieger.
Freilich scheint es schwierig zu glauben, es ließe sich finden
etwas von festem Körper in Dingen der Welt der Erscheinung.
Geht doch des Himmels Blitz hindurch durch der Häuser Gehege,
so wie Stimmen und Lärm, das Eisen glühet im Feuer,
Felsen springen entzwei von der Glut der grausamen Hitze;
Goldes Starrheit löst sich gelockert im Wabern des Ofens,
wie des Erzes Spiegel zerschmilzt, besiegt von der Flamme;
Wärme und dringlicher Frost dazu durchströmen das Silber,
da wir beides gespürt, in der Hand den Becher geziemend
haltend, sobald sich ergoß das Naß des Wassers von oben.
So sehr scheint nichts Festes zu sein im Innern der Dinge.
Aber da wahre Vernunft es doch und das Wesen der Dinge
es erzwingen, so habe Geduld, bis in wenigen Versen
ich entwickle, es gibt sie, die aus ewigem, festem
Körper bestehen, die Samen und Ursprungskörper der Dinge
nach unsrer Lehre, woraus das All erschaffen besteht jetzt.

Erstlich: Da sich ein doppeltes Wesen von zweierlei Dingen
weit verschieden erfand, die wir als bestehend erkannten,
das des Körpers und Raums, in dem sich die Dinge vollziehen,
müssen beide für sich an sich und rein sein notwendig.
Denn wo immer der Raum frei ist, den Leeres wir nennen,
dort ist nicht Körper; und wo wiederum der Körper sich aufhält,
dort besteht auf keinen Fall das ledige Leere.
Also sind fest und ohne das Leere die Körper des Anfangs.

Von der Natur der Dinge

Außerdem: Da Leeres es gibt in entstandenen Dingen,
muß ein fester Stoff ringsum bestehen notwendig;
und es ließe sich nicht mit wahrem Denken beweisen,
daß ein Ding im Körper Leeres verbirgt und in sich hat,
wenn man nicht Festes läßt bestehen, das dieses umfinge.
Das kann weiter nichts anderes sein als des Stoffes Versammlung,
die es vermag, das Leere der Dinge fest zu umschließen.
Also kann der Stoff, der aus festem Körper sich aufbaut,
ewig sein, indes das übrige alles sich auflöst.

Weiter dann: Wär' nichts, was als Leeres ledig und frei stünd',
alles wäre dann fest; gäb's wiederum nicht die bestimmten
Körper, welche den Raum erfüllten, den sie besetzen,
würde der Raum des Alls als lediges Leeres bestehen.
Klar im Wechsel ist füglich Körper durch Leeres geschieden
offenbar, da weder er völlig als voll sich erweiset
noch auch wieder als leer; so gibt es Körper, bestimmte,
welche den leeren Raum durch Volles zu teilen vermögen.

Diese nun können weder durch Schläge von außen getroffen
aufgelöst noch von drinnen durchdrungen aufgerollt werden
noch auf andere Weise angegriffen sich lockern;
was wir oben dir schon ein wenig vorher gewiesen.
Denn nichts kann, wie man sieht, sich stoßen ohne das Leere
noch zerbrochen noch auch in zwei je werden gespalten,
Feuchtigkeit nicht, noch nehmen auf die schleichende Kälte
noch die fressende Glut, wodurch doch alles verbraucht wird.
Und je mehr drinnen birgt ein jegliches Ding von dem Leeren,
um so tiefer lockert es sich von solchem bestürmet.
Wenn also fest und ohne das Leere die Körper des Anfangs
sind, so wie ich gelehrt, so sind notwendig sie ewig.

Außerdem: Wäre der Stoff der Welt nicht ewig gewesen,
wären vorher völlig ins Nichts die Dinge vergangen,
und aus nichts wär neu geboren, was immer wir sehen.
Doch weil oben ich habe gezeigt, nichts könne geschaffen
werden aus nichts noch Erzeugtes zu nichts zurückgeholt wieder,
müssen die Ursprungskörper sein von ewigem Stoffe,
worein jedes sich auflösen kann am Ende des Lebens,
auf daß Stoff zur Verfügung zur Neuerschaffung der Dinge.

Füglich besitzen die Ursprungskörper gediegene Einfalt,
und sie können nicht anders, bewahrt durch ewige Zeiten,
seit unendlicher Frist nun schon erneuern die Dinge.

Schließlich: Wenn die Natur nicht hätte bereitet ein Ende
der Zerstörung der Dinge, schon längst wären so dann des Stoffes
Körper vermindert worden vom Druck der früheren Zeiten,
daß von bestimmter Zeit an nichts von ihnen vermöchte
von der Empfängnis zur Höhe des Lebens hin zu gelangen.
Denn nimm irgendein Ding: Es läßt, wie wir sehen, sich schneller
trennen als wieder erbauen; drum könnte was endlose lange
Zeit des Tages, die Zeit des ganzen verflossenen Alters,
hätte zerbrochen bisher, es störend und Trennung ihm bringend,
niemals wieder erneuert werden im Zeitraum, der übrig.
Doch jetzt ist offenbar ein Ziel der Zerstörung gegeben
und bleibt fest, da wir ja sehen, wie jegliches Ding sich
wieder erstellt und begrenzt zugleich nach Arten die Zeiten
dauern, in denen ein Ding kann die Blüte des Alters erreichen.
[…]
Schließlich: Da ja nach Arten ein Ziel den Dingen verliehen
für das Wachsen besteht und für das Behalten des Lebens,
und was alles vermag ein jedes im Bunde des Wesens
und was wiederum nicht, durch heilige Satzung bestimmt ist,
sich nichts ändert, ja bis zu dem Grad alles Bestand hat,
daß das bunte Geflügel alles zeigt, wie nach Ordnung
Flecken der einzelnen Art am Körper fest sich behaupten,
müssen sie zweifellos auch einen Bestand immer festen
Stoffes besitzen; denn wenn die Ursprungskörper der Dinge
ändern sich könnten, besiegt auf welche Weise auch immer,
würde schon unsicher sein auch, was zu entstehen vermöchte,
was wieder nicht, wie schließlich die Macht einem jeden begrenzt
    ist
auf seine Weise und tief im Grunde verhaftet der Grenzstein,
und es könnten so oft nach Arten nicht die Geschlechter
Wesen, Sitten, Kost und Bewegung zeigen der Eltern.
[…]
Außerdem: Wenn es ein Kleinstes nicht gibt, wird auch noch der
    feinste
Körper bestehen an Zahl aus je unendlichen Teilen,
da ja die Hälfte der Hälfte wird jeweils immer besitzen

wieder die Hälfte und nichts kann vorher setzen ein Ende.
Was wird zwischen dem All und dem Kleinsten für Unterschied
  sein dann?
Nichts wird der Unterschied sein. Denn mag die Summe auch noch
  so
endlos sein aus dem Grunde, so wird, was am kleinsten der Teile,
doch im gleichen Grad aus unendlichen Teilen bestehen.
Da das richtige Denken hier Einspruch erhebt und bestreitet,
daß es die Seele zu glauben vermag, mußt besiegt du gestehen,
daß es sie gibt, die mit keinerlei Teilen mehr sind versehen
und von kleinster Natur bestehen: da sie vorhanden,
müssen sie auch, das mußt du gestehen, ewig und fest sein.
Endlich: Wenn die Natur der Dinge, die Schöpferin, alles
wäre gewöhnt in kleinste Teile sich lösen zu lassen,
könnte sie selber nichts mehr jetzt schon aus ihnen ersetzen,
deswegen weil, was nicht um bestimmte Teile gemehrt ist,
nicht, was der Zeugungsstoff muß besitzen, zu haben vermöchte:
mannigfache Verbindungen, Schwerkraft, untereinander
Schläge, Zusammenprall und Bewegung, die alles bewirken.
[…]

Aber dieweil ich gelehrt ja nun, daß festeste Körper
ständig des Stoffes umher, seit Ewigkeit unbesiegt, schwirren,
wollen wir jetzt – wohlan! –, ob es gibt ein Ziel ihrer Summe
oder ob nicht, entwickeln; und was sich als Leeres gefunden
oder Erstreckung und Raum, worin sich jegliches abspielt,
wollen wir scharf erforschen, ob ganz es durchaus begrenzt ist
oder ob unermeßlich weit es sich öffnet und grundlos.

Was nun das All ist, so ist es in keiner Richtung der Straßen
endlich begrenzt; sonst müßte es doch ein Äußerstes haben.
Äußerstes weiter scheint von nichts es geben zu können,
wenn nicht darüber hinaus etwas ist, was begrenzte, so daß sich
  zeigte, wohin nicht weiter der Sinne Natur würde folgen.
Weil aber über die Summe hinaus nichts ist, wie man zugibt,
hat sie ein Äußerstes nicht, entbehrt also Endes und Maßes.
Und es macht nichts aus, in welches Gebiet von ihr du dich hin-
  stellst:
Sosehr, welchen Ort man besetzt auch, läßt er in alle
Teile hin ebensosehr unendlich das All sich erstrecken.

Lukrez

Außerdem, gesetzt, man nähme als endlich den ganzen
Raum, der ist; wenn dann zuäußerst einer zum fernsten
Saume rückte vor und würfe den flüchtigen Wurfspieß,
willst du dann mehr, daß von starker Kraft er geschleudert
fliege, wohin er geschickt, und weiter beschwingt sich entferne,
oder meinst du vielmehr, es kann etwas hindern und trotzen?
Eines von beidem mußt du gestehen und annehmen sicher.
Beides verschließt dir jedoch die Ausflucht und zwingt dich
zum Geständnis, daß ohne ein Ende das All sich erstrecke.
Denn mag sein etwas, was hindert und wirksam vereitelt,
daß, wohin er geschickt, er komme und ruhe am Ende,
mag er fliegen hinaus: Er ist nicht vom Ende gekommen.
So werde weiter ich gehn, und wo du auch immer den fernsten
Saum ansetzest, werde ich fragen, was schließlich der Spieß macht:
Nirgends, so wird es geschehn, wird das Ziel sich zu setzen vermögen
und die Mittel zur Flucht werden immer die Ausflucht verschieben.

Außerdem: Wenn aller Raum des gesamten Alles von allen
Seiten geschlossen Halt machen würde an sicheren Säumen
und wär' fest begrenzt, wär' längst die Fülle des Stoffes
überallher mit festem Gewicht zum Tiefsten geflossen
und es würde kein Ding geschehn in der Hülle des Himmels,
und überhaupt wär' nicht der Himmel und Leuchten der Sonne,
da doch aller Stoff läg' hoch gehäuft auf dem Boden,
dadurch daß seit unermeßlicher Zeit er sich setzte.
Jetzt aber ist natürlich den Ursprungskörpern der Dinge
keine Ruhe geschenkt, weil nichts ist gänzlich das Tiefste,
wo sie hinfließen könnten und wo die Sitze begründen.
Immer wird jegliches Ding in steter Bewegung getrieben
überall in den Teilen, und dargereicht zur Ergänzung
werden die Körper des Stoffes, geschnellt aus unendlichem Raume.

Schließlich: Vor Augen begrenzt, so sieht man's, Ding sich mit
Dinge:
Luft trennt Hügel ab voneinander, Berge den Luftraum,
Erde begrenzt das Meer, das Meer alle Länder dagegen.
Nichts aber gibt es jedoch, was das All von außen begrenzte.
Füglich gibt es des Raumes Natur und des Tiefen Erstreckung,
die der strahlende Blitz mit seinem Lauf zu durcheilen

gleitend nicht vermag in der Ewigkeit stetigem Ziehen
noch im Gang zu bewirken, daß weniger bliebe zu gehen;
so sehr breitet sich rings den Dingen gewaltige Fülle
überall hin nach allen Seiten ohne ein Ende.
[...]
Denn gewiß haben sich die Ursprungskörper der Dinge
alle nach Plan nicht gestellt in richtiger Ordnung mit Scharfsinn
noch in der Tat beschlossen, wie jeder sich solle bewegen,
sondern weil viele im All vertauscht auf vielfache Weise
seit unendlicher Zeit sich quälen gepeitscht durch die Schläge,
kommen sie, jederlei Art Bewegung und Einigung probend,
endlich zum Schluß dann auch in solche Ordnungsgefüge,
aus welchen jetzt besteht die Summe der Dinge geschaffen
und durch viele Jahre hindurch bewahrt, und gar große,
seit sie geworfen einmal in passend gefugte Bewegung,
macht, daß das gierige Meer mit reichen Fluten des Flusses
Ströme ergänzen und Land, von der Sonne Glühen erwärmet,
neuert den Nachwuchs, das junge Geschlecht des Belebten
blüht und leben in Kraft die gleitenden Feuer des Äthers;
das aber täten sie nie, wenn nicht die Fülle des Stoffes
aus dem Unendlichen her neu aufzusteigen vermöchte,
aus der zur rechten Zeit sie gewohnt sind, Verlornes zu erneuern.
Denn wie der Speise beraubt der Belebten Natur auseinander
fließt, an Körper verlierend, so muß sich auch auflösen alles
dann, sobald der Stoff versagt und nicht zu Gebote
reichlich steht, irgendwie den richtigen Bahnen entfremdet.
[...]

Zweites Buch

[...]
Jetzt wohlan! In welcher Bewegung zeugen des Stoffes
Ursprungskörper die Vielfalt der Welt und erzeugt sie zerteilen,
welche Gewalt sie dazu zwingt und welche Bewegtheit
ihnen des Gehens gegeben ist durch das mächtige Leere,
will ich entfalten, du gedenk, dich den Worten zu öffnen.
Denn gewiß hängt doch der Stoff gedrängt nicht zusammen
unter sich, da jedes sich ja vermindern allmählich,
alles gleichsam fließen im Laufe der Zeiten wir sehen

Lukrez

und das Alter entziehen es jeweils unseren Augen,
während die Summe dagegen unversehrt überdauert,
deswegen weil, was jedem Ding an Körpern entweichet,
wo es geht, dort schmält, wo es hinkommt, Zuwachs gewährt ihm,
eines zu altern zwingt, das andre dagegen zu blühen,
und nicht dort verweilt. So erneut sich die Summe der Dinge
immer, und alles, was sterblich, lebt so auf Borg miteinander.
Aufwächst der eine Stamm, dieweil der andere schwindet,
und in kurzer Zeit vertauscht sich ein Alter der Wesen,
und wie Käufer wechseln sie aus die Fackel des Lebens.

Wenn du meinst, es vermöchten zu ruhen die Körper der Dinge
und im Säumen erzeugen neue Bewegung der Dinge,
schweifest weit du ab vom wahren Erfassen des Wesens.
Denn da sie schweben durch leeren Raum, müssen alle notwendig
stürzen durch eignes Gewicht, die Ursprungskörper der Dinge,
oder durch Stoß vielleicht des andern; denn wenn erregt sie
prallen, wie oft, zusammen, geschieht's, daß verschieden sie plötzlich
springen hinweg. Kein Wunder! Sind doch überaus hart sie
mit ihrem festen Gewicht und hindert doch gar nichts im Rücken!
Und daß mehr du erkennest, daß alle Körper des Stoffes
leiden den Wurf, erinnere dich, daß die Summe des Alles
nichts hat Tiefstes und daß die ersten Körper nichts haben,
wo sie sich setzen, da ja der Raum ohne Ende und Maß ist;
und daß er endlos sich weite nach allen Seiten beliebig,
hab ich vielfach gezeigt und wurde ja sicher bewiesen.
Da das fest nun steht, ist den ersten Körpern natürlich,
niemals Ruhe geschenkt inmitten der Leere des Abgrunds,
sondern gequält vielmehr in ständiger bunter Bewegung,
springen geprellt sie teils zurück in großer Entfernung,
teils auch werden in schmalem Raum sie vom Stoße geschleudert.
Und alle Körper, die sind in dichtrer Vereinigung und in
kleinerem Abstand, springen zurück, wenn zusammen sie prallen,
selber durch eigne verfilzte Gestalt in Fesseln geschlagen,
bilden des Felsens starke Verwurzelung wie auch des Eisens
wilde Gestalt und das Übrige noch aus demselben Geschlechte.
Die in geringer Zahl im großen Leeren sich tummeln:
springen die übrigen weit hinweg und kehren von weitem
auch in großem Abstand zurück. Sie spenden die lockere

Luft uns immer neu und das strahlende Leuchten der Sonne.
Außerdem schwirren umher im großen Leeren noch viele,
die von Verbänden der Dinge verstoßen wurden und nirgends
mehr zu vereinen vermochten Bewegung, von neuem gefangen.
Hierfür, wie ich sage, bewegt sich Abbild und Gleichnis
immer uns vor Augen und kann stets dringlich uns mahnen.
Schau dir doch an: Wann immer das Licht der Sonne die Strahlen
einfallend breiten aus im dämmrigen Dunkel der Häuser,
wirst du winzige viele in vielfacher Art sich vermischen
sehen Körper im Leeren im Lichte eben der Strahlen
und wie im ewigen Streit erregen Schlachten und Kämpfe
um die Wette geschwaderweis und Ruhe nicht geben,
ständig mit Trennung gequält und wieder mit neuer Vereinigung;
daß du zu schließen vermagst hieraus, was es heißt, daß die Körper
immer der Dinge den Wurf im großen Leeren erleiden.
Freilich nur, soweit geringe Dinge für große
Beispiele zu geben vermögen und Spuren für unsre Erkenntnis.
[...]
Aber wenn manche dagegen, da sie des Stoffes nicht kundig,
daß die Natur nicht erklärt werden könne: wie ohne das Walten
sie der Götter so sehr gemäß dem Bedürfnis der Menschen
ändre die Zeiten des Jahres und schaffe die Früchte des Feldes
und das übrige, das zu suchen den Menschen gebietet
göttliche Wonne, selbst sie als Führer des Lebens geleitet
und durch der Venus Lust ihnen schmeichelt, die Art zu vermehren,
daß der Menschen Geschlecht nicht verschwinde: wenn alles die Götter
 ihretwegen sie festsetzen lassen, scheinen in allem
sie mir sehr von dem wahren Gedanken sich zu entfernen.
Wüßt' ich gleich auch nichts von den Ursprungskörpern der Dinge,
möchte doch dies ich gerad aus des Himmels Plan zu behaupten
wagen und den Beweis dafür aus vielem andrem zu geben:
Keineswegs ist für uns auf göttliche Weise geschaffen
worden das Wesen der Welt: so mit Schuld steht da sie beladen.
Das werden später wir dir, o Memmius, offenbar machen.
Nun wollen wir den Rest über ihre Bewegung entwickeln.
[...]
Darum muß auch alles hindurch durch das ruhige Leere
gleichschnell, obschon mit Gewichten die ungleich, erregt sich bewegen.

Lukrez

Füglich wird Leichterem nie sich fallend zu nahen vermögen
Schweres von oben und nie von sich aus Stöße bewirken,
buntre Bewegung zu schaffen, wodurch die Natur alles ausführt.
Deshalb ist noch und noch, daß ein wenig sich beugen die Körper,
unbedingt nötig; und mehr nicht als winzig, daß aus uns zu denken
schräge Bewegungen wir nicht scheinen und Wahrheit das ablehnt.
Denn das sehen wir klar vor Augen und deutlich zum Greifen,
daß ein Gewicht, soweit es an ihm liegt, unmöglich schräg geht,
wenn es von oben herunterstürzt, soweit man das sehn kann;
doch daß um nichts überhaupt von der rechten Richtung der Route
es sich beugt, wer ist, der dies zu schauen vermöchte?

Schließlich: wenn eine jede Bewegung immer verknüpft wird
und aus der alten Bewegung entsteht in sicherer Ordnung
stets eine neue und nicht durch Beugen die Körper den Anfang
einer Bewegung machen, der breche das Bündnis des Schicksals,
daß seit unendlicher Zeit nicht Ursache folge auf Ursach:
Woher besteht auf Erden allem Beseelten der freie,
woher stammt, sag ich, der dem Schicksal entwundene Wille,
dank dem vorwärts wir schreiten, wohin einen leitet die Freude,
abbiegen auch die Bewegungen weder zu sicherem Zeitpunkt
noch an sicherer Stelle des Raums, sondern wo der Gedanke uns
   hintrug?
Denn ohne Zweifel bewirkt hierbei der eigene Wille
jedem den Anfang und daraus ergießt sich Bewegung den Gliedern.
Siehst du nicht auch, wenn im Nu einer Zeit die Schranken sich
   öffnen,
daß nicht vermag der Rosse begierige Kraft sich zu stürzen
plötzlich hervor so schnell, wie selber der Sinn ist begierig?
Muß doch im ganzen Leib hin erregt die Fülle des Stoffes
werden, daß sie, wenn erregt sie ist im Innern aller
Glieder, zu folgen vermag mit Kraft dem Eifern des Sinnes;
so daß du siehst: es stammt vom Herzen die Eingangsbewegung
und zuerst geht alles hervor aus dem Willen der Seele,
drauf wird es weiter gereicht durch den ganzen Leib und die Glieder.

Dem ist nicht ähnlich, wenn wir getroffen vorgehn vom Schlage
durch die gewaltige Kraft eines andern, sein mächtiges Zwingen.
Denn dann ist klar, daß aller Stoff im Ganzen des Körpers
wider unseren Willen dahingeht und fort wird gerissen,

Von der Natur der Dinge

bis ihn wieder zurück in den Gliedern der Wille gebändigt.
Siehst du nun also, daß obschon von außen Gewalt treibt
viele und oftmals zwingt zu gehen wider den Willen
und gerissen zu werden jäh, in unserem Herzen
doch etwas ist, was vermag dagegen zu kämpfen und trotzen?
Nach dessen freiem Willen wird auch die Fülle des Stoffes
manchmal sich zu wenden gedrängt durch Glieder, Gelenke
und wird vorgeschleudert, gebändigt, setzt wieder sich nieder.
Drum mußt du auch in den Samen dasselbe bekennen gezwungen,
daß neben Schlag und Gewicht der Bewegung noch andere Ursach
ist gegeben, woher diese Macht uns eingepflanzt wurde,
da, wie wir sehen, ja nichts aus nichts vermag zu entstehen.
Denn das Gewicht, es hindert, daß alles vollzieht sich durch Schläge
wie durch äußre Gewalt. Daß der Sinn aber selber nicht habe
inneren Zwang in allen Dingen, welche er anfängt,
und wie ein Besiegter gedrängt ist zu tragen und leiden,
das bewirkt der Ursprungskörper winzige Beugung,
weder am festen Ort noch auch zum sicheren Zeitpunkt.
[...]

Jetzt wohlan vernimm die Worte, gefunden in meiner
süßen Arbeit, damit du nicht wähnst, dies Weiße bestünde
auch aus weißen Atomen, was schimmernd erblickst du vor Augen,
oder es sei, was dunkelt, aus schwarzen Körpern geboren;
noch du glaubst, was getränkt ist mit andrer beliebiger Farbe,
daß es sie darum trage, dieweil des Urstoffes Körper
diesem seien gefärbt mit gleich aussehender Farbe;
nämlich: es ist überhaupt keine Farbe gegeben des Stoffes
Körpern, weder den Dingen gleich noch endlich auch ungleich.
Wenn dir auf diese Körper vielleicht nicht möglich des Geistes
Wurf erscheint, bist fern du vom Pfade in wegloser Irre.
Denn da Blindgeborene, die nie das Leuchten der Sonne
jemals erblickten, doch durch Berührung Körper erkennen,
kann man wissen, daß auch für unseren Geist sich die Körper
zur Erkenntnis wenden von keiner Farbe umstrichen.
Schließlich was wir selbst im blinden Dunkel berühren,
nehmen wir doch wahr, ohne daß es von Farbe benetzt wär.

Daß das geschieht, behaupte ich leicht: drum werde ich lehren
nun, daß vom Anfang der Zeit an sie nicht mit Farbe verbunden.

Farbe verwandelt sich nämlich gänzlich, jede in alle;
das ist Atomen erlaubt zu tun unter keiner Bedingung.
Etwas muß nämlich übrig unveränderlich bleiben,
daß die Dinge zu nichts nicht etwa gänzlich zerrinnen;
denn was immer geändert aus seinen Grenzen herausgeht,
ist sogleich der Tod von dem, was früher gewesen.
Nimm drum in acht dich, mit Farbe die Samen der Dinge zu netzen,
daß dir die Dinge zu nichts nicht gänzlich alle vergehen.
[...]
Jetzt nun halte den Geist uns bereit für die Wahrheit der Lehre.
Denn mit großer Gewalt will neue Erkenntnis das Ohr dir
treffen, ein neuer Anblick vor Augen sich breiten.
Aber getrost: kein Ding ist so schlicht, daß zuerst nicht ein wenig
schwieriger es sich zeigte zu glauben, und ebenso gilt es:
nichts ist so gewaltig, und nichts so Seltsames gibt es,
was nicht doch gemach zu bewundern alle vergäßen:
allem voran des Himmels Klarheit und Reinheit der Farbe,
dann was er in sich birgt, die überall schweifenden Sterne,
Mond und der Sonne Glanz mit hellem, schimmerndem Lichte:
alles dies, wenn zuerst es jetzt den Sterblichen wäre
unversehens geboten und plötzlich vor Augen zu sehen,
was könnte mehr als dies als ein Wunder zu gelten verdienen
oder als etwas, das vorher nicht möglich schiene den Völkern?
Nichts, denk ich; so mächtig wäre zum Staunen der Anblick!
Jetzt hält keiner mehr schon, vom Zuviel des Sehens ermattet,
aufzublicken für wert in die lichten Räume des Himmels.
Laß darum ab, allein vor der Neuheit nur dich entsetzend,
aus dem Geist diese Lehre zu weisen, sondern nur mehr noch
wäge mit scharfem Urteil ab, und wenn es dir wahr scheint,
strecke die Hände, scheint es dir falsch, so rüste dagegen!
Sucht doch Erklärung der Geist, da draußen die Summe des Raumes
ohne Begrenzung ist, entfernt von den Mauern der Welt hier,
was dort weiter sei, wo der Sinn uns hin blicken möchte
und wo des Geistes Wurf in Freiheit selber hindurchfliegt.

Erstens: blicken wir überall hin nach jeder der Seiten
rechts und links und drüber und drunten im All durch:
grenzenlos dehnt sich der Raum. So hab ich gelehrt und von sich
   aus
rufen die Dinge es laut und leuchtet das Wesen der Tiefe.

Von der Natur der Dinge

Nun ist auf keinerlei Weise der Wahrheit es ähnlich zu achten,
da nach jeglicher Richtung der Raum unendlich erstreckt sich,
zahllos an Zahl dazu die Samen im grundlosen Ganzen
schwirren, in vielerlei Art erregt in steter Bewegung,
daß als einziger hier der Erdkreis und Himmel geschaffen
wäre, doch nichts da draußen betrieben so viele Atome,
da doch zumal von Natur er wurde geschaffen und selber
ganz von sich zufällig im Anstoß die Samen der Dinge,
planlos in vielerlei Art vergebens und ziellos vereinigt,
endlich wuchsen in eins, und zwar solche, die, plötzlich verschmolzen,
immer wurden damit der Beginn gewaltiger Dinge,
Anfang von Himmel und Erde, von Meer, dem Geschlecht der Belebten.
Drum mußt noch und noch du zugeben, daß von der gleichen
Art auch sonst noch es gibt woanders Versammlung des Stoffes,
so wie hier, die der Äther umfaßt in heißem Umfangen.

Weiter zudem: wo Stoff in Fülle dazu doch bereit ist,
wo vorhanden der Raum, weder Ding noch Ursache hindert
irgend, müssen natürlich Vorgänge sein und Dinge entstehen.
Wenn der Samen Menge daher so mächtig ist, wie sie
aufzuzählen die sämtliche Zeit nicht vermöchte des Lebens,
denen dieselbe Natur verbleibt, die imstande ist, weiter
Samen der Dinge zusammen an einen Ort auf die gleiche
Weise zu werfen, wie hierher sie wurden geschleudert: gedrängt
bist
du zu gestehen: andere gibt es in anderen Teilen
Erden und bunte Stämme der Menschen und Rassen von Tieren.
[...]

Drittes Buch

[...]
Und da gelehrt ich ja nun, wie aller Dinge beschaffen
Urkörper sind und wie sie nach wechselnden Formen verschieden
schwirren aus eigenem Trieb, erregt in ewiger Unrast,
und ein jegliches Ding wie's aus ihnen vermag zu entstehen,
scheint der Reihe hernach das Wesen von Seele und Leben

jetzt nun in meinen Versen erleuchtet werden zu müssen
und vertrieben die Furcht vor dem Acheruns schnellstens von hinnen,
die das menschliche Leben im tiefsten vom Grunde aus aufwühlt,
alles von unten umwölkend mit Todes Schwärze, und keine
Möglichkeit läßt, daß klar und rein eine Freude bestehe.
Denn wenn oftmals der Mensch, die Krankheit sei mehr noch zu fürchten,
sagt, und ein Leben mit Schmach als der Tartaros, Wohnung des Todes,
und sie wüßten, der Seele Natur sei die doch des Blutes
oder des Hauches, wenn so Belieben vielleicht es gebietet,
und bedürfe durchaus nicht unserer heilsamen Lehren,
magst du hieraus ersehen, daß alles mehr um des Ruhmes
willen geprahlt wird, als daß die Sache selber fänd Beifall:
eben dieselben, verbannt aus der Heimat und weithin verschlagen
aus der Menschen Gesicht, von schändlicher Untat besudelt,
schließlich von Mühsal bedrückt aller Art: sie leben doch weiter,
und wohin sie auch kommen im Elend, sie opfern den Toten,
schlachten den schwarzen Widder für sie, und den göttlichen Manen
spenden sie Wein, und im bitteren Unglück richten sie mehr nur
noch ihre Seelen hin auf die Furcht vor den Göttern und schärfer.
Drum muß man um so mehr den Menschen in Proben des Zweifels
schauen und im widrigen Unglück sein Wesen erkennen;
dann nämlich erst wird entlockt der Tiefe des Herzens der echte
Laut, heruntergezerrt die Maske: es bleibt das Gewisse.

Schließlich die Habsucht, dazu das blinde Gieren nach Ehren,
welche die armen Menschen zum Übertreten der Grenzen
zwingen des Rechts und, mitunter Gehilfen von Freveln und Bündner,
nachts sich zu mühen und tags, in unermüdlichem Ringen
aufzutauchen zur höchsten Macht: diese Wunden des Lebens
nähren sich nicht zum wenigsten Teil aus der Angst vor dem Tode.
Schmähliche Nichtachtung nämlich etwa und bitteres Darben
scheinen fern zu sein einem süßen, gefestigten Leben
und vor den Toren des Tods gleichsam schon lauernd zu warten;
während die Menschen draus zu entkommen, getrieben von falschem

Von der Natur der Dinge

Schrecken, sich mühen hinweg weit, sich weit davon zu entfernen,
häufen mit Bürgersblut sie Vermögen und doppeln den Reichtum
gierig, türmen Mord auf Mord zu gewaltigen Bergen,
grausam freuen sie sich am traurigen Grabe des Bruders,
und der Verwandten Tisch flößt ein ihnen Haß oder Ängste.

Ganz auf ähnliche Art, entsprungen derselben Befürchtung,
quält sie oftmals der Neid: daß der vor Augen ist mächtig,
der im Blicke der Welt, der im Glanze der Ehre daherkommt,
selbst sie im Dunkel und Kote sich wälzen, ist ihre Klage.
Gehen sie doch zugrund zum Teil um Standbild und Namen!
Und oft faßt in solchem Grad aus Schreck vor dem Tode
Menschen des Lebens Haß und Haß, den Tag zu ersehen,
daß sie selber den Tod sich verhängen mit traurigem Herzen,
eingedenk nicht, daß diese Furcht der Quell ist der Qualen:
daß den Anstand sie mitnimmt, die Bande der Freundschaft
sie zerbricht, überhaupt: sie rät, frommen Sinn zu entwurzeln.
Denn schon oft hat der Mensch seine Heimat und teueren Eltern
preisgegeben, aus Sucht, des Acheruns Hallen zu meiden.
Denn wie die Kinder zittern vor Grauen und alles im blinden
Dunkel fürchten, sind wir bei Tage vor Dingen in Ängsten
manchmal, die man nicht mehr zu fürchten brauchte als das, was
Kinder im Dunkel bebend erwarten und drohend sich vorstelln.

Diesen Schrecken nun, dies Dunkel der Seele muß füglich
nicht der Sonnen Strahl noch die hellen Geschosse des Tages
schlagen entzwei, vielmehr Naturbetrachtung und -lehre.

Erstens sag ich, die Seele, die Geist wir oftmals benennen,
drin des Lebens Rat und Lenkung hat ihren Wohnsitz,
ist vom Menschen ein Teil nicht minder als Hand oder Fuß und
Augen als Teile des ganzen Lebewesens bestehen.
[...]
Und da der Geist, wie man sieht, wie ein kranker Körper geheilt
   wird,
und wir beobachten, daß er bestimmt werden kann von Arzneien,
zeigt auch das im voraus uns an, daß sterblich der Geist ist.
Teile hinzufügen muß, der Stellung nach ändern muß billig
nämlich oder auch etwas vom Ganzen jedenfalls mindern,
wer sich anschickt, der Seele Natur zu ändern, und anfängt

Klassische Metaphysik

Lukrez

oder umstimmen will ein andres beliebiges Wesen.
Aber daß Teile versetzt ihm oder hinzugefügt werden,
will das Unsterbliche nicht, noch daß ihm etwas entfließe.
Denn was immer verändert verläßt die eigenen Grenzen,
ist sofort der Tod von dem, was früher gewesen.
Also sendet der Geist, ob er krank wird, des Todes Symptome
von sich, wie ich gelehrt, ob bewegt er wird von Arzneien.
So sehr, sieht man, tritt der falschen Lehre die wahre
Tatsache eilends entgegen, schneidet dem Rückzug den Weg ab
und widerlegt in doppelt geschliffner Entgegnung das Falsche.
Schließlich sehen wir oft allmählich den Menschen vergehen
und verlieren Glied für Glied des Lebens Empfindung;
an den Füßen zuerst sich Zehen und Nägel entfärben,
Füße und Schenkel darauf ersterben, dann, durch die andern
Glieder ziehend, sich breiten die Spuren des eisigen Todes.
Da sich darum die Natur der Seele zerspleißt und zur selben
Zeit nicht rein besteht, hat als sterblich diese zu gelten.
[…]
Oder warum hat den Wunsch sie, dem greisen Leib zu entweichen?
Fürchtet sie etwa, gesperrt im fauligen Körper zu bleiben
und, daß das Haus, erschöpft von des Lebens hoher Bejahrtheit,
sie verschüttet? Doch sind dem Unsterblichen keine Gefahren.

Schließlich: daß beim Bunde der Venus und Werfen der Tiere
wartend dasteht die Seele, scheint mehr als lachhaft zu sein doch,
daß Unsterbliche sich erhoffen sterbliche Glieder,
zahllos an Zahl, und, schnell sich vordrängend eins vor dem andren,
streiten, welche zuerst und vorzüglich den Einschlupf erringe –
müßte denn sein, es sei ein Vertrag von den Seelen geschlossen,
daß, die zuerst herbei im Fluge gekommen, zuerst auch
einzög und daß mit Gewalt sie nichts miteinander erstritten.
[…]
So kann der Seele Natur nicht ohne den Körper entstehen
für sich allein noch vom Blut und den Sehnen nur wenig entfernt
sein.
Könnte sie nämlich das, viel eher wäre der Seele Gewalt dann
fähig im Haupte zu sein, den Schultern oder im Knöchel,
unten, und gewohnt, zu entstehen in beliebigem Teile,
aber zu bleiben im selben Menschen dabei und Behältnis.
Da nun in unserem Leib auch klar geschieden es feststeht

und verfügt sich zeigt, wo zu sein und zu wachsen vermögen
Seele getrennt und Geist, muß um so mehr man bestreiten,
daß zu dauern imstand und zu bilden sie fern sich vom ganzen
Leibe. Ist drum vergangen der Leib, ist vergangen die Seele
auch, das mußt du gestehn, die verteilt ist im Ganzen des Körpers.
Ist doch, mit Ewigem Sterbliches fest zu verbinden und meinen,
spüren könnten sie und im Austausch handeln zusammen,
Unsinn. Denn was hat für verschiedner in sich zu gelten
und für mehr unter sich getrennt und im Widerstreit liegend,
als daß, was sterblich, vereint mit Unsterblichem, immer Bestehn-
 dem,
wüßte, zusammen im Bund zu ertragen der Unwetter Wüten?
[...]
Nichts geht also der Tod uns an und reicht an uns nirgends,
da der Seele Natur sich hat als sterblich nunmehr erwiesen.
Und, wie wir in vergangner Zeit nichts Trübes erfuhren,
da zum Kampfe herbei die Punier überall eilten,
damals, als alles erschüttert vom angstvollen Aufruhr des Krieges
schaudernd erbebte im Grund von des Äthers hohen Gestaden,
und im Zweifel es war, zu wessen Reiche zu fallen
allem, was Mensch, war bestimmt auf der Welt zu Wasser und
 Lande,
so wird, sind wir nicht mehr, wenn erfolgt zwischen Leib ist und
 Seele
Scheidung, aus denen beiden gefügt wir zur Einheit zusammen,
dann natürlich auch uns, die wir ja sein nicht mehr werden,
nichts überhaupt zu treffen und Sinne zu rühren vermögen,
nicht, wenn Erde mit Meer sich mischt und das Meer mit dem Himmel.
Und gesetzt, nachdem sie dem Körper in Stücken entwichen,
könnte der Seele Natur und des Lebens Gewalt noch empfinden,
nichts geht an es doch uns, die wir in Verkopplung und Ehe
zwischen Seele und Leib bestehen, zur Einheit verbunden.
Auch nicht, wenn unsern Stoff der Lauf der Zeiten versammelt
nach unserm Tod und erneut ihn fügt, wie er jetzt ist gelegen,
und ein zweites Mal uns das Licht des Lebens geschenkt wird,
ginge uns dies etwas an, selbst dann nicht, wenn solches geschehen,
da, unterbrochen einmal, das Gedächtnis an uns ist geschwunden.
Jetzt auch geht uns nichts an in Hinsicht auf uns, die wir vorher
waren, und nicht mehr quält über jene uns jetzt noch Beklemmung.

Lukrez

Blickst du nämlich zurück auf der unermeßlichen Zeiten
ganzen verflossenen Raum, dazu auf des Stoffes Bewegen,
wie vielfältig es ist, magst leicht zum Glauben du kommen,
daß die Körperchen oft in derselben Ordnung wie jetzt auch,
eben dieselben, aus denen wir jetzt sind, früher gewesen.
Aber wir können es doch mit erinnerndem Sinne nicht fassen,
zwischen uns liegt dann doch des Lebens Pause und schweifend
irrten herum überall die Bewegungen fern von Empfindung;
muß doch, wenn einem soll übel sein und traurig zumute,
selber auch sein zu der Zeit dann der, dem übel es könnte
werden. Da der Tod dies nimmt und so es verhindert,
daß der sei, dem Nachteile zu sich könnten gesellen,
ist uns zu wissen erlaubt, daß nichts ist im Tode zu fürchten,
und daß elend werden nicht kann, wer gar nicht mehr ist dann,
und es kein Unterschied ist, ob niemals ward er geboren,
wenn der unsterbliche Tod hat das sterbliche Leben genommen.
[…]
Denn es weicht verdrängt von der Frische der Dinge das Alter
immer, und notwendig ist's, zu ergänzen eins aus dem andern;
niemand wird in die Tiefe gestürzt und des Tartarus Dunkel:
Stoff wird gebraucht, daß herauf sich die spätren Geschlechter entwickeln.
Alle jedoch werden sie, wenn das Leben gelebt ist, dir folgen.
So wie du sind sie vordem versunken und werden versinken;
so wird eins aus dem andren immer von neuem entstehen,
keiner erhält zum Besitz das Leben, alle zum Nießbrauch.
Denke desgleichen daran, wie nicht vergangenes Alter
ewiger Zeit je betraf uns damals, bevor wir geboren.
Dies stellt nun die Natur als Spiegel der kommenden Zeiten
uns vor Augen nach unserm Tod, wenn alles zu Ende.
Zeigt sich vielleicht etwas Schauriges dort, läßt sich Düsteres sehen
irgend etwas, sind nicht freier von Sorgen als jeglicher Schlaf wir?
[…]
Wären die Menschen imstand, wie sichtlich Empfindung sie haben,
daß ein Gewicht in der Seele, das sie durch Schwere ermüdet,
auch, aus welchen Gründen das rührt, zu erkennen und woher
denn in der Brust eine solche Last des Übels bereitliegt,
würden sie nicht das Leben so führen, wie meistens wir sehen
jetzt, wie keiner weiß, was er will, und dauernd bestrebt ist,
auszuwechseln den Ort, als ob er die Last damit ablüd'.

Oft geht jener hinaus aus seinem prächtigen Hause,
den daheim zu bleiben es ekelt, und plötzlich kehrt um er,
da natürlich er merkt: es ist draußen um nichts ihm nur besser.
Jagend die Rosse zum Haus auf dem Land stürmt Hals über Kopf er:
als ob dem brennenden Dach zu Hilfe er eilte, so drängt er.
Gähnend sperrt er das Maul, kaum daß er berührt seine Schwelle,
oder er sinkt in Schlaf bleischwer und sucht nach Vergessen,
oder er strebt auch mit Hast zur Stadt und naht sich ihr wieder.
So flieht ein jeder das Selbst, dem doch zu entfliehen nicht möglich,
wie natürlich und klar; er haftet und haßt's wider Willen,
deswegen, weil er, krank, nicht kennt den Grund seines Leidens.
Wenn er erkennte ihn recht, würde jeder das andere lassen
und sich bemühen zuerst, das Wesen der Dinge zu lernen,
da einer ewigen Zeit, nicht nur einer einzigen Stunde
Stand auf dem Spiele steht, in dem die Sterblichen alle
Zeit, die nach dem Tode verbleibt, verharren dann müssen.

Schließlich: so sehr in Gefahr und ewigen Zweifeln zu zittern,
welche so mächtige, schlimme Begier nach Leben denn zwingt uns?
Sicher auf jeden Fall ist Menschen das Ende des Lebens,
und es läßt sich der Tod, ihn nicht zu erleiden, nicht meiden.
Weilen zudem im selben Kreis und befinden uns drin stets,
nicht wird neuer Genuß aus längerem Leben geschlagen.
Aber da fern das ist, was wir wünschen, scheint dieses das andre
hoch zu besiegen; dann, fällt es zu, begehren wir andres,
und der gleiche Durst nach Leben quält gierend uns ständig.
Zweifelhaft ist's, welch Geschick das spätere Leben heranführt,
was der Zufall uns bringt, und was für ein Ende bevorsteht.
Und nichts nehmen wir weg, wofern das Leben wir längen,
von des Todes Zeit und können davon nichts vermindern,
daß etwa wir weniger lang sein möchten vernichtet.
Magst drum Jahrhunderte, wie du willst, erleben und heimsen,
um nichts weniger bleibt der Tod doch ewig an Zeit dir,
und nicht weniger lang wird der nicht sein, der ein Ende
setzte dem Leben beim heutigen Strahle der Sonne, als jener,
der vorher verstarb um viele Monde und Jahre.
[…]

Lukrez

Fünftes Buch

[...]
Wahnsinn! Was könnte denn auch unsterblichen, seligen Göttern
unsere dürftige Gunst schon reichliche Vorteile schenken,
daß drum unseretwegen etwas sie zu wirken begönnen?
Welches Ereignis konnte so spät die früher so stillen
locken zu einem Wunsche, das vorige Leben zu ändern?
Denn offenbar muß der sich an neuen Dingen erfreuen,
dem die alten sind leid; wenn nichts in verflossenen Zeiten
Schlimmes ihn traf jedoch, als schön er verbrachte das Leben,
was hätte solchem vermocht die Lust zu entzünden zu Neuem?
Oder wär' Unglück für uns, nicht geschaffen zu sein, es gewesen?
Lag etwa, denk ich, das Leben in Dunkel und Trauer,
bis der Tag der Geburt der Dinge sich zeigte im Lichte?
Wer auch immer geboren, muß nämlich im Leben zu bleiben
wünschen, solange verlockende Lust ihn zurückhält im Leben;
wer aber nie gar hat gekostet die Liebe zum Leben
noch dazu je gehört: nicht geschaffen zu sein, was verschlägt's ihm?
Woher sind weiter Vorbild für Werden der Dinge und Kenntnis
eben von Menschen zuerst den Göttern innegeworden,
daß sie wußten und sahen im Geist, was zu tun sie begehrten?
Oder wie wurden erkannt der Ursprungskörperchen Kräfte,
und was untereinander vertauscht in der Ordnung sie könnten,
wenn die Natur nicht selbst das Vorbild des Schaffens gewährte?
So sind nämlich auf vielfache Art viele Samen der Dinge
seit unendlicher Zeit von ihren Schlägen getrieben
und vom eignen Gewicht bewegt zu eilen gewohnt,
sich zu vereinen auf jegliche Art und alles zu proben,
was zu schaffen imstand unter sich sie wären verschlungen,
daß es nicht wunderbar ist, wenn in solche Fügung geraten
auch sie sind und auch in solche Bahnen gekommen,
in denen dieses All jetzt verläuft der Dinge sich neuernd.

Wüßte ich aber gar nicht, was sind Atome der Dinge,
würde ich doch allein aus dem Wesen des Himmels zu sagen
wagen und noch aus vielen anderen Dingen zu zeigen,
daß keineswegs auf göttliche Art uns wurde bereitet
unsere Welt: mit solcher Schuld steht da sie beladen.
[...]

Von der Natur der Dinge

Warum nähret zudem und läßt es gedeihen Natur, des Getieres
schreckenerregend Geschlecht zu Land und im Wasser, den Menschen
bittere Feinde? Warum bringen mit sich die Zeiten des Jahres
Krankheit? Weshalb geht um überall der Tod, der zu früh kommt?
Weiter dann das Kind: wie der Schiffer, den rasende Wogen
warfen an Land, liegt nackt es am Boden, stumm und bedürftig
jeglicher Hilfe des Lebens, sobald in des Lichtes Bereiche
es aus der Mutter Leib die Natur mit Wehen geschleudert,
füllt mit traurigem Schrein die Gegend, wie billig für einen,
dem soviel an Leid im Leben bleibt zu durchstehen.
[...]

Aber auf welche Weise besagter Zuwurf des Stoffes
Erde wie Himmel gegründet und Tiefen des Meeres, der Sonne
Bahnen, des Mondes, das will ich in Ordnung vor Augen jetzt stellen.
Denn es haben gewiß mit Vernunft nicht der Dinge Atome
jedes in Reih und Glied sich mit scharfem Spürsinn geordnet,
nicht, in der Tat, vereinbart, welche Bewegung sie machten,
sondern dieweil auf vielfache Art viele Samen der Dinge
seit unendlicher Zeit schon, von ihren Schlägen gestoßen
und vom eignen Gewicht bewegt, zu eilen gewohnt sind
und sich zu einen auf jegliche Art und alles zu prüfen,
was zu schaffen imstand unter sich sie wären vereinigt,
darum geschieht's, daß, die mächtige Zeit hindurch sich verbreitend,
jeder Art Verbindungen sie und Bewegung erproben
und am Ende so die sich vereinen, die plötzlich geschleudert,
häufig zum Anfang werden sodann gewaltiger Dinge,
dieser Erde, des Meeres und Himmels, des Stamms der Belebten.
[...]
Jetzt nun: welcher Grund das Walten der Götter verbreitet
über die großen Völker, Städte gefüllt mit Altären
und auf sich zu nehmen gesorgt hat feierlich Opfer,
das jetzt blüht noch bei großer Macht und an mächtigen Plätzen,
woher auch jetzt noch den Menschen ein der Schauder gepflanzt ward,
der immer neue Tempel erweckt der Götter im ganzen
Erdkreis und sie zwingt, an festlichen Tagen zu feiern,

dafür ist's nicht zu schwer, in Worten Erklärung zu geben.
Freilich, sahen doch damals schon der Menschen Geschlechter
wachenden Geistes der Götter herrliches Antlitz und mehr noch,
wenn sie lagen im Schlaf, von erstaunlichem Wachstum des Körpers.
Denen nun sprachen Empfindung sie zu, darum, weil die Glieder
sie zu bewegen schienen und auszustoßen erhabne
Worte, entsprechend dem herrlichen Antlitz, den mächtigen Kräften.
Und sie gaben ewiges Leben ihnen, weil immer
neu das Antlitz wurde ergänzt und immer die Form blieb,
und dann auch überhaupt, weil mit solchen Kräften Begabte
nicht leichthin, wie sie meinten, durch Macht besiegt werden könnten.
Und sie meinten, sie stünden weit voran durch Glück ihrer Lage,
weil die Furcht vor dem Tode nicht einen quälte von ihnen,
und zugleich, weil im Traum man sie vieles Erstaunliche wirken
sah und doch keine Mühe sich selber daraus hinzuziehn.
Außerdem sahen sie klar des Himmels Plan in bestimmter
Ordnung und wechseln im Kreis die verschiedenen Zeiten des Jahres,
konnten erkennen indes, aus welchem Grund es geschieht, nicht.
Also nahmen sie sich die Zuflucht, alles den Göttern
zuzuweisen, von ihrem Wink alles kreisen zu lassen.
Und in den Himmel verlegten sie Wohnsitz und Tempel der Götter,
weil am Himmel dreht, wie man sieht, die Nacht und der Mond sich,
Mond und Tag und Nacht und die strengen Zeichen der Nächte,
nächtlich schweifende Fackeln des Himmels und fliegende Flammen,
Wolken, Sonne, die Regen, Schnee, Wind, Blitze und Hagel
und schnell rollendes Dröhnen und mächtiges Grollen des Drohens.

O des unsel'gen Geschlechts der Menschen, da solches den Göttern
zugeteilt es an Taten und bitteres Zürnen noch beigab!
Was für Klagen hat selbst es sich, was für Wunden geschaffen
uns, was für Tränen denen verursacht, die später als wir sind!
Und es ist nicht frommer Sinn, verhüllt gesehen zu werden,
wie man sich kehrt zu dem Stein, und allen Altären zu nahen,
nicht, sich zu Boden zu werfen gestreckt und die Hände zu breiten

vor den Tempeln der Götter, nicht, Altäre mit vielem
Blute von Tieren zu sprengen, Gebet an Gebete zu reihen,
sondern vielmehr mit befriedetem Sinn alles schauen zu können.
Denn wenn blicken wir auf zu den Himmelsbereichen des großen
Weltalls nach oben, dem Äther, mit funkelnden Sternen beschlagen,
und es kommt in den Sinn der Sonne Bahn und des Mondes,
dann beginnt in das Herz, die von anderen Leiden verdrängt war,
auch wieder jene Sorge das Haupt erwacht zu erheben,
daß nicht doch es gibt für uns eine göttliche Allmacht,
die mit verschiedner Bewegung die schimmernden Sterne im Kreis
   dreht;
führt in Versuchung den zweifelnden Sinn doch die Armut an Einsicht,
ob es gegeben einmal einen Tag der Geburt für das Weltall
und zugleich, ob ein Ende es gibt, bis zu dem es vermöchten,
Mühen zu tragen, die Mauern der Welt und die stille Bewegung,
oder, mit ewigem Heil auf göttliche Weise begnadet,
sie sind imstand, im ständigen Zuge der Zeit sich bewegend,
trotzig zu schneiden der mächtigen Zeit unermeßliche Kräfte.
   [...]

Sechstes Buch

[...]
Bei diesen Dingen mußt schauen du in die Breite und Tiefe
und mußt prüfend nach allen Richtungen weithin dich umsehn,
daß du besinnst dich, daß unendlich tief das All ist der Dinge,
und daß du siehst, ein wie winziger Teil ein einziger Himmel
ist von der ganzen Summe, welch kleinen Bruchteil er bildet,
nicht der sovielte Teil, wie ein Mensch vom Ganzen der Erde.
Wenn du dir dies vor das Aug' gut stellst und deutlich erschaust es,
deutlich es siehst, wirst ablassen du, über viel dich zu wundern.
Wundert denn etwa sich jemand von uns, wenn einer das Fieber
in die Glieder bekam, mit heißem Glühen sich zeigend,
oder auch andren beliebigen Schmerz einer Krankheit im Leibe?
Schwillt doch unerwartet der Fuß an, ergreift doch ein scharfer
Schmerz oft den Zahn, befällt oftmals gar selber die Augen,
auftritt das heilige Feuer und brennt, im Körper sich schlängelnd,

aus den Teil, den ergreift es, und kriecht entlang durch die Glieder,
offenbar weil zugegen die Samen von zahlreichen Dingen
und diese Erde genug an Krankheit, der Himmel an Leid führt,
woher vermag die Gewalt unermeßlicher Krankheit zu keimen.
So muß also man denken, daß Himmel und Erde im Ganzen
aus dem Unendlichen alles genugsam steht zu Gebote,
woher plötzlich erschüttert die Erde vermag sich zu regen
und durch Länder und Meer der reißende Wirbel zu laufen,
Ätnafeuer zu quellen, in Flammen der Himmel zu stehen;
denn auch das geschieht, und es flammen des Himmels Bezirke,
und des Regens Unwetter sind von schwererem Ausbruch,
wenn sich des Wassers Samen einmal derartig gesammelt.
»Doch ist allzu unheimlich das wirbelnde Glühen des Brandes!«
Freilich: scheint auch der Fluß, der als größter gesehn ward von jenem,
der nie größeren sah vorher, und genauso unheimlich
doch auch der Baum und der Mensch; und alles jeden Geschlechtes,
das als größtes man sah, stellt man sich vor als unheimlich,
während doch alles samt Himmel, Erde und Meeren zusammen
ist ein Nichts im Vergleich mit der ganzen Summe des Alles.
[...]

Das Proömium des Sechsten Buches

Früchtetragende Saat hat zuerst den leidenden Menschen
ehmals verteilt Athen, die Stadt mit dem strahlenden Namen,
und das Leben erquickt und als erste Gesetze gestiftet;
spendete auch zuerst dem Leben freundliche Tröstung,
als es erzeugte den Mann [Epikur], der von solchem Verstande erfand sich,
der aus wahrheitsagendem Mund einst alles verkündet;
sein, des Erloschenen, Ruhm dringt ob der göttlichen Funde
drum auch schon seit alter Zeit verbreitet gen Himmel.
Denn da dieser gesehn, was zum Leben fordert die Notdurft,
daß dies alles fast schon den Sterblichen wäre gerüstet,
und, soweit das gelingt, ihr Leben sicher bestünde,
daß an Reichtum, Ruhm und Ehre die Menschen gewaltig
Überfluß hätten, dazu sich erhöhten durch Ruhm ihrer Söhne,
dennoch aber daheim gar manchem bebten die Herzen

und dem Willen zum Trotz das Leben ununterbrochen
quälten, gedrängt aber würden, zu wüten in wilden Beschwerden,
klar erkannte er da: das Gefäß wirkt selbst die Verderbnis,
und durch seine Verderbnis wird drinnen alles zuschanden,
was von draußen in Fülle und Gutes auch immer hereinkäm,
teils, weil er sah, daß es rissig war und durchstoßen von Löchern,
derart, daß nie man je es auszufüllen vermöchte,
teils, weil er wahrnahm, daß mit abscheulichem Beigeschmack alles,
was es auch immer empfangen, es drinnen gleichsam besudelt.
Reinigte also die Herzen mit wahrheitsagenden Worten,
setzte das Maß und die Grenze fest für Begierden und Ängste,
zeigte das höchste Gut, was es sei, wohin streben wir alle,
zeigte zuletzt den Weg, wie wir auf kürzestem Pfade
hin in gradem Lauf ihm zuzueilen vermöchten,
oder was Böses es gibt im menschlichen Dasein in Menge,
was von Natur geschieht und mannigfach in der Luft liegt,
sei's aus Zufall, sei's aus Zwang, weil so der Naturlauf,
und aus welchem Tor man am schicklichsten jedem begegne,
und hat bewiesen, daß meist der Menschen Geschlechter vergebens
wälzen im Herzen umher der Leidenschaft düstere Fluten.
Denn wie die Kinder zittern vor Schrecken und alles im blinden
Dunkel fürchten, sind wir bei Tage vor Dingen in Ängsten
manchmal, die man nicht mehr zu fürchten brauchte als das, was
Kinder im Dunkel bebend erwarten und wähnen als kommend.
Diesen Schrecken also, dies Dunkel der Seele, muß füglich
nicht der Sonne Strahl noch die hellen Geschosse des Tages
schlagen entzwei, vielmehr Naturbetrachtung und Lehre.
[...]

Lukrez (Titus Lucretius Carus), De rerum natura. Welt aus Atomen, hg. u. übers. v. K. Büchner, Stuttgart (Philipp Reclam jun.) 1981; 11–23, 37–51, 73–79, 89–93, 97, 101–107, 137–139, 159–163, 173–177, 209, 229–237, 243–245, 251–253, 365–369, 383, 437–441, 509–513 u. 461–463.

Text 3

Thomas von Aquin

Thomas von Aquin (geboren 1224/1225 auf Schloß Roccasecca bei Neapel, gestorben 1274 in der Abtei Fossanuova) ist der bedeutendste Philosoph und Theologe des Mittelalters; er vollendete den christlichen Aristotelismus als umfassendes philosophisch-theologisches System. Thomas war Schüler von Albertus Magnus (in Köln, 1248–1252) und lehrte als Mitglied des Dominikanerordens ab 1252 in Paris, ab 1259 an der päpstlichen Kurie und an verschiedenen Ordenshochschulen in Italien, von 1268 bis 1272 wieder in Paris und schließlich in Neapel. Trotz Verurteilungen (1277) einiger seiner Thesen durch den augustinisch konservativen Bischof von Paris, Tempier, und den Erzbischof von Canterbury, Kilwardby, wurde Thomas 1323 von Papst Johannes XXII. heiliggesprochen.
Werke: Thomas' Hauptwerke sind: *Untersuchungen über die Wahrheit* (Quaestiones disputatae de veritate, 1259), die *Summe gegen die Heiden* (Summa contra gentiles), die *Aristoteles-Kommentare* und die unvollendet gebliebene *Summe der Theologie* (Summa theologiae).

Die Summe gegen die Heiden (1264)
Drittes Buch
1. Kapitel

Vorwort

»Gott ist ein großer Herr und ein großer König über alle Götter« (Ps 95,3). »Denn der Herr wird sein Volk nicht verstoßen« (Ps 94,14a). »Sind doch alle Grenzen der Erde in seiner Hand, und sein sind die Höhen der Berge. Denn sein ist das Meer, er hat es geschaffen, und seine Hände haben das feste Land gebildet« (Ps 95,4 f.).

Es ist oben dargelegt worden (II 15), daß das Erste alles Seienden Eines ist, welches die volle Vollkommenheit des ganzen Seins besitzt und welches wir Gott nennen, der aus der Fülle seiner Vollkommenheit allem, was existiert, Sein verleiht. Infolgedessen erweist er sich nicht nur als das Erste alles Seienden, sondern auch als das Prinzip von allem. Sein teilt Gott aber allem anderen nicht mit Naturnotwendigkeit zu, sondern nach seiner Willensentscheidung, wie aus dem oben Gesagten offensichtlich ist (II 23). Daraus folgt, daß er Herr seiner Werke ist; denn über das, was unserem Willen untersteht, sind wir Herr. Gott hat aber die Herrschaft über die von ihm hervorgebrachten Dinge in vollkommener Weise. Denn er bedarf, um sie hervorzubringen, weder der Hilfe einer von außen einwirkenden Ursache noch der Grundlage der Materie; ist er doch der universale Urheber des ganzen Seins.

Ein jedes von dem, was durch den Willen eines Tätigen hervorgebracht wird, wird von dem Tätigen aber auf ein Ziel hingeordnet. Das Gute und das Ziel sind nämlich das eigentliche Objekt des Willens. Deswegen muß das, was aus dem Willen hervorgeht, auf ein Ziel hingeordnet werden. Ein jedes Ding erreicht aber sein letztes Ziel durch seine Tätigkeit, welche von dem auf das Ziel hingelenkt werden muß, der den Dingen die Prinzipien verliehen hat, durch welche sie tätig sind.

Also muß Gott, der in sich ganz und gar vollkommen ist und allem Seienden aus seiner Macht Sein verleiht, der Lenker alles Seienden sein, selbst durchaus von niemandem gelenkt; und es gibt nichts, was sich seiner Leitung entzieht, wie es auch nichts gibt, was nicht von ihm das Sein erhält. Gott ist also, wie er im Sein und Verursachen vollkommen ist, so auch im Lenken vollkommen.

Die Wirkung dieser Leitung zeigt sich aber in den verschiedenen Dingen auf verschiedene Weise, entsprechend der Verschiedenheit der Naturen. Einiges hat Gott nämlich so hervorgebracht, daß es, mit Verstand begabt, eine Ähnlichkeit mit ihm hat und sein Ebenbild darstellt; deshalb ist es auch nicht nur gelenkt, sondern es lenkt sich sogar selbst durch seine eigenen Tätigkeiten auf das erforderliche Ziel hin. Wenn es sich in seiner eigenen Lenkung der göttlichen Leitung unterwirft, läßt die göttliche Leitung es sein letztes Ziel erreichen. Es wird aber verstoßen, wenn es auf andere Weise in seiner eigenen Lenkung vorgeht.

Anderes aber, nicht mit Verstand begabt, lenkt sich nicht selbst auf sein Ziel hin, sondern wird von einem anderen gelenkt. Einiges davon, welches unvergänglich ist, weicht, wie es in seinem natürlichen Sein keinen Mangel erleiden kann, so auch in seinen eigenen Tätigkeiten von der Hinordnung auf das ihm vorherbestimmte Ziel in keiner Weise ab, sondern untersteht vollkommen der Leitung des ersten Lenkers. So sind die Himmelskörper, deren Bewegungen immer gleichförmig verlaufen.

Anderes aber, welches vergänglich ist, kann einen Mangel seines natürlichen Seins erleiden. Dieser wird jedoch durch den Gewinn eines anderen ausgeglichen. Denn wenn das eine vergeht, entsteht ein anderes. Ebenso weicht es auch in seinen Tätigkeiten von der natürlichen Ordnung ab. Dieser Mangel wird jedoch durch irgendein Gutes, das daraus erwächst, ausgeglichen. Hieraus wird deutlich, daß auch das, was von der Ordnung der ersten Leitung abzuweichen scheint, nicht der Macht des ersten Leiters entgeht. Denn auch die vergänglichen Körper unterstehen, wie sie von Gott erschaffen worden sind, so auch vollkommen seiner Macht.

Dies betrachtet, vom göttlichen Geist erfüllt, der Psalmist, um uns die göttliche Leitung zu zeigen. Erstens beschreibt er uns die Vollkommenheit des ersten Leiters, und zwar die seiner Natur, indem er »Gott« sagt, die seiner Macht, indem er »ein großer Herr« sagt, als ob (er sagen wolle, daß) der erste Leiter niemandes bedarf, um die Wirkung seiner Macht zu entfalten. Die Vollkommenheit der Autorität des ersten Leiters beschreibt er uns, indem er »ein großer König über alle Götter« sagt; denn obwohl es viele Leiter gibt, unterstehen dennoch alle der (göttlichen) Leitung.

Zweitens beschreibt uns der Psalmist die Art und Weise der (göttlichen) Leitung, und zwar hinsichtlich der verstandesbegabten (Wesen), welche durch den ersten Leiter das letzte Ziel, das er selbst ist, erreichen, wenn sie seiner Leitung folgen. Deshalb sagt er: »Denn der Herr wird sein Volk nicht verstoßen.« Hinsichtlich des Vergänglichen aber, das trotzdem nicht von der Macht des ersten Leiters ausgeschlossen ist, auch wenn es manchmal von seinen eigenen Tätigkeiten abweicht, sagt der Psalmist: »Sind doch alle Grenzen der Erde in seiner Hand.« Hinsichtlich der Himmelskörper aber, die über jede Höhe der Erde, d. h. der vergänglichen Körper, hinausragen und immer die rechte Ordnung der göttlichen Leitung wahren, sagt er: »Und sein sind die Höhen der Berge.«

Drittens aber gibt der Psalmist den Grund für diese universale Leitung an; denn das, was von Gott erschaffen worden ist, muß auch von ihm geleitet werden. Das bedeuten seine Worte: »Denn sein ist das Meer« usw.

Da wir uns also im ersten Buch über die Vollkommenheit der göttlichen Natur ausgelassen haben, im zweiten über die Vollkommenheit der Macht Gottes, insofern er Schöpfer und Herr aller Dinge ist, steht noch aus, sich in diesem dritten Buch über die vollkommene Autorität oder den Rang Gottes auszulassen, insofern er Ziel und Lenker aller Dinge ist. In folgender Reihenfolge wird nun vorzugehen sein: Erstens wird über Gott gehandelt, insofern er Ziel aller Dinge ist (III 2–63), zweitens über seine universale Leitung, insofern er jedes Geschöpf lenkt (III 64–110), drittens über die besondere Leitung Gottes, insoweit er die verstandesbegabten Geschöpfe lenkt (III 111–163).

2. Kapitel

Jedes Tätige ist um eines Zieles willen tätig

Es ist nun zuerst darzulegen, daß jedes Tätige durch sein Tätigsein auf ein Ziel zustrebt.

Bei dem, was offensichtlich um eines Zieles willen tätig ist, sagen wir, sei das das Ziel, wonach der Antrieb des Tätigen strebt. Wenn es dieses (Erstrebte) nämlich erreicht, spricht man vom Erreichen des Zieles, wenn es dieses (das Erstrebte) aber verfehlt, spricht man vom Verfehlen des erstrebten Zieles, wie es sich beim Arzt zeigt, der für die Gesundheit tätig ist, und bei einem Menschen, der einem festgelegten Ziel entgegenläuft. Hierbei macht es keinen Unterschied, ob das, was nach einem Ziel strebt, Erkenntnis besitzt oder nicht; denn wie die Zielscheibe das Ziel des Bogenschützen ist, so ist sie auch das Ziel des Fluges des Pfeils. Nun strebt aber der Antrieb jedes Tätigen nach etwas Bestimmten; denn nicht von jeder beliebigen Kraft geht jede beliebige Tätigkeit aus, sondern von der Wärme das Wärmen und von der Kälte das Kühlen. Daher unterscheiden sich auch die Tätigkeiten der Art nach entsprechend der Verschiedenheit des Tätigen. Eine Tätigkeit endet aber manchmal in einem Hergestellten (Werk), wie das Bauen im Haus, das Heilen in der Gesundheit, manchmal aber endet sie nicht darin, wie das geistige Erkennen und das sinnliche Wahrnehmen. Endet eine Tätigkeit in einem Werk, so strebt der Antrieb des Tätigen in seiner Tätigkeit nach jenem Werk. Endet aber eine Tätigkeit nicht in einem Werk, so strebt der Antrieb des Tätigen lediglich nach der Tätigkeit. Jedes Tätige muß also durch sein Tätigsein auf ein Ziel zustreben, und zwar manchmal lediglich auf eine Tätigkeit, manchmal auf etwas, das durch eine Tätigkeit gemacht worden ist.

Zudem. Bei allem, was um eines Zieles willen tätig ist, sagen wir, das sei das letzte Ziel, über das hinaus das Tätige nichts erstrebt, wie die Tätigkeit des Arztes bis zur Gesundheit geht; wenn diese aber erreicht ist, bemüht er sich um nichts darüber hinaus. Es läßt sich aber bei der Tätigkeit jedes beliebigen Tätigen etwas finden, über das hinaus das Tätige nichts zu erreichen sucht; sonst würden nämlich die Tätigkeiten ins Unendliche streben. Das ist allerdings nicht möglich; denn weil »es nicht möglich ist, das Unendliche zu durchschreiten« (Aristoteles, *Zweite Analytik* I 22), finge das Tätige nicht an, tätig zu sein. Nichts bewegt sich nämlich zu dem hin, was zu erreichen nicht möglich ist. Also ist jedes Tätige um eines Zieles willen tätig.

Weiter. Würden die Tätigkeiten eines Tätigen ins Unendliche fortschreiten, müßte sich aus diesen Tätigkeiten entweder ein Werk ergeben oder nicht. Würde sich ein Werk ergeben, würde sich das Sein dieses Werkes nach unendlich vielen Tätigkeiten ergeben. Was aber Unendliches als Bedingung fordert, kann nicht sein; denn »es ist nicht möglich, das Unendliche zu durchschreiten«. Was aber nicht sein kann, kann nicht werden, und was nicht werden kann, ist unmöglich zu machen. Also ist es nicht möglich, daß ein Tätiges anfängt, etwas herzustellen, wozu unendlich viele Tätigkeiten als Bedingung erforderlich sind. – Wenn sich aber aus diesen Tätigkeiten kein Werk ergibt, muß die Rangfolge solcher Tätigkeiten folgendermaßen sein: entweder der Rangfolge der tätigen Kräfte entsprechen (wie zum Beispiel, wenn ein Mensch sinnlich wahrnimmt, um sich etwas vorzustellen, sich etwas vorstellt, um zu erkennen, erkennt, um zu wollen) oder der Rangfolge der Objekte entsprechen (zum Beispiel betrachte ich einen Körper, um die Seele zu betrachten, die ich betrachte, um die [von der Materie] getrennte Substanz zu betrachten, die ich betrachte, um Gott zu betrachten). Es ist aber nicht möglich, ins Unendliche fortzuschreiten: weder bei den tätigen Kräften, wie es auch nicht möglich ist bei den Formen der Dinge, wie im zweiten Buch der *Metaphysik* (des Aristoteles) bewiesen wird; denn die Form ist das Prinzip des Tätigseins – noch bei den Objekten, wie es auch nicht möglich ist beim Seienden; denn es gibt ein erstes Seiendes, wie oben bewiesen worden ist (I 42). – Also ist es nicht möglich, daß die Tätigkeiten ins Unendliche fortschreiten. Es muß also etwas geben, bei dessen Besitz die Bemühung des Tätigen zur Ruhe kommt. Also ist jedes Tätige um eines Zieles willen tätig.

Ebenso. Bei dem, was um eines Zieles willen tätig ist, ist alles,

Thomas von Aquin

was zwischen dem ersten Tätigen und dem letzten Ziel liegt, gegenüber dem Früheren Ziel und gegenüber dem Folgenden tätiges Prinzip. Wenn nun die Bemühung des Tätigen nicht auf etwas Bestimmtes gerichtet ist, sondern die Tätigkeiten, wie gesagt, ins Unendliche fortschreiten, müssen (auch) die tätigen Prinzipien ins Unendliche fortschreiten. Das ist nicht möglich, wie oben dargelegt worden ist. Also muß die Bemühung des Tätigen auf etwas Bestimmtes gerichtet sein.

Zudem. Jedes Tätige ist entweder auf Grund seiner Natur oder auf Grund des Verstandes tätig. Über das auf Grund des Verstandes Tätige besteht kein Zweifel, daß es um eines Zieles willen tätig ist; denn es ist tätig, indem es vorher im Verstand das erfaßt, was es durch seine Tätigkeit erreicht, und aus einem solchen Vorhererfassen heraus ist es tätig. Das bedeutet nämlich, auf Grund des Verstandes tätig zu sein. Wie aber im vorher erfassenden Verstand eine vollständige Ähnlichkeit mit der Wirkung besteht, die durch die Tätigkeiten des verstandhaft Erkennenden erreicht wird, so besteht im natürlichen Tätigen eine Ähnlichkeit mit der natürlichen Wirkung im voraus, von der aus die Tätigkeit auf diese Wirkung festgelegt wird; denn das Feuer erzeugt Feuer und der Ölbaum einen Ölbaum. Wie also das verstandhaft Tätige durch seine Tätigkeit nach einem bestimmten Ziel strebt, so auch das auf Grund seiner Natur Tätige. Also ist jedes Tätige um eines Zieles willen tätig.

Weiter. Ein Fehler kommt nur bei dem vor, was um eines Zieles willen stattfindet. Es wird nämlich jemandem nicht als Fehler angerechnet, sollte er das verfehlen, worauf er nicht hinarbeitet. Einem Arzt nämlich wird als Fehler angerechnet, sollte er das Ziel des Heilens verfehlen, nicht jedoch einem Baumeister oder einem Grammatiker. Fehler aber findet man sowohl bei dem, was durch Kunst entsteht, wie zum Beispiel wenn ein Grammatiker nicht richtig spricht, als auch bei dem, was nach der Natur ist, wie bei Mißgeburten offenbar ist. Also ist sowohl das nach der Natur Tätige als auch das nach einer Kunst und mit Vorsatz Tätige um eines Zieles willen tätig.

Ebenso. Wenn das Tätige nicht nach einer bestimmten Wirkung streben würde, wären ihm alle Wirkungen gleichgültig. Was sich aber vielem gegenüber gleichgültig verhält, bewirkt das eine davon nicht eher als das andere. Deshalb ergibt sich aus dem nach zwei Richtungen hin Nichtnotwendigen keine Wirkung, es sei denn, es würde vielleicht durch etwas auf eine (Richtung) festgelegt. Es wäre also nicht möglich, daß es [ein allen Wirkungen gegenüber gleichgültiges Tätiges] tätig wäre. Also strebt jedes Tätige nach einer bestimmten Wirkung, die sein Ziel genannt wird.

Es gibt aber einige Tätigkeiten, die nicht um eines Zieles willen stattzufinden scheinen, wie zum Beispiel die Tätigkeiten des Spielens und des Betrachtens. Ferner gibt es Tätigkeiten, die ohne Absicht geschehen, wie zum Beispiel das Kratzen des Bartes und dergleichen. Danach könnte jemand meinen, es gebe ein Tätiges, das nicht um eines Zieles willen tätig sei. – Jedoch muß man wissen, daß die Tätigkeiten des Betrachtens nicht um eines anderen Zieles willen stattfinden, sondern selbst Ziel sind. Die Tätigkeiten des Spielens sind aber bald Ziel, wenn jemand nur spielt um der Unterhaltung willen, die im Spiel liegt, bald finden sie dagegen um eines Zieles willen statt, wie zum Beispiel wenn man spielt, um danach besser studieren zu können. Die Tätigkeiten aber, die ohne Absicht geschehen, gehen nicht vom Verstand, sondern von einer plötzlichen Vorstellung oder einem natürlichen Prinzip aus. So ist die ungeordnete Säftemischung, die einen Juckreiz hervorruft, Ursache des Bartkratzens, das ohne Absicht des Verstandes geschieht. Auch diese [Tätigkeiten] streben auf ein Ziel zu, wenn auch unabhängig von der Verstandesordnung.

Dadurch wird der Irrtum der alten Naturphilosophen ausgeschlossen, die behaupteten, alles geschehe durch aus der Materie entspringende Notwendigkeit; wobei sie den Dingen die Zielursache gänzlich entzogen.

3. Kapitel

Jedes Tätige ist um eines Guten willen tätig

Anschließend ist nun weiter darzulegen, daß jedes Tätige um eines Guten willen tätig ist.

Deshalb, weil jedes Tätige auf etwas Bestimmtes zustrebt, ist offensichtlich, daß jedes Tätige um eines Zieles willen tätig ist. Das aber, worauf das Tätige in bestimmter Weise zustrebt, muß ihm angemessen sein. Es würde nämlich nicht danach streben, wenn nicht auf Grund irgendeiner Art von Übereinstimmung mit ihm. Was aber einem Ding angemessen ist, ist für es ein Gutes. Also ist jedes Tätige um eines Guten willen tätig.

Außerdem. Das Ziel ist das, worin das Streben des Tätigen

oder Bewegenden und dessen, was bewegt wird, zur Ruhe kommt. Es gehört aber zum Wesensgrund des Guten, daß es das Streben begrenzt. Denn »das Gute ist das, wonach alles strebt« (Aristoteles, *Ethik* I 1). Also findet jede Tätigkeit und Bewegung um eines Guten willen statt.

Zudem. Jede Tätigkeit und Bewegung scheint in irgendeiner Weise auf das Sein hingeordnet zu sein, entweder damit es für die Art oder das Individuum erhalten bleibt oder damit es von neuem dafür erworben wird. Gerade das aber, was das [jeweilige] Sein ist, ist ein Gutes. Deshalb strebt alles nach dem Sein. Also findet jede Tätigkeit und Bewegung um eines Guten willen statt.

Weiter. Jede Tätigkeit und Bewegung findet um einer Vollkommenheit willen statt. Ist die Tätigkeit selbst das Ziel, dann ist sie offensichtlich die nach dem Vermögen zur Tätigkeit zweite Vollkommenheit des Tätigen. Besteht die Tätigkeit aber in der Veränderung einer äußeren Materie, dann strebt das Bewegende offensichtlich danach, eine Vollkommenheit in das bewegte Ding einzuführen. Nach dieser strebt auch das Bewegbare, wenn es sich um eine natürliche Bewegung handelt. Vollkommenes Sein aber nennen wir ein Gutes. Also findet jede Tätigkeit und Bewegung um eines Guten willen statt.

Ebenso. Jedes Tätige ist tätig, insofern es aktuell ist. Durch das Tätigsein strebt es aber nach einem ihm Ähnlichen. Also strebt es zur Aktualität. Jede Aktualität ist aber im Grunde ein Gutes; denn das Schlechte kommt nur bei der Potentialität vor, die die Aktualität verfehlt. Also findet jede Tätigkeit um eines Guten willen statt.

Zudem. Das durch den Verstand Tätige ist um eines Zieles willen tätig als etwas, das sich selbst das Ziel bestimmt. Das auf Grund seiner Natur Tätige aber bestimmt sich, obwohl es, wie bewiesen worden ist (III 2), um eines Zieles willen tätig ist, dennoch das Ziel nicht selbst; denn es erkennt den Wesensgrund des Zieles nicht. Es wird vielmehr auf ein Ziel hinbewegt, das ihm von einem anderen bestimmt worden ist. Das durch den Verstand Tätige bestimmt sich aber das Ziel nur vom Wesensgrund des Guten her. Denn das mit dem Verstand Erkennbare bewegt nur vom Wesensgrund des Guten her, das das Objekt des Willens ist. Also ist auch das auf Grund seiner Natur Tätige nur insofern um eines Zieles willen bewegt und tätig, als dieses ein Gutes ist; denn dem von Natur aus Tätigen wird das Ziel durch ein [übergeordnetes] Streben bestimmt. Also ist jedes Tätige um eines Guten willen tätig.

Ebenso. Das Fliehen vor dem Schlechten und das Streben nach dem Guten sind im Grunde dasselbe, so wie auch die Bewegung von unten und die Bewegung nach oben im Grunde dasselbe sind. Es zeigt sich aber, daß alles vor dem Schlechten flieht. Das durch den Verstand Tätige flieht aus dem Grunde vor etwas, weil es dieses als ein Schlechtes erkennt. Alles natürliche Tätige aber widersetzt sich der Zerstörung, die für jedes Ding ein Schlechtes ist, in dem Maße, wie es Kraft hat. Also ist alles um eines Guten willen tätig.

Zudem. Man sagt, das, was aus der Tätigkeit eines Tätigen ohne dessen Absicht hervorgehe, geschehe durch Zufall oder einen Glücksfall. Nun sehen wir aber in den Werken der Natur entweder immer oder häufig das geschehen, was das Beste ist. So sehen wir bei den Pflanzen die Blätter so angeordnet, daß sie die Früchte schützen, und die Glieder der Tiere so eingerichtet, daß sich das Tier retten kann. Wenn nun dies ohne Absicht des natürlichen Tätigen geschieht, ist es wohl durch Zufall oder einen Glücksfall. Aber das ist nicht möglich; denn das, was immer oder häufig geschieht, ist nicht zufällig noch unvorhergesehen, sondern nur das, was in sehr wenigen Fällen geschieht. Das natürliche Tätige strebt also nach dem, was das Beste ist, und noch viel deutlicher das, was durch den Verstand tätig ist. Also strebt jedes Tätige durch sein Tätigsein nach einem Guten.

Ebenso. Alles, was bewegt ist, wird von einem Bewegenden oder Tätigen zum Endpunkt der Bewegung geführt. Also müssen das Bewegende und das Bewegte auf ein und dasselbe hinstreben. Was aber bewegt ist, strebt, weil es potentiell ist, zur Aktualität und deshalb nach etwas Vollkommenem und Gutem. Durch die Bewegung geht es nämlich von der Potentialität zur Aktualität über. Also strebt auch das Bewegende und Tätige durch die Bewegung und das Tätigsein immer nach einem Guten.

Daher haben die Philosophen, die das Gute definieren wollten, gesagt: »Das Gute ist das, wonach alles strebt.« Und Dionysius sagt im 4. Kapitel *Über die göttlichen Namen*: »Alles trachtet nach dem Guten und Besten.«

[...]

Thomas von Aquin

16. Kapitel

Das Ziel jedes Dinges ist das Gute

Wenn aber jedes Tätige um des Guten willen tätig ist, wie oben erwiesen wurde (III 3), so folgt darüber hinaus, daß das Gute das Ziel jedes Seienden ist. Jedes Seiende ordnet sich nämlich durch seine Tätigkeit auf ein Ziel hin: denn entweder muß die Tätigkeit selbst das Ziel sein, oder das Ziel der Tätigkeit ist auch das Ziel des Tätigen. Dies ist sein Gutes.

Weiter. Ziel jedes Dinges ist das, worauf sein Streben abzielt. Das Streben jedes Dinges aber zielt ab auf das Gute: so definieren nämlich die Philosophen das Gute (als das),»wonach alles strebt«. Also ist das Ziel jedes Dinges irgendein Gutes.

Ebenso. Dasjenige, wonach etwas strebt, wenn es außerhalb davon ist, und worin es seine Ruhe findet, wenn es es hat, ist sein Ziel. Ein jedes Ding bewegt sich, wenn es die ihm eigene Vollkommenheit nicht hat, auf diese zu, soweit sie in ihm (angelegt) ist: wenn es sie aber hat, ruht es in ihr. Das Ziel eines jeden Dinges ist also seine Vollkommenheit. Die Vollkommenheit eines jeden Dinges ist aber sein Gutes. Ein jedes Ding ordnet sich also auf ein Gutes als Ziel hin.

Außerdem. Auf das Ziel ordnet sich in derselben Weise dasjenige hin, welches sein Ziel erkennt, und dasjenige, welches sein Ziel nicht erkennt: freilich bewegt sich dasjenige, welches sein Ziel erkennt, von sich aus zum Ziel; dasjenige aber, welches es nicht erkennt, strebt nach dem Ziel wie etwas von einem anderen Geleitetes: das ist z. B. deutlich bei Schütze und Pfeil. Dasjenige nun, welches sein Ziel erkennt, ist immer auf das Gute als Ziel hingeordnet: denn der Wille, der das Streben nach einem im voraus erkannten Ziel ist, strebt nach etwas nur als dem Guten, das sein Gegenstand ist. Also ist auch dasjenige, welches sein Ziel nicht erkennt, auf das Gute als Ziel hingeordnet. Ziel von allem also ist das Gute.

17. Kapitel

Alles ist auf ein Ziel hingeordnet: auf Gott

Es ist daher aber offenbar, daß alles auf ein einziges Gutes als das letzte Ziel hingeordnet ist.

Wenn nämlich alles nach (etwas als) seinem Ziel nur strebt,

insofern es gut ist, muß also das Gute als Gutes Ziel sein. Das höchste Gute ist demnach im höchsten Maße das Ziel aller. Das höchste Gut ist aber nur eines, nämlich Gott, wie im ersten Buch erwiesen wurde (I 42). Alles also ist auf das höchste Gute, das Gott ist, als sein Ziel hingeordnet.

Ebenso. Dasjenige, welches in einer jeden Gattung das Höchste ist, ist die Ursache all jener (Dinge), die zu dieser Gattung gehören: z. B. ist das Feuer als das Wärmste die Ursache der Wärme in den anderen Körpern. Das höchste Gute also, (das) Gott (ist), ist die Ursache der Gutheit in allem Guten. Also ist es (er) auch die Ursache dafür, daß jedes Ziel Ziel ist: denn was auch immer Ziel ist, ist Ziel, insofern es ein Gutes ist.»Das aber, weswegen ein jedes Ding ist, hat auch (jeweils) einen höheren Rang inne« (Aristoteles, *Zweite Analytik* I 2). Gott also ist im höchsten Maße das Ziel aller Dinge.

Zudem. In jeder Gattung von Ursachen ist die erste Ursache in höherem Grade Ursache als die zweite Ursache: denn die zweite Ursache ist nur Ursache durch die erste Ursache. Was also in der Reihe der Zielursachen erste Ursache ist, muß in höherem Grade Zielursache jedes Dinges sein als die nächststehende Zielursache. Gott aber ist in der Reihe der Zielursachen die erste Ursache, weil er das Höchste in der Reihe der Güter ist. Er ist also in höherem Grade das Ziel eines jeden Dinges als irgendein nächststehendes Ziel.

Weiter. In allen Zielreihen muß das letzte Ziel das Ziel aller vorangehenden Ziele sein: wenn z. B. eine Arznei bereitet wird, um einem Kranken gereicht zu werden, so wird sie gereicht, damit abgeführt werde; es wird aber abgeführt, damit er abmagere; er magert aber ab, damit er gesund wird; so muß die Gesundheit Ziel des Abmagerns wie des Abführens und der anderen vorausgehenden (Ziele) sein. In den verschiedenen Graden der Gutheit aber findet sich alles dem einen höchsten Guten untergeordnet, welches die Ursache aller Gutheit ist: und deshalb, weil das Gute seinem Wesensgrund nach Ziel ist, ordnet sich alles (Gute) Gott unter wie die vorausgehenden Ziele dem letzten Ziel. Also muß das Ziel von allem Gott sein.

Außerdem. Ein besonderes Gutes ordnet sich auf ein allgemeines Gutes als Ziel hin: denn das Sein eines Teils ist um des Seins des Ganzen willen da. Daher ist auch das Gute eines Volkes göttlicher als das Gute eines einzigen Menschen. Das höchste Gute aber, Gott,

Thomas von Aquin

ist ein allgemeines Gutes, weil von ihm das Gute des Gesamten abhängt: das Gute hingegen, durch welches das jeweilige Ding gut ist, ist dessen besonderes Gutes und der anderen Dinge, die davon abhängen. Alle Dinge also sind auf das eine Gute als Ziel hingeordnet, auf Gott.

Ebenso. Der Reihenfolge des Tätigen entspricht eine Reihenfolge in den Zielen: denn wie das höchste Tätige (die höchste Ursache) alle Zweitursachen bewegt, so müssen sich auf das Ziel der höchsten Ursache alle Ziele der Zweitursachen hinordnen: alles nämlich, was das höchste Tätige tut, tut es um seines Zieles willen. Das Höchste [höchste Tätige] ist aber tätig in den Tätigkeiten alles unteren Tätigen, da es alle zu ihren Tätigkeiten und folglich auch zu ihren Zielen bewegt. Daraus folgt, daß alle Ziele der Zweitursachen vom ersten Tätigen auf sein ihm eigenes Ziel hingeordnet werden. Die Erstursache (das erste Tätige) aller Dinge aber ist Gott, wie im zweiten Buch erwiesen wurde (II 15). Ziel seines Willens aber ist nichts anderes als seine Gutheit, die er selbst ist, wie im ersten Buch erwiesen wurde (I 74). Alles also, was entweder unmittelbar von ihm selbst oder durch vermittelnde Zweitursachen geschaffen worden ist, ist auf Gott als Ziel hingeordnet. Alles Seiende aber ist von solcher Art: denn wie im zweiten Buch erwiesen wird (II 15), kann nichts sein, was nicht von ihm das Sein hat. Alles also ist auf Gott als Ziel hingeordnet.

Zudem. Das letzte Ziel jedes Schaffenden als solchen ist er selbst: wir gebrauchen ja das von uns Geschaffene unseretwegen, und wenn ein Mensch einmal etwas wegen etwas anderem schafft, so bezieht sich das auf ein für ihn Gutes, entweder ein Nützliches, Angenehmes oder Ehrenhaftes. Gott aber ist die schaffende Ursache aller Dinge, der einen unmittelbar, der anderen dagegen durch Vermittlung anderer Ursachen, wie aus dem vorhin Gesagten offenbar ist (II 15). Er ist also selbst das Ziel aller Dinge.

Außerdem. Das Ziel [die Zielursache] hat unter den anderen Ursachen den Vorrang inne, und ihm verdanken alle anderen Ursachen, daß sie aktuell Ursachen sind: denn das Tätige ist nur um eines Zieles willen tätig, wie dargelegt wurde (III 2). Vom Tätigen aber wird die Materie in die Aktualität der Form überführt: daher wird die Materie aktuell die Materie dieses (konkreten) Dinges und ebenso die Form Form dieses Dinges durch die Tätigkeit und folglich durch das Ziel des Tätigen. Auch ist das spätere Ziel Ursache dafür, daß das vorausgehende Ziel als Ziel erstrebt wird: nur um des letzten Zieles willen wird etwas zu einem nächststehenden Ziel bewegt. Das letzte Ziel ist also erste Ursache von allem. Notwendig kommt aber die erste Ursache von allem dem ersten Seienden, Gott, zu, wie oben dargelegt wurde (I 13.II 15). Gott also ist das letzte Ziel von allem.

Daher heißt es Spr 16,4: »Alles hat Gott um seinetwegen geschaffen.« Und Offb 22,13: »Ich bin das Alpha und das Omega, der Erste und der Letzte.«

18. Kapitel
Auf welche Weise Gott das Ziel der Dinge ist

Es bleibt also zu untersuchen, auf welche Weise Gott das Ziel von allem ist. Dies wird nun aus dem bisher Gesagten deutlich werden.

Er ist nämlich in einer solchen Weise das letzte Ziel aller Dinge, daß er dennoch im Sein früher als alles ist. Als Ziel findet man [gewöhnlich] etwas, das, wenn es auch im Verursachen den Vorrang hat, insofern es in der Absicht steckt, dennoch im Sein das Spätere ist. Dies trifft nun bei jedem Ziel zu, das vom Tätigen durch seine Tätigkeit begründet wird: so begründet der Arzt im Kranken durch seine Tätigkeit die Gesundheit, die gleichwohl sein Ziel ist. Man findet aber als Ziel etwas [anderes], das sowohl im Verursachen als auch im Sein vorausgeht: so wird Ziel das genannt, wonach etwas strebt, es durch seine Tätigkeit oder Bewegung zu erwerben: z.B. (strebt) das Feuer durch seine Bewegung nach dem höhergelegenen Ort und ein König durch den Krieg nach einem [fremden] Staat. In einem solchen Sinne also ist Gott das Ziel der [Gesamtheit der] Dinge wie das für ein jedes Ding jeweils auf seine Weise zu Gewinnende.

Zudem. Gott ist zugleich das letzte Ziel der Dinge und das erste Tätige, wie dargelegt wurde (III 17). Ein Ziel aber, das durch die Tätigkeit eines Tätigen begründet ist, kann nicht erstes Tätiges sein, sondern ist vielmehr die Wirkung eines Tätigen. Gott kann also nicht als ein [erst] begründetes Ding Ziel der Dinge sein, sondern nur als ein im voraus bestehendes zu Gewinnendes.

Weiter. Wenn etwas um eines schon existierenden Dinges willen tätig ist und durch seine Tätigkeit etwas begründet wird, so muß dem Ding, um dessentwillen es tätig ist, etwas aus der Tätigkeit des Tätigen (hinzu) erworben werden: wenn z.B. Soldaten um des

Heerführers willen kämpfen, so wird diesem der Sieg erworben, den die Soldaten durch ihre Tätigkeit verursachen. Aus der Tätigkeit irgendeines beliebigen Dinges aber kann Gott nichts [Neues] erworben werden: seine Gutheit ist ja gänzlich vollkommen, wie im ersten Buch dargelegt wurde (I 37 ff.). Es bleibt also [das Ergebnis] übrig, daß Gott nicht wie etwas von den Dingen Begründetes oder Bewirktes das Ziel der Dinge ist, noch so, daß ihm etwas von den Dingen erworben wird, sondern allein in der Weise, daß er selbst den Dingen zuteil wird.

Ebenso. Die Wirkung [einer Tätigkeit] strebt notwendig auf die Weise nach einem Ziel, in der das Tätige um seines Zieles willen tätig ist. Gott aber, der die Erstursache aller Dinge ist, ist nicht so tätig, als erwerbe er durch seine Tätigkeit etwas, sondern so, daß er durch seine Tätigkeit etwas spendet: denn er steht ja in keiner Potentialität, so daß er noch etwas erwerben könnte, sondern allein in vollkommener Aktualität, aus der er (nur) spenden kann. Die Dinge sind also auf Gott nicht hingeordnet als auf ein Ziel, dem etwas erworben werden könnte, sondern [allein in der Weise], daß sie von ihm ihn selbst in ihrer Weise erlangen, da er selbst das Ziel ist.

19. Kapitel

Alles strebt danach, Gott verähnlicht zu werden

Dadurch aber, daß die geschaffenen Dinge die göttliche Gutheit erwerben, werden sie als Gott ähnlich begründet. Wenn also alle Dinge nach Gott als dem letzten Ziel streben, um seine Gutheit zu erlangen (III 18), so folgt, daß das letzte Ziel der Dinge darin besteht, Gott verähnlicht zu werden.

Weiter. Man sagt, das Tätige sei das Ziel der Wirkung, insofern die Wirkung nach der Ähnlichkeit mit dem Tätigen strebt: daher ist die Form des Erzeugenden das Ziel der Erzeugung. Gott aber ist in einer solchen Weise das Ziel der Dinge, daß er auch ihre Erstursache ist. Alles also strebt danach als dem letzten Ziel, Gott verähnlicht zu werden.

Ebenso. In den Dingen zeigt sich offensichtlich, daß sie »von Natur aus nach dem Sein streben« (Aristoteles, *Ethik* IX 7): wenn sie auch zerstört werden können, so widerstehen sie daher von Natur aus dem Zerstörerischen und streben dorthin, wo sie bewahrt werden können, z. B. das Feuer nach oben, die Erde nach unten.

Alles hat aber insofern ein Sein, als es Gott verähnlicht wird, der das für sich bestehende Sein selbst ist: denn alles [andere] hat gleichsam nur teil am Sein. Alles also strebt danach als dem letzten Ziel, Gott verähnlicht zu werden.

Außerdem. Alle geschaffenen Dinge sind gewissermaßen Abbilder der Erstursache, Gottes also: denn das Tätige bringt ein ihm Ähnliches hervor. Die Vollkommenheit des Abbilds aber besteht darin, daß es sein Urbild durch Ähnlichkeit mit ihm darstellt: denn dazu wird das Abbild geschaffen. Also sind alle Dinge um der Erlangung göttlicher Ähnlichkeiten als ihres letzten Zieles willen da.

Zudem. Jedes Ding strebt durch seine Bewegung oder Tätigkeit nach einem Guten als Ziel, wie oben dargelegt wurde (III 16). Es hat aber etwas insoweit am Guten teil, wie es der ersten Gutheit verähnlicht wird, welche Gott ist. Alles also strebt durch seine Bewegungen und Tätigkeiten nach der göttlichen Ähnlichkeit als dem letzten Ziel.

20. Kapitel

Auf welche Weise die Dinge die göttliche Gutheit nachahmen

Aus dem, was gesagt wurde, ist also deutlich: Gott verähnlicht zu werden, ist aller Dinge letztes Ziel. Ziel im eigentlichen Sinne aber ist das Gute. Also streben die Dinge im eigentlichen Sinne danach, daß sie Gott, insofern er gut ist, verähnlicht werden.

Gutheit erlangen die Geschöpfe jedoch nicht in der Weise, wie sie in Gott ist, wenn auch ein jedes Ding die göttliche Gutheit nach seiner Weise nachahmt. Denn die göttliche Gutheit ist einfach, da sie gleichsam die ganze (Gutheit) in einem darstellt. Das göttliche Sein selbst hat ja alle Fülle der Vollkommenheit inne, wie im ersten Buch erwiesen wurde (I 28). Da ein jedes Ding insofern gut ist, als es vollkommen ist, ist daher das göttliche Sein selbst Gottes vollkommene Gutheit: für ihn ist nämlich Sein, Leben, Weisesein, Seligsein und alles andere, das man auf Vollkommenheit und Gutheit beziehen kann, dasselbe, so daß die ganze göttliche Gutheit gleichsam das göttliche Sein selbst ist. Das göttliche Sein selbst ist hinwiederum die Substanz des seienden Gottes. Bei den anderen Dingen aber ist das unmöglich. Es wurde nämlich im zweiten Buch dargelegt, daß keine geschaffene Substanz ihr Sein selbst ist (II 15). Wenn nun jedes Ding, insofern es ist, gut ist, keines davon aber sein

Sein ist, so ist daher kein Ding seine Gutheit, sondern jedes davon ist gut durch Teilhabe an der Gutheit, so wie es auch durch Teilhabe am Sein selbst ein Seiendes ist.

Wiederum. Nicht alle Geschöpfe sind auf einer Stufe der Gutheit angesiedelt. Denn die Substanz einiger ist Form und Aktualität: dieser kommen nämlich, insofern sie ist, Aktuellsein und Gutsein zu. Die Substanz einiger aber ist aus Materie und Form zusammengesetzt: dieser kommen (ebenfalls) Aktuellsein und Gutsein zu, aber in Hinsicht auf etwas von ihr, nämlich in bezug auf die Form. Die göttliche Substanz also ist ihre Gutheit; die einfache Substanz aber hat an der Gutheit teil, insofern sie ist; die zusammengesetzte Substanz jedoch (hat teil) in Hinsicht auf etwas von sich.

Auf dieser dritten Stufe der Substanzen findet sich wiederum eine Verschiedenheit hinsichtlich des Seins selbst. Denn bei manchen der aus Materie und Form zusammengesetzten (Substanzen) füllt die Form die ganze Potentialität der Materie aus, so daß in der Materie keine Potentialität zu einer anderen Form und folglich auch in keiner anderen Materie Potentialität zu dieser Form verbleibt. Von dieser Art sind die Himmelskörper, die aus ihrer ganzen Materie bestehen. – Die Form einiger hingegen erfüllt nicht die ganze Potentialität der Materie: daher verbleibt in der Materie noch Potentialität zu einer anderen Form; und in einem anderen Teil Materie verbleibt Potentialität zu dieser Form; so ist es offensichtlich bei den Elementen und den aus den Elementen Gebildeten. Weil aber die Privation [als nichterfüllte Potentialität] eine Verneinung dessen in der Substanz ist, was der Substanz innewohnen kann [und nicht verneint, was ohnehin nicht angelegt ist], so ist offenkundig, daß mit der Form, die nicht die ganze Potentialität der Materie erfüllt, die Privation einer (anderen) Form verbunden ist: mit einer Substanz, deren Form die ganze Potentialität der Materie erfüllt, kann hingegen keine (Privation) verbunden sein; dies gilt auch für jene Substanz, welche durch ihr Wesen Form ist, und erst recht für jene, deren Wesen ihr Sein selbst ist. Da es aber offensichtlich ist, daß es keine Bewegung geben kann, wo nicht die Potentialität zu einem anderen besteht – denn »die Bewegung ist die Aktualisierung eines potentiell Existierenden« (Aristoteles, *Physik* III 1) –, und da es offensichtlich ist, daß das Schlechte eben die Privation des Guten ist: so liegt es auf der Hand, daß in der letzten [untersten] Reihe der Substanzen das Gute veränderlich und mit dem entgegengesetzten Schlechten vermischt ist; dies kann in den höheren

Substanzreihen nicht vorkommen. Diese Substanz, die zuletzt genannt wurde, nimmt also sowohl im Sein als auch in der Gutheit den letzten Rang ein.

Auch unter den Teilen dieser aus Materie und Form zusammengesetzten Substanzen findet sich eine Reihenfolge der Gutheit. Da nämlich die Materie, an sich betrachtet, ein potentiell Seiendes ist, die Form aber dessen Aktualität und die zusammengesetzte Substanz durch die Form aktuell existiert: so ist die Form wohl gut an sich; die zusammengesetzte Substanz (ist gut), insofern sie aktuell Form hat; die Materie aber (ist gut), insofern sie in der Potentialität zur Form (des Guten) steht. Und wenn auch ein jedes Ding gut ist, insofern es ein Seiendes ist, so braucht doch die Materie, die nur ein potentiell Seiendes ist, nicht nur potentiell gut zu sein. Denn ›seiend‹ wird nur schlechthin zugesprochen, ›gut‹ aber steht auch in einer Rangfolge: denn es wird etwas nicht nur gut genannt, weil es Ziel ist oder weil es ein Ziel innehat, sondern es wird auch dann gut genannt, wenn es das Ziel noch nicht erreicht hat, solange es nur auf ein Ziel hingeordnet ist. Die Materie kann also deshalb nicht Seiendes schlechthin genannt werden, weil sie potentiell Seiendes ist, worin eine Hinordnung auf das Sein einbegriffen ist: sie kann aber daher, eben wegen dieser Hinordnung, gut schlechthin genannt werden. Hier wird deutlich, daß das Gute in gewisser Weise von größerem Umfang als das Seiende ist: deswegen sagt Dionysius im vierten Kapitel *Über die göttlichen Namen*, daß »das Gute sich auf das Existierende und das Nichtexistierende erstreckt«. Denn auch das Nichtexistierende, nämlich die Materie, insofern man sie als der Privation unterworfen versteht, begehrt das Gute, nämlich das Sein. Daher ist es offenbar, daß auch sie gut ist: denn nur das Gute strebt nach dem Guten.

Die Gutheit des Geschöpfes ist auch in einer anderen Weise gegenüber der göttlichen Gutheit mangelhaft. Denn wie gesagt wurde, hat Gott in seinem Sein die höchste Vollkommenheit der Gutheit. Das Geschöpf aber hat seine Vollkommenheit nicht in einem, sondern in vielem: denn was im Höchsten geeint ist, das findet sich im Untersten vielfältig. Daher wird Gott in ein und derselben Hinsicht mächtig, weise und tätig genannt, das Geschöpf aber in je verschiedener Hinsicht: je größer der Abstand ist, in dem sich ein Geschöpf von der ersten Gutheit befindet, desto größere Vielfalt erfordert seine vollkommene Gutheit. Wenn es aber vollkommene Gutheit nicht erreichen kann, so wird es unvollkommene (Gutheit) nur in wenigem haben. Obwohl nun das erste höchste Gute gänzlich einfach ist und die ihm an Gutheit Nahestehenden zugleich auch die hinsichtlich der Einfachheit Benachbarten sind, erweisen sich daher doch die untersten Substanzen als einfacher als solche, die über ihnen stehen, so wie die Elemente einfacher sind als Tiere und Menschen, weil sie nicht zu der Vollkommenheit der Erkenntnis und des Verstandes gelangen können, die Tiere und Menschen erreichen.

Aus dem Gesagten ist also deutlich: obwohl Gott entsprechend seinem einfachen Sein seine vollkommene und ganze Gutheit hat, gelangen die Geschöpfe doch nicht durch ihr Sein allein zur Vollkommenheit ihrer Gutheit, sondern durch mehreres. Wenn auch jedes von ihnen gut ist, insofern es ist, kann es daher doch nicht schlechthin gut genannt werden, wenn ihm anderes fehlt, das zu seiner Gutheit erfordert wird: so wird ein Mensch, der ohne Tugend und den Lastern ergeben ist, zwar gut in gewisser Hinsicht genannt werden, nämlich insofern er ein Seiendes und insofern er Mensch ist, jedoch nicht gut schlechthin, sondern eher böse. Sein und Schlechthin-gut-sein sind also nicht für jedes Geschöpf dasselbe, wenngleich jedes von ihnen gut ist, insofern es ist. Bei Gott aber ist Sein und Gutsein schlechthin dasselbe.

Wenn nun jedes Ding nach Ähnlichkeit mit der göttlichen Gutheit als seinem Ziel strebt; wenn sich ferner etwas der göttlichen Gutheit in Hinsicht auf alles verähnlicht, was zu der ihm eigenen Gutheit gehört; wenn endlich die Gutheit eines Dinges nicht allein in seinem Sein besteht, sondern in allem anderen, was zu seiner Vollkommenheit erfordert wird, wie dargelegt wurde: so ist offenbar, daß die Dinge sich auf Gott als Ziel nicht allein gemäß ihrem substantiellen Sein hinordnen, sondern auch gemäß dem, was zu diesem (Sein) hinsichtlich seiner Vollkommenheit noch hinzutritt, und auch hinsichtlich der eigentümlichen Tätigkeit, die sich ebenfalls auf die Vollkommenheit [Vervollkommnung] des Dinges bezieht.

21. Kapitel

Die Dinge streben von Natur aus danach, Gott verähnlicht zu werden, insofern er Ursache ist

Daher aber ist offenbar, daß die Dinge nach Ähnlichkeit mit Gott auch insofern streben, als sie Ursachen von anderem sind.

Denn ein geschaffenes Ding strebt durch seine Tätigkeit nach Ähnlichkeit mit Gott. Durch seine Tätigkeit aber wird ein Ding Ursache eines anderen. Also streben die Dinge auch insofern nach Ähnlichkeit mit Gott, als sie Ursachen für anderes sind.

Zudem. Die Dinge streben nach Ähnlichkeit mit Gott, insofern er gut ist, wie oben gesagt wurde (III 20). Es ist aber Gottes Gutheit, aus der heraus er anderem das Sein spendet: ein jedes (Ding) ist ja tätig, insofern es ein aktuell Vollkommenes ist [und damit Sein hat]. Also verlangen die Dinge allgemein, darin Gott verähnlicht zu werden, daß sie Ursachen von anderem sind.

Weiter. Die Hinordnung auf das Gute trägt schon den Begriff des Guten in sich, wie aus dem bisher Gesagten offensichtlich ist (III 20). Ein jedes Ding aber ordnet sich dadurch, daß es Ursache eines anderen ist, auf das Gute hin: denn das Gute allein wird an sich verursacht, das Schlechte aber nur akzidentell, wie dargelegt wurde (III 10). Ursache von anderem zu sein, ist also etwas Gutes. Bei jedem Guten aber, nach dem etwas strebt, strebt es nach der Ähnlichkeit mit Gott: denn jedes geschaffene Gute ist (gut) aus Teilhabe an der göttlichen Gutheit. Also streben die Dinge nach Ähnlichkeit mit Gott, insofern sie Ursachen von anderem sind.

Ebenso. Es ist im Grunde dasselbe, daß die Wirkung nach Ähnlichkeit mit dem Tätigen strebt und daß das Tätige sich seine Wirkung verähnlicht: die Wirkung strebt nämlich nach dem Ziel, auf das sie vom Tätigen hingelenkt wird. Das Tätige aber strebt nicht nur danach, sich das Leidende hinsichtlich seines Seins zu verähnlichen, sondern auch hinsichtlich seiner Ursächlichkeit: wie nämlich das Tätige seiner natürlichen Wirkung die Prinzipien verleiht, durch die es besteht, so (verleiht es) auch die Prinzipien, durch die es Ursache von anderem ist; wie nämlich das Tier, wenn es gezeugt wird, vom Erzeuger die Ernährungskraft empfängt, so (empfängt es) auch die Zeugungsfähigkeit. Die Wirkung strebt also nach Ähnlichkeit mit dem Tätigen nicht nur hinsichtlich seiner Art, sondern auch insofern es Ursache von anderem ist. So aber streben die Dinge nach Ähnlichkeit mit Gott wie die Wirkungen nach Ähnlichkeit mit dem Tätigen, wie dargelegt wurde (III 19). Also streben die Dinge von Natur aus danach, Gott verähnlicht zu werden, insofern sie Ursachen von anderem sind.

Außerdem. Ein jedes Ding ist dann in höchstem Maße vollkommen, wenn es ein anderes sich ähnlich machen kann: dasjenige nämlich leuchtet vollkommen, das anderes erleuchten kann. Ein jedes Ding aber, das nach seiner Vollkommenheit strebt, strebt nach Ähnlichkeit mit Gott. Also strebt ein jedes Ding dadurch nach Ähnlichkeit mit Gott, daß es danach strebt, Ursache von anderem zu sein.

Weil aber die Ursache als solche höher steht als das Verursachte, ist es offensichtlich, daß das Streben nach Ähnlichkeit mit Gott in der Weise, (daß es darauf gerichtet ist,) Ursache von anderem zu sein, für höheres Seiendes kennzeichnend ist.

Ebenso. Ein jedes Ding ist früher in sich vollkommen, als es ein anderes verursachen kann, wie schon gesagt wurde. Diese Vollkommenheit also, Ursache von anderem zu sein, kommt einem Ding zuletzt zu. Da also ein geschaffenes Ding in vielfältiger Weise nach Ähnlichkeit mit Gott strebt (III 20), bleibt ihm als letztes übrig, Ähnlichkeit mit Gott dadurch zu suchen, daß es Ursache von anderem ist. Daher sagt Dionysius im dritten Kapitel *Über die himmlische Hierarchie:* »Göttlicher als alles ist es, zu einem Mitwirkenden Gottes zu werden«: demgemäß sagt der Apostel 1 Kor 3,9: »Wir sind Gottes Mitarbeiter.«

[...]

25. Kapitel

Gott erkennen ist das Ziel jeder geistigen Substanz

Da aber alle Geschöpfe, auch jene, die keinen Verstand haben, auf Gott als letztes Ziel hingeordnet sind und zu diesem Ziel alle gelangen, insofern sie an der Ähnlichkeit mit ihm einen Anteil haben: so gelangen die geistigen Geschöpfe auf eine besondere Weise zu ihm, nämlich indem sie ihn durch die ihnen eigene Tätigkeit erkennen. Daher ist dies notwendig das Ziel des geistigen Geschöpfes: Gott zu erkennen.

Denn das letzte Ziel jedes Dinges ist Gott, wie dargelegt wurde (III 17). Also strebt ein jedes danach, sich so weit wie möglich mit Gott als dem letzten Ziel zu verbinden. Es wird etwas aber dadurch mit Gott enger verbunden, daß es auf irgendeine Weise zu seiner Substanz selbst gelangt, was geschieht, wenn jemand etwas von der göttlichen Substanz erkennt, als wenn es irgendeine (andere) Ähnlichkeit erreicht. Die geistige Substanz strebt also nach der Erkenntnis Gottes als dem letzten Ziel.

Ebenso. Eines jeden Dinges eigene Tätigkeit ist sein Ziel, denn sie ist seine zweite Vollkommenheit; was sich daher in guter Übereinstimmung mit der ihm eigenen Tätigkeit befindet, das heißt tauglich und gut. Erkennen ist aber die der geistigen Substanz eigene Tätigkeit. Diese also ist ihr (der Substanz) Ziel. Was in dieser Tätigkeit das Vollkommenste ist, das ist demnach das letzte Ziel, vor allem bei Tätigkeiten, die nicht auf etwas Verfertigtes hingeordnet sind, wie Erkennen und Wahrnehmen. Da aber derartige Tätigkeiten von den Gegenständen her ihre Art empfangen, durch welche sie auch (selbst) erkannt werden, so ist eine dieser Tätigkeiten notwendigerweise um so vollkommener, je vollkommener ihr Gegenstand ist. Und so ist das Erkennen des vollkommensten Erkennbaren, Gottes also, die vollkommenste in der Tätigkeitsgattung Erkennen. Gott also mit dem Verstand zu erkennen ist das letzte Ziel jeder geistigen Substanz.

Es könnte aber jemand sagen, das letzte Ziel einer geistigen Substanz bestehe zwar darin, das beste Erkennbare zu erkennen: aber das beste Erkennbare dieser oder jener geistigen Substanz sei nicht (schon) das beste Erkennbare schlechthin, sondern je höher eine geistige Substanz stehe, desto höher stehe ihr bestes Erkennbares. Darum habe vielleicht die höchste geschaffene geistige Substanz als bestes Erkennbares das Beste schlechthin, und ihre Glückseligkeit werde daher in der Erkenntnis Gottes bestehen: die Glückseligkeit jeder tieferstehenden geistigen Substanz aber werde in der Erkenntnis irgendeines tieferstehenden Erkennbaren bestehen, das allerdings das Höchste dessen sei, was von ihr erkannt werde. Vor allem scheine es nicht Sache des menschlichen Verstandes zu sein, das beste Erkennbare schlechthin zu erkennen, dafür sei er zu schwach: denn er verhalte sich zur Erkenntnis des größten Erkennbaren »wie das Auge des Nachtvogels zur Sonne« (Aristoteles, *Metaphysik* II 1).

Aber es ist ganz deutlich, daß das Ziel jeder beliebigen geistigen Substanz, auch der untersten, darin besteht, Gott zu erkennen. Oben ist nämlich dargelegt worden (III 17), daß das letzte Ziel, nach dem alles Seiende strebt, Gott ist. Mag auch der menschliche Verstand der unterste in der Reihe der geistigen Substanzen sein, so steht er doch höher als alle (Substanzen), die keinen Verstand haben. Da also eine edlere Substanz kein weniger edles Ziel haben kann, so ist auch das Ziel des menschlichen Verstandes Gott selbst. Ein jedes erkennende (Wesen) aber erlangt sein letztes Ziel dadurch, daß es erkennt, wie dargelegt wurde. Also gelangt der menschliche Verstand durch Erkennen zu Gott als seinem Ziel.

Zudem. Wie die Dinge, die keinen Verstand haben, nach Gott als ihrem Ziel auf dem Wege der Verähnlichung streben, so (streben) die geistigen Substanzen auf dem Wege der Erkenntnis, wie aus dem bisher Gesagten ersichtlich ist. Wenn auch die Dinge, die keinen Verstand haben, (nur) nach Ähnlichkeit mit ihren nächsten Ursachen streben, so ruht dort dennoch nicht das Streben der Natur, sondern behält als Ziel die Verähnlichung mit dem höchsten Guten, wie aus dem bereits Gesagten ersichtlich ist (III 19), mögen sie auch höchst unvollkommen zu dieser Ähnlichkeit gelangen können. Wie wenig also auch der Verstand von der Erkenntnis Gottes erfassen kann, so wird dieses (Wenige) für ihn eher das letzte Ziel bedeuten als die vollkommene Erkenntnis eines tieferstehenden Erkennbaren.

Weiter. Ein jedes Ding ersehnt am meisten sein letztes Ziel. Der menschliche Verstand aber ersehnt, liebt und genießt die Erkenntnis des Göttlichen, obwohl er nur ein Weniges davon erfassen kann, mehr als die vollkommene Erkenntnis, die er von den untersten Dingen hat. Also besteht das letzte Ziel des Menschen darin, auf irgendeine Weise Gott zu erkennen.

Zudem. Ein jedes Ding strebt nach Ähnlichkeit mit Gott als dem ihm eigenen Ziel. Das also, wodurch ein jedes Ding am meisten Gott verähnlicht wird, ist sein letztes Ziel. Das geistige Geschöpf aber wird Gott am meisten dadurch verähnlicht, daß es geistig ist: denn es hat diese Ähnlichkeit den übrigen Geschöpfen voraus, und diese schließt alle anderen (Ähnlichkeiten) ein. In der Gattung dieser Ähnlichkeit aber wird es Gott ähnlicher, insofern es aktuell erkennt, als insofern es habituell oder potentiell erkennt, denn Gott erkennt immer aktuell, wie im ersten Buch erwiesen wurde (I 56). Darin, daß es aktuell erkennt, wird es Gott am ähnlichsten, insofern es Gott selbst erkennt: denn Gott selbst erkennt alles andere, insofern er sich erkennt, wie im ersten Buch erwiesen wurde (I 49). Gott zu erkennen ist also das letzte Ziel jeder geistigen Substanz.

Ebenso. Was nur um eines anderen willen erstrebenswert ist,

das ist um dessentwillen da, was nur um seiner selbst willen erstrebenswert ist: denn man kann sich beim Streben der Natur nicht ins Unendliche verlieren, weil das Verlangen der Natur sonst irregeführt würde, da es nicht möglich ist, das Unendliche zu durchschreiten. Alle praktischen Wissenschaften, Künste und Potenzen sind nur um eines anderen willen erstrebenswert: denn bei ihnen ist das Ziel nicht Wissen, sondern Tun. Die theoretischen Wissenschaften aber sind um ihrer selbst willen erstrebenswert: denn ihr Ziel ist das Wissen selbst. Es findet sich nämlich keine Tätigkeit beim Menschen, die nicht auf ein anderes Ziel hingeordnet ist, nur die theoretische Betrachtung. Auch spielerische Tätigkeiten, die ohne Ziel zu geschehen scheinen, haben ein notwendiges Ziel, nämlich daß wir uns durch sie gewissermaßen geistig erholen und nachher fähiger sind zu ernsten Tätigkeiten: andernfalls müßte man immer spielen, wenn das Spiel um seiner selbst willen gesucht würde, was aber unangemessen ist. Die praktischen Künste sind also auf die theoretischen und ebenso jede menschliche Tätigkeit auf die theoretische Betrachtung des Verstandes als Ziel hingeordnet. Unter allen (derart) hingeordneten Wissenschaften und Künsten aber scheint das letzte Ziel in jener (Wissenschaft) zu liegen, die für die anderen Maß und Regel gibt: so gibt die Steuermannskunst, in der das Ziel des Schiffes, nämlich sein Gebrauch, liegt, Maß und Regel im Hinblick auf die Schiffbaukunst. In dieser Weise aber verhält sich die erste Philosophie [die Metaphysik] zu den anderen theoretischen Wissenschaften, denn von ihr hängen alle anderen ab, erhalten sie doch von ihr ihre Prinzipien und die Anleitung gegenüber jenen, die diese Prinzipien bestreiten. Die erste Philosophie selbst ist ganz hingeordnet auf die Erkenntnis Gottes als ihr letztes Ziel und wird daher »göttliche Wissenschaft« genannt (Aristoteles, *Metaphysik* I 2). Also ist die Erkenntnis Gottes das letzte Ziel aller menschlichen Erkenntnis und Tätigkeit.

Zudem. In der Reihe aller Ursachen und Beweggründe ist notwendig das Ziel der ersten Ursache und des ersten Bewegers das letzte Ziel von allen: so ist das Ziel des Heerführers das Ziel aller, die unter ihm kämpfen. Unter allen Teilen des Menschen findet sich der Verstand als vorrangiger Beweger: denn der Verstand bewegt das Streben, indem er ihm seinen Gegenstand vorstellt; das geistige Streben aber, der Wille, bewegt das sinnliche Streben, das erringende und das begehrliche; daher gehorchen wir der Begehrlichkeit nur nach dem Befehl des Willens; das sinnliche Streben aber bewegt nun ferner mit der Zustimmung des Willens den Körper. Also ist das Ziel des Verstandes das Ziel aller menschlichen Tätigkeiten. Das Ziel und das Gute des Verstandes aber ist das Wahre, folglich ist das letzte Ziel das erste Wahre. Das letzte Ziel des ganzen Menschen und aller seiner Tätigkeiten und Wünsche besteht also darin, das erste Wahre zu erkennen: Gott.

Weiter. Von Natur aus wohnt allen Menschen das Verlangen inne, die Ursachen dessen, was sie sehen, zu erkennen: daher begannen die Menschen aus Verwunderung über das, was man sah, dessen Ursachen aber verborgen waren, erstmals zu philosophieren; wenn sie aber die Ursache fanden, gaben sie Ruhe. Und die Untersuchung steht nicht still, bis man zur ersten Ursache vorgedrungen ist: (vollkommen) »zu wissen glauben wir erst dann, wenn wir die erste Ursache erkennen« (Aristoteles, *Metaphysik* I 3). Der Mensch verlangt also von Natur aus als letztes Ziel, die erste Ursache zu erkennen. Die erste Ursache von allem aber ist Gott. Das letzte Ziel des Menschen besteht also darin, Gott zu erkennen.

Außerdem. Von jeder erkannten Wirkung verlangt der Mensch von Natur aus die Ursache zu wissen. Der menschliche Verstand aber erkennt das allgemeine Seiende. Er verlangt also von Natur aus, dessen Ursache zu erkennen, welche allein Gott ist, wie im zweiten Buch erwiesen wurde (II 15). Es hat aber niemand sein letztes Ziel erreicht, bis das natürliche Verlangen zur Ruhe gekommen ist. Also genügt zur menschlichen Glückseligkeit, welche das letzte Ziel ist, nicht die Erkenntnis irgendeines Erkennbaren, sondern nur die Erkenntnis Gottes, die als das letzte Ziel das natürliche Verlangen stillt. Das letzte Ziel des Menschen ist also die Gotteserkenntnis selbst.

Weiter. Ein Körper, der aus natürlichem Verlangen nach seinem ›Wo‹ strebt, wird um so heftiger und schneller bewegt, je mehr er sich dem Ziel nähert: daher erweist Aristoteles im ersten Buch *Über den Himmel* [Kap. 8], daß die natürliche geradlinige Bewegung nicht ins Unendliche gehen kann, weil sie nicht später mehr bewegt würde als früher. Was also später heftiger nach etwas strebt als früher, bewegt sich nicht ins Unendliche, sondern strebt nach etwas Bestimmtem. Dies aber finden wir im Verlangen nach Wissen: je mehr nämlich jemand weiß, mit desto größerem Verlangen begehrt er zu wissen. Das natürliche Verlangen des Menschen strebt also beim Wissen nach einem endgültigen Ziel. Dies aber kann nichts anderes als das edelste Wißbare sein: Gott. Die Erkenntnis Gottes ist also das letzte Ziel des Menschen.

Das letzte Ziel des Menschen und jeder geistigen Substanz wird ›Glückseligkeit‹ oder ›Seligkeit‹ genannt: denn dies ist es, wonach jede geistige Substanz als dem letzten Ziel und nur um seiner selbst willen verlangt. Letzte Seligkeit und Glückseligkeit jeder geistigen Substanz ist es also, Gott zu erkennen.

Daher heißt es Mt 5, 8: »Selig, die reinen Herzens sind, denn sie werden Gott schauen.« Und Joh 17, 3: »Das aber ist das ewige Leben, daß sie Dich, den wahren Gott, erkennen.«

Mit dieser Lehre stimmt auch Aristoteles im letzten Buch der *Ethik* [Kap. 7] überein, wo er sagt, die letzte Glückseligkeit des Menschen sei betrachtend, insofern sie sich auf die theoretische Betrachtung des besten Betrachtbaren richte.

[...]

47. Kapitel

Wir können in diesem Leben Gott nicht in seiner Wesenheit schauen

Wenn wir aber andere getrennte Substanzen in diesem Leben wegen der natürlichen Gebundenheit unseres Verstandes an Vorstellungsbilder nicht erkennen können, wieviel weniger können wir dann in diesem Leben die göttliche Wesenheit schauen, die alle getrennten Substanzen übersteigt!

Ein Anzeichen dafür kann man auch daraus entnehmen, daß unser Geist um so mehr vom Sinnenfälligen abgezogen wird, je mehr er sich zur Betrachtung der geistigen Dinge erhebt. Die äußerste Grenze aber, bis zu der die Betrachtung gelangen kann, ist die göttliche Substanz. Daher muß der Geist, der die göttliche Substanz schaut, gänzlich von den körperlichen Sinnen losgelöst sein, entweder durch den Tod oder durch eine Entrückung. Aus dem Munde Gottes wird darum Ex 33, 20 gesagt: »Der Mensch wird mich nicht schauen und am Leben bleiben.«

[...]

Dies bestätigt auch der Apostel von der Erkenntnis in diesem Leben, wenn er sagt: »Jetzt schauen wir durch einen Spiegel rätselhaft« (1 Kor 13, 12).

Obwohl dieser Spiegel, d. i. der menschliche Geist, Gottes

Ähnlichkeit aus größerer Nähe darstellt als die niederen Geschöpfe, überschreitet dennoch die Erkenntnis Gottes, die man dem menschlichen Geist zuschreiben kann, nicht jene Art der Erkenntnis, die aus dem Sinnfälligen genommen wird: denn auch die Seele selbst erkennt von sich, was sie ist, dadurch daß sie die Naturen des Sinnenfälligen erkennt, wie bereits gesagt wurde (III 45 f.). Daher kann Gott auf diesem Wege in keiner höheren Weise erkannt werden, als eine Ursache durch ihre Wirkung erkannt wird.

[...]

64. Kapitel

Gott lenkt mit seiner Vorsehung die Dinge

Aus dem aber, was bisher gesagt wurde, ergibt sich zur Genüge, daß Gott das Ziel aller Dinge ist. Ferner kann daraus geschlossen werden, daß er selbst mit seiner Vorsehung alles lenkt und leitet.

Immer wenn nämlich etwas auf ein Ziel hingeordnet ist, unterliegt alles der Anordnung dessen, worauf sich dieses Ziel ursprünglich bezieht, wie es z. B. im Heer ersichtlich ist: denn alle Teile des Heeres und ihre Tätigkeiten sind auf das Gute des Heerführers, also auf den Sieg, als das letzte Ziel hingeordnet; und deshalb ist es Sache des Heerführers, das ganze Heer zu lenken. Ebenso befiehlt diejenige Kunst, die vom Ziel handelt, der Kunst, die davon handelt, was zu einem Ziel führt, und gibt ihr die Gesetze: so befiehlt die Staatskunst der Kriegskunst, die Kriegskunst der Reitkunst und die Steuermannskunst der Schiffbaukunst. Da also alles auf die göttliche Gutheit als letztes Ziel hingeordnet ist, wie dargelegt wurde (III 7), ist notwendig Gott, auf den sich diese Gutheit ursprünglich bezieht, wie man sie der Substanz nach hat, erkennt und liebt, der Lenker aller Dinge.

Zudem. Jeder, der etwas um eines Zieles willen macht, gebraucht es auf das Ziel hin. Es ist aber oben dargelegt worden, daß alles, was in irgendeiner Weise Sein hat, eine Wirkung Gottes ist (II 15) und daß Gott alles um des Zieles willen macht, das er selbst ist (I 75). Also gebraucht er selbst alles, indem er es auf das Ziel ausrichtet. Dies aber ist Lenken. Also ist Gott durch seine Vorsehung Lenker von allem.

Weiter. Es ist dargelegt worden (I 13), daß Gott der unbewegte erste Beweger ist. Der erste Beweger aber bewegt nicht weniger als die folgenden Beweger, sondern mehr: denn ohne ihn bewegen die andern nicht. Alles aber, was in Bewegung ist, ist um eines Zieles willen in Bewegung, wie oben (III 2) dargelegt worden ist. Gott bewegt also alles auf seine Ziele hin, und zwar durch den Verstand: denn es ist oben dargelegt worden (I 81. II 23 ff.), daß er nicht infolge der Notwendigkeit der Natur tätig ist, sondern durch Verstand und Willen. Leiten und Lenken durch die Vorsehung ist aber nichts anderes als *etwas durch den Verstand auf ein Ziel hin bewegen.* Gott lenkt und leitet also durch seine Vorsehung alles, was auf ein Ziel hin in Bewegung ist: ob es nun körperlich in Bewegung ist oder geistig, so wie man sagt, das Verlangende werde vom Verlangten bewegt.

Ebenso. Es ist erwiesen worden (III 3), daß die natürlichen Körper um eines Zieles willen in Bewegung und tätig sind, wenn sie auch das Ziel nicht erkennen, denn immer oder sehr häufig findet bei ihnen eine Verbesserung statt; und sie würden sich nicht anders entwickeln, wenn es künstlich geschähe. Es ist aber unmöglich, daß etwas, das nicht sein Ziel erkennt, um eines Zieles willen tätig ist und darauf hingeordnet dort anlangt, wenn es nicht von jemand bewegt ist, der die Erkenntnis des Zieles hat: so wird der Pfeil vom Schützen auf die Zielscheibe gelenkt. Die ganze Tätigkeit der Natur wird also notwendig von einer Erkenntnis (auf ihr Ziel) hingeordnet. Und notwendig führt dies mittelbar oder unmittelbar zurück auf Gott: denn jede untergeordnete Kunst und Erkenntnis empfängt notwendig von einer höheren ihre Prinzipien, wie es auch in den theoretischen und den praktischen Wissenschaften ersichtlich ist. Also lenkt Gott durch seine Vorsehung die Welt.

Zudem. Was seiner Natur nach unterschiedlich ist, kommt in einer einzigen Ordnung nur zusammen, wenn es von einem einzigen Ordner zu Einem verbunden wird. In der Gesamtheit der Dinge gibt es aber solche, die unterschiedliche und gegensätzliche Naturen haben und trotzdem alle zu einer einzigen Ordnung zusammenkommen, wobei einige die Tätigkeiten anderer aufnehmen, einige von anderen unterstützt oder beherrscht werden. Also gibt es notwendig einen einzigen Ordner und Lenker des Alls.

Weiter. Für das, was nach den Bewegungen der Himmelskörper erscheint, kann man keinen Wesensgrund aus Naturnotwendigkeit bezeichnen: denn einige von ihnen haben mehr Bewegungen als andere und völlig ungleichförmige (obendrein). [Es scheinen also willkürliche Bewegungen zu sein.] Also stammt die

Ordnung dieser Bewegungen von einer Vorsehung (darüber). Folglich gilt das gleiche für alle unteren Bewegungen und Tätigkeiten, die durch jene Bewegungen geordnet werden.

Ebenso. Je näher etwas seiner Ursache ist, desto mehr hat es an ihrer Wirkung teil. Wenn daher die Dinge um so vollkommener an einem Ding teilhaben, je mehr sie sich ihm nähern, so ist das ein Zeichen dafür, daß dieses Ding die Ursache dessen ist, woran in verschiedener Weise Teilhabe stattfindet: wenn z. B. etwas wärmer ist, insofern es sich mehr dem Feuer nähert, so ist das ein Zeichen dafür, daß das Feuer die Ursache der Wärme ist. Man findet aber, daß etwas um so vollkommener geordnet ist, je näher es Gott ist: denn in den niederen Körpern, die durch die Unähnlichkeit ihrer Natur am meisten von Gott entfernt sind, findet sich gelegentlich eine Abweichung vom natürlichen Verlauf, wie es z. B. bei Mißgeburten oder anderen Zufälligkeiten ersichtlich ist; dies geschieht niemals bei den Himmelskörpern, die gleichwohl in gewisser Weise noch veränderlich sind, was bei den getrennten geistigen Substanzen gar nicht vorkommt. Es ist also offensichtlich, daß Gott die Ursache der ganzen Ordnung der Dinge ist. Also ist er selbst durch seine Vorsehung der Lenker der Gesamtheit der Dinge.

Zudem. Wie oben erwiesen worden ist, hat Gott alle Dinge ins Sein gehoben, und zwar nicht aus Naturnotwendigkeit, sondern durch Verstand und Willen. Das letzte Ziel seines Verstandes und seines Willens kann aber nur seine Gutheit sein, wie aus dem bisher Gesagten (I 75 f.) hervorgeht. An der göttlichen Gutheit haben die Dinge aber teil auf die Weise der Ähnlichkeit, insofern sie selbst gut sind. Das aber, was im höchsten Maße in den verursachten Dingen gut ist, ist das Gute der Ordnung des Alls, das im höchsten Maße Vollkommene, wie Aristoteles *(Metaphysik* XII 10) sagt; damit stimmt die Heilige Schrift überein, wenn es Gen 1, 31 heißt: »Gott sah alles, was er gemacht hatte, und es war sehr gut«, obwohl er von den einzelnen Werken einfach (nur) gesagt hatte, daß es »gut war«. Also ist das Gute der (gesamten) Ordnung der von Gott verursachten Dinge das, was Gott besonders gewollt und verursacht hat. Nichts anderes aber heißt, etwas lenken, als seine Ordnung einsetzen. Also lenkt Gott alles mit seinem Verstand und seinem Willen.

Weiter. Ein jedes, das nach einem Ziel strebt, sorgt sich besonders um das, was dem letzten Ziel näher ist: denn dies ist auch das Ziel alles anderen. Das letzte Ziel des göttlichen Willens ist aber seine Gutheit, und dieser am nächsten ist unter den geschaffenen

Dingen das Gute der Ordnung des ganzen Alls: denn auf dieses als Ziel ist jedes besondere Gute dieses oder jenes Dinges hingeordnet, so wie das weniger Vollkommene auf das Vollkommenere hingeordnet ist; daher findet sich, daß jeder Teil um seines Ganzen willen da ist. Das also, wofür Gott bei den geschaffenen Dingen am meisten sorgt, ist die Ordnung des Alls. Also ist er sein Lenker.

Ebenso. Jedes geschaffene Ding erreicht seine letzte Vollkommenheit durch die ihm eigene Tätigkeit: denn das letzte Ziel und die Vollkommenheit eines Dinges ist notwendig entweder die Tätigkeit selbst oder das Ziel bzw. die Wirkung der Tätigkeit; die Form dagegen, nach der das Ding existiert, ist die erste Vollkommenheit, wie es im zweiten Buch *Über die Seele* [Kap. 1] ersichtlich ist. Die Ordnung der verursachten Dinge nach der Verschiedenheit ihrer Naturen und Stufen aber geht aus der göttlichen Weisheit hervor, wie im zweiten Buch (II 45) dargelegt worden ist. Also (gilt das) auch (für) die Ordnung der Tätigkeiten, durch welche die verursachten Dinge sich stärker dem letzten Ziel nähern. Die Tätigkeiten bestimmter Dinge aber auf ein Ziel hinzuordnen heißt, sie zu lenken. Also gewährt Gott durch die Vorsehung seiner Weisheit den Dingen Lenkung und Herrschaft.

Daher erklärt die Heilige Schrift Gott zum Herrn und König nach dem Psalmwort (100, 3): »Der Herr selbst ist Gott.« Und ebenso Ps 47, 8: »König der ganzen Welt ist Gott.« Denn es ist das Amt eines Königs und Herrn, durch seinen Befehl die Untertanen zu beherrschen und zu lenken. Daher schreibt die Heilige Schrift Ijob 9,7 auch den Lauf der Dinge göttlichem Gesetz zu: »Er befiehlt der Sonne, und sie geht nicht auf, und die Sterne verschließt er wie mit einem Siegel«; und Ps 148,6 heißt es: »Er hat das Gesetz aufgestellt, und es wird nicht vergehen.«

Hierdurch wird auch der Irrtum der alten Naturphilosophen ausgeschlossen, die behaupteten, alles gehe aus der Notwendigkeit der Materie hervor: daraus folgte, daß alles zufällig geschehe und nicht aus einer Ordnung der Vorsehung.

Thomas von Aquin

65. Kapitel

Gott erhält die Dinge im Sein

Daraus aber, daß Gott die Dinge mit seiner Vorsehung lenkt, folgt, daß er sie im Sein erhält.

Denn zur Lenkung von etwas gehört all das, wodurch es sein Ziel erreicht: man sagt nämlich insofern, etwas werde geleitet oder gelenkt, als es auf ein Ziel hingeordnet wird. Auf das letzte Ziel aber, nach dem Gott strebt, nämlich die göttliche Gutheit, werden die Dinge nicht nur dadurch hingeordnet, daß sie tätig sind, sondern auch dadurch, daß sie sind: denn insofern sie sind, haben sie Ähnlichkeit mit der göttlichen Gutheit, dem Ziel der Dinge, wie oben (III 19) dargelegt worden ist. Zur göttlichen Vorsehung gehört also, daß die Dinge im Sein erhalten werden.

Ebenso. Notwendig ist die Ursache eines Dinge dasselbe wie die Ursache seiner Erhaltung: denn die Erhaltung eines Dinges ist nichts anderes als die Fortdauer seines Seins. Es ist aber oben (II 23 ff.) dargelegt worden, daß Gott durch seinen Verstand und seinen Willen für alle Dinge Ursache des Seins ist. Also erhält er durch seinen Verstand und seinen Willen alle Dinge im Sein.

Ebenso. Kein besonderes artgleich Tätiges kann schlechthin Ursache einer Art sein: so kann dieser (konkrete) Mensch nicht Ursache der menschlichen Art sein; er wäre ja dann Ursache jedes Menschen und folglich auch seiner selbst, was unmöglich ist. Dieser Mensch ist aber an sich Ursache dieses (anderen) konkreten Menschen. Dieser ist nun dadurch Mensch, daß die menschliche Natur in dieser konkreten Materie liegt, die das Prinzip der Individuation ist. Also ist dieser Mensch nur Ursache eines Menschen, insofern er die Ursache dafür ist, daß die menschliche Form in dieser Materie entsteht. Das aber bedeutet, das Prinzip der Zeugung dieses Menschen zu sein. Es ist also ersichtlich, daß nicht dieser Mensch noch irgendein anderes artgleich Tätiges in der Natur Ursache ist, es sei denn der Erzeugung dieses oder jenes Dings. Es muß aber eine an sich tätige Ursache der menschlichen Art selbst geben: das zeigt die Zusammensetzung des Menschen, auch die Anordnung der Teile, die sich bei allen in derselben Weise findet, wenn sie nicht zufällig behindert ist. Und es ist bei allen anderen Arten der Naturdinge grundsätzlich dasselbe. Diese Ursache (an sich) aber ist Gott, entweder mittelbar oder unmittelbar: es ist nämlich dargelegt worden (I 13. II 15), daß er die erste Ursache aller Dinge ist. Also verhält er selbst sich notwendig in der Weise zu den Arten der Dinge, wie sich in der Natur das Zeugende zur Zeugung verhält, deren Ursache an sich es ist. Die Zeugung aber hört auf, wenn die Tätigkeit des Zeugenden aufhört. Also würden auch alle Arten der Dinge aufhören, wenn die göttliche Tätigkeit aufhören würde. Also erhält Gott durch seine Tätigkeit die Dinge im Sein.

Zudem. Obwohl jedes Seiende Bewegung erfahren kann, liegt doch die Bewegung außerhalb des Dingseins. Ein Körperliches ist aber nur Ursache eines Dinges, insofern es bewegt wird: denn ein Körper ist nur durch Bewegung tätig, wie Aristoteles [*Physik*, II 2] erweist. Kein Körper also ist Ursache für das Sein eines Dinges, insofern es Sein ist, sondern er ist Ursache dafür, daß es zum Sein bewegt wird, also für das Werden des Dinges. Das Sein jedes Dinges aber ist Sein aus Teilhabe: denn kein Ding außer Gott ist sein Sein, wie oben (I 22. II 5) erwiesen worden ist. So ist notwendig Gott selbst, der sein Sein ist, zuerst und an sich Ursache jedes Seins. Also verhält sich die göttliche Tätigkeit so zum Sein der Dinge, wie sich die Bewegung eines bewegenden Körpers zum Werden und zur Bewegung erzeugter oder bewegter Dinge verhält. Es ist aber unmöglich, daß das Werden und Bewegtwerden eines Dinges anhält, wenn die Bewegung des Bewegenden aufhört. Also ist es unmöglich, daß das Sein eines Dinges anders fortdauert als durch göttliche Tätigkeit.

Weiter. Wie das Kunstwerk das Werk der Natur voraussetzt, so setzt das Werk der Natur das Werk des erschaffenden Gottes voraus: denn die Materie des Künstlichen stammt von der Natur, die des Natürlichen aber kommt durch die Schöpfung von Gott. Das Künstliche wird von der Kraft des Natürlichen im Sein erhalten: z. B. das Haus durch die Festigkeit der Steine. Alles Natürliche also wird nur durch die Kraft Gottes im Sein erhalten.

Ebenso. Der Einfluß eines Tätigen (einer Ursache) verbleibt nicht in der Wirkung, wenn die Tätigkeit des Tätigen aufhört, es sei denn, er wird zur Natur der Wirkung. Denn die Formen der erzeugten Dinge und ihre Eigenschaften bleiben nach der Erzeugung bis ans Ende in den Dingen, weil sie als natürlich in sie eingegangen sind. Ebenso sind die Habitus kaum veränderlich, weil sie zur Natur werden: Verfassungen und Leidenschaften aber, seien sie körperlich oder seelisch, bleiben nach der Tätigkeit des Tätigen eine Weile, aber nicht (für) immer, denn sie sind in den Dingen nur wie auf dem Wege zur Natur. Was aber zur Natur einer höheren Gattung gehört, bleibt in keiner Weise nach der Tätigkeit des Tätigen (noch erhalten): so bleibt das Licht nicht im Durchsichtigen, wenn das Erleuchtende verschwindet. Das Sein ist aber keines geschaffenen Dinges Natur oder Wesen, sondern allein Gottes, wie im ersten Buch (I 22) dargelegt worden ist. Kein Ding also kann im Sein bleiben, wenn die göttliche Tätigkeit aufhört.

Zudem. Hinsichtlich des Ursprungs der Dinge gibt es zwei Thesen: eine des Glaubens, daß die Dinge (jeweils) neu von Gott ins Sein gehoben seien; und die (zweite ist die) These einiger Philosophen, daß die Dinge vor ewiger Zeit aus Gott geflossen seien (II 31 ff.). Nach beiden Thesen muß man sagen, daß die Dinge von Gott im Sein erhalten werden. Denn wenn die Dinge von Gott ins Sein gehoben wurden, nachdem sie nicht existiert hatten, so folgt notwendig, daß das Sein und ebenso das Nichtsein der Dinge dem göttlichen Willen folgen: denn er ließ die Dinge nicht-sein, wenn er wollte, und ließ die Dinge sein, wenn er wollte. Sie sind also so lange, wie er will, daß sie sind. Also ist sein Wille Bewahrer der Dinge. – Wenn aber die Dinge vor ewiger Zeit aus Gott geflossen sind, sind die Zeit oder der Augenblick nicht anzugeben, wo sie zuerst aus Gott geflossen sind. Entweder sind sie also niemals von Gott hervorgebracht worden, oder ihr Sein geht immer aus Gott hervor, solange sie sind. Also erhält er durch seine Tätigkeit die Dinge im Sein.

Daher heißt es Hebr 1,3: »Der das All trägt durch sein mächtiges Wort«. Und Augustinus sagt im vierten Buch *Über den Wortlaut der Genesis:* »Die Ursache für das Bestehen jedes Geschöpfes ist des Schöpfers Macht, die Kraft des Allmächtigen und Allbeherrschenden. Wenn diese Kraft einmal aufhörte, das Geschaffene zu leiten, so hörte zugleich ihre Wesensart auf, und alle Natur fiele zusammen. Denn wenn ein Baumeister den Bau eines Hauses errichtet hat und sich entfernt, so bleibt sein Werk bestehen, obwohl er aufhört und sich entfernt, die Welt aber könnte so nicht einen Augenblick bestehen, wenn Gott ihr seine Herrschaft entzöge.«

Hierdurch aber wird die These einiger Koran-Kommentatoren ausgeschlossen, die, um (die Lehre) aufrechterhalten zu können, daß die Welt der Erhaltung durch Gott bedürfe, behaupteten, alle Formen seien Akzidentien, und kein Akzidens dauere zwei Augenblicke, so daß die Formung der Dinge immer im Werden wäre: als ob das Ding der Wirkursache nur bedürfte, solange es im Werden ist. – Daher sollen einige von ihnen auch behaupten, die unteilbaren

Körper, aus denen ihrer Ansicht nach alle Substanzen zusammengesetzt sind und die ihnen zufolge allein Festigkeit besitzen, könnten noch eine Weile fortdauern, wenn Gott den Dingen seine Lenkung entzöge. – Einige von ihnen erklären auch, ein Ding höre nur auf zu sein, wenn Gott in ihm das Akzidens des Aufhörens verursache. – Dies alles ist offensichtlich unsinnig.
[…]

71. Kapitel

Die göttliche Vorsehung schließt das Schlechte nicht völlig von den Dingen aus

Daher ist aber deutlich, daß die göttliche Vorsehung, die die Dinge lenkt, nicht verhindert, daß Verfall, Mangel und Schlechtes in den Dingen gefunden werden.

Denn die göttliche Lenkung, mit der Gott in den Dingen tätig ist, schließt die Tätigkeit der Zweitursachen nicht aus, wie bereits dargelegt worden ist (III 69 f.). Es kommt aber vor, daß ein Mangel in der Wirkung wegen des Mangels einer nachgeordneten Wirkursache auftritt, ohne daß in der Erstursache ein Mangel ist: so kommt in der Wirkung eines Handwerkers, der seine Kunst vollkommen beherrscht, ein Mangel wegen des mangelhaften Werkzeugs zustande; und so kommt es vor, daß ein Mann, dessen Bewegkraft stark ist, doch hinkt: nicht wegen eines Mangels der Bewegkraft, sondern wegen einer Verkrümmung des Schienbeins. Also kommt es bei dem, was von Gott bewirkt und gelenkt wird, wegen eines Mangels der Zweitursachen vor, daß sich ein Mangel und etwas Schlechtes findet, obwohl in Gott selbst kein Mangel ist.

Weiter. Die vollkommene Gutheit fände man in den geschaffenen Dingen nicht, wenn nicht die Ordnung der Gutheit in ihnen wäre, daß nämlich einiges besser als anderes ist: denn sonst würden nicht alle möglichen Stufen der Gutheit erfüllt; auch wäre dann kein Geschöpf Gott ähnlich, insofern es ein anderes überragte. Den Dingen würde auch die höchste Schönheit genommen, wenn ihnen die Ordnung der unterschiedenen und ungleichen (Stufen) genommen würde. Und weiterhin würde den Dingen ihre Vielfalt genommen, wenn (ihnen) die Ungleichheit an Gutheit genommen wäre: denn (nur) durch die Unterschiede, durch welche die Dinge voneinander verschieden sind, ist eines besser als ein anderes; so (ist) z. B.

Thomas von Aquin

das Beseelte vom Unbeseelten und das Vernünftige vom Unvernünftigen (verschieden). Und so gäbe es, wenn eine allseitige Gleichheit in den Dingen herrschte, nur ein einziges geschaffenes Gutes: dies beschränkt offensichtlich die Vollkommenheit des Geschöpfs. Es gibt aber eine höhere Stufe der Gutheit, damit es ein Gutes gebe, das von der Gutheit nicht abweichen kann: eine niedrigere (Stufe kommt) dadurch (zustande), daß sie von der Gutheit abweichen kann. Vollkommenheit des Ganzen erfordert also beide Stufen der Gutheit. Es gehört aber zur Vorsehung des Lenkers, daß er die Vollkommenheit in den gelenkten Dingen erhalte und sie nicht mindere. Also gehört es nicht zur göttlichen Vorsehung, die Potenz, vom Guten abzuweichen, ganz von den Dingen auszuschließen. Aus dieser Potentialität aber ergibt sich das Schlechte: denn was abweichen kann, das weicht irgendwann einmal ab. Und diese Abweichung vom Guten ist das Schlechte (Böse), wie oben (III 7) dargelegt worden ist. Also gehört es nicht zur göttlichen Vorsehung, das Schlechte ganz von den Dingen fernzuhalten.

Zudem. Bei jeder Lenkung ist es das beste, daß für die gelenkten Dinge nach ihrer (jeweils angemessenen) Weise gesorgt wird: denn darin besteht die Gerechtigkeit des Herrschens. Wie es also gegen die Vernunft menschlicher Herrschaft wäre, wenn die Menschen vom Lenker des Staates daran gehindert würden, daß jeder nach seinen Aufgaben tätig sei – es sei denn vielleicht einmal auf eine Weile um irgendeiner Notwendigkeit willen –, so wäre es auch gegen die Vernunft der göttlichen Herrschaft, wenn sie die geschaffenen Dinge nicht nach der Weise der ihnen eigenen Natur tätig sein ließe. Daraus aber, daß die Geschöpfe so tätig sind, folgen die Verderbnis und das Schlechte in den Dingen: denn wegen der Gegensätzlichkeit und des Widerstreits unter den Dingen ist ein Ding für ein anderes verderblich. Also gehört es nicht zur göttlichen Vorsehung, das Schlechte von den gelenkten Dingen völlig auszuschließen.

Ebenso. Es ist unmöglich, daß ein Tätiges etwas Schlechtes bewirkt, es sei denn deswegen, weil es etwas Gutes erstrebt, wie aus dem früher Gesagten (III 3 f.) deutlich ist. Es gehört aber nicht zur Vorsehung dessen, der die Ursache alles Guten ist, das Streben nach welchem Guten auch immer allgemein von den geschaffenen Dingen fernzuhalten: so würde der Gesamtheit der Dinge nämlich viel Gutes entzogen; wenn z. B. dem Feuer das Streben entzogen würde, etwas ihm Ähnliches zu erzeugen, was als Schlechtes das Verderben der brennbaren Dinge zur Folge hat, so würden als Gutes die Erzeugung des Feuers und seine Erhaltung in seiner Art beseitigt. Es ist also nicht Sache der göttlichen Vorsehung, das Schlechte ganz von den Dingen auszuschließen.

Zudem. In den Dingen gibt es vieles Gutes, das gar keinen Ort hätte, wenn es nicht das Schlechte gäbe: z. B. gäbe es nicht die Geduld der Gerechten, wenn es nicht die Bosheit der Verfolger gäbe; und es gäbe keinen Ort für die strafende Gerechtigkeit, wenn es keine Vergehen gäbe; auch in den Naturdingen gäbe es nicht die Erzeugung des einen, wenn es das Verderben des anderen nicht gäbe. Wenn also die göttliche Vorsehung das Schlechte völlig aus der Gesamtheit der Dinge ausschlösse, würde notwendig auch die Vielheit des Guten verringert. Dies soll nicht sein: denn das Gute ist in der Gutheit stärker als das Schlechte in der Schlechtigkeit, wie aus dem früher Gesagten (III 11 f.) ersichtlich ist. Also soll das Schlechte nicht völlig durch die göttliche Vorsehung von den Dingen ausgeschlossen werden.

Weiter. Das Gute des Ganzen geht dem Guten eines Teils vor. Zu einem vorsorgenden Lenker gehört es also, eine Abweichung der Gutheit in einem Teil zu vernachlässigen, damit eine Vermehrung der Gutheit im Ganzen zustande komme: so verbirgt der Baumeister die Fundamente unter der Erde, damit das Haus als Ganzes Festigkeit habe. Wenn aber bestimmten Teilen des Universums das Schlechte entzogen würde, so ginge vieles von der Vollkommenheit des Universums verloren, dessen Schönheit aus der geordneten Vereinigung von Schlechtem und Gutem ersteht, solange das Schlechte aus mangelhaftem Guten hervorgeht und daraus dennoch nach der lenkenden Vorsehung Gutes folgt: so macht die Einfügung von Pausen einen Gesang süß. Das Schlechte hat also nicht durch die göttliche Vorsehung von den Dingen ausgeschlossen werden sollen.

Zudem. Die anderen Dinge, besonders die niederen, sind auf das Gute des Menschen als Ziel hingeordnet. Wenn aber nichts Schlechtes in den Dingen wäre, würde vieles vom Guten des Menschen verringert, sowohl hinsichtlich seiner Erkenntnis als auch hinsichtlich seines Verlangens oder seiner Liebe zum Guten. Denn das Gute wird eher im Vergleich mit dem Schlechten erkannt; und solange wir etwas Schlechtes erdulden, wünschen wir brennender das Gute; so erkennen die Kranken am ehesten, ein wie großes Gutes die Gesundheit ist; auch entbrennen sie eher in Verlangen nach ihr als die Gesunden. Es gehört also nicht zur göttlichen Vorsehung, das Schlechte völlig von den Dingen auszuschließen.

Deswegen heißt es Jes 45,7: »Der Frieden wirkt und Unheil schafft«, und Am 3,6: »Es gibt kein Unheil in der Stadt, das Gott nicht wirkt.«

Hierdurch wird aber der Irrtum einiger ausgeschlossen, die deswegen, weil sie das Schlechte in der Welt vorkommen sahen, behaupteten, es gebe Gott nicht: so führt Boethius im ersten Buch *Vom Trost der Philosophie* einen Philosophen ein, der fragt: »Wenn es Gott gibt, woher ist dann das Schlechte?« Man müßte aber im Gegenteil argumentieren: Wenn es das Schlechte gibt, gibt es Gott. Denn es gäbe das Schlechte nicht, wenn die Ordnung des Guten, dessen Privation das Schlechte ist, beseitigt würde. Diese Ordnung aber wäre nicht, wenn Gott nicht wäre.

Durch das Gesagte wird auch eine Gelegenheit zum Irrtum für jene beseitigt, die leugneten, daß die göttliche Vorsehung sich bis auf diese vergänglichen Dinge hier erstrecke, weil sie sahen, daß in ihnen vieles Schlechte vorkomme; sie behaupteten aber, allein das Unvergängliche, in dem kein Mangel und nichts Schlechtes zu finden sei, unterliege der göttlichen Vorsehung.

Auch für die Manichäer wird hierdurch eine Gelegenheit zu irren beseitigt, da sie zwei erste tätige Prinzipien aufstellten, das Gute und das Schlechte, als könnte das Schlechte seinen Ort nicht unter der Vorsehung des guten Gottes haben.

Gelöst wird auch der Zweifel einiger: ob nämlich die bösen Handlungen von Gott stammen? Denn weil dargelegt worden ist (III 66 f.), daß jedes Tätige seine Tätigkeit hervorbringt, insofern es aus göttlicher Kraft tätig ist, und darum Gott die Ursache aller Wirkungen und Tätigkeiten ist, und weil ebenso dargelegt worden ist (zu Beginn dieses Kapitels), daß das Schlechte und der Mangel in dem, was durch die göttliche Vorsehung geleitet wird, auf Grund von Zweitursachen geschehen, in denen ein Mangel sein kann: so ist es offensichtlich, daß böse Handlungen (schlechte Tätigkeiten), insofern sie mangelhaft sind, nicht von Gott stammen, sondern von den nächststehenden mangelhaften Ursachen; insofern sie aber Handlung und Seiendheit haben, stammen sie notwendig von Gott; so stammt das Hinken von der Bewegkraft, insofern es Bewegung hat, insofern es aber einen Mangel hat, stammt es von der Verkrümmung des Schienbeins.

72. Kapitel

Die göttliche Vorsehung schließt nicht das Sein- und Nichtseinkönnen von den Dingen aus

Wie aber die göttliche Vorsehung nicht allgemein das Schlechte von den Dingen ausschließt, so schließt sie auch das Sein- und Nichtseinkönnen [die Kontingenz] nicht aus und erlegt den Dingen nicht Notwendigkeit auf.

Es ist bereits dargelegt worden (III 69 f.), daß die Tätigkeit der Vorsehung, durch die Gott in den Dingen tätig ist, nicht die Zweitursachen ausschließt, sondern durch sie erfüllt wird, insofern sie in der Kraft Gottes tätig sind. Von ihren nächststehenden Ursachen her werden nun einige Wirkungen notwendig oder aber sein- und nichseinkönnend genannt, nicht aber von ihren entfernten Ursachen her: denn daß eine Pflanze Frucht bringt, ist eine Wirkung, die sein, aber auch nicht sein kann wegen der nächststehenden Ursache, der Keimkraft, die behindert werden und fehlgehen kann, während die entfernte Ursache, nämlich die Sonne, Wirkursache aus Notwendigkeit ist. Da also unter den nächststehenden Ursachen viele sind, die fehlgehen können, werden nicht alle Wirkungen, die der Vorsehung unterstehen, notwendig sein, sondern die meisten können sein, aber auch nicht.

Zudem. Es gehört zur göttlichen Vorsehung, die Stufen des Seienden auszufüllen, die möglich sind, wie aus dem oben (III 71) Gesagten ersichtlich ist. Das Seiende aber wird in das Sein- und Nichtseinkönnende und das Notwendige eingeteilt: und diese Einteilung des Seienden ist eine Einteilung an sich [die aus dem Wesen des Gegenstands folgt]. Wenn also die göttliche Vorsehung jedes Sein- und Nichtseinkönnen ausschlösse, würden nicht alle Stufen des Seienden erhalten.

Weiter. Je näher etwas Gott ist, desto mehr hat es an der Ähnlichkeit mit ihm teil: und je weiter es von ihm entfernt ist, desto mehr weicht es von der Ähnlichkeit mit ihm ab. Dasjenige aber, was Gott am nächsten ist, ist völlig unbeweglich: die getrennten Substanzen nämlich, die im höchsten Maße an die Ähnlichkeit Gottes herankommen, der völlig unbeweglich ist. Was aber diesen am nächsten ist und unmittelbar von denen bewegt wird, die sich immer in derselben Weise verhalten, das behält eine gewisse Art der Unbeweglichkeit darin zurück, daß es sich immer in derselben Weise bewegt wie z. B. die Himmelskörper. Es ergibt sich also, daß dasjenige, was auf diese folgt und von diesen bewegt ist, weiter von der Unbeweglichkeit Gottes entfernt ist, so daß es sich nämlich nicht immer in derselben Weise bewegt. Und darin wird die Schönheit der Ordnung offenbar. Alles Notwendige als solches aber verhält sich immer in derselben Weise. Es würde also der göttlichen Vorsehung, deren Sache es ist, die Ordnung in den Dingen aufzustellen und zu erhalten, widerstreiten, wenn alles aus Notwendigkeit geschähe.

Außerdem. Was mit Notwendigkeit ist, das ist immer. Kein vergängliches Ding aber ist immer. Wenn die göttliche Vorsehung also erfordert, daß alles notwendig sei, so folgt [würde folgen], daß nichts in den Dingen vergänglich ist: und folglich nichts erzeugbar. Den Dingen würde also der ganze Bereich des Erzeugbaren und Vergänglichen entzogen. Dies beschränkt die Vollkommenheit des Universums [und ist daher offensichtlich falsch].

Zudem. In jeder Bewegung ist ein Werden und Vergehen: denn in dem, was bewegt wird, beginnt etwas zu sein und hört etwas auf zu sein. Wenn also jedes Werden und Vergehen entzogen würde, da das Sein- und Nichtseinkönnen der Dinge entzogen wäre, wie bereits dargelegt, so wäre die Folge, daß auch die Bewegung und alles Bewegliche den Dingen entzogen würde.

Ebenso. Die Schwächung der Kraft einer Substanz und ihre Behinderung durch irgendein entgegengesetztes Tätiges kommen aus einer Veränderung dieser Substanz. Wenn also die göttliche Vorsehung nicht die Bewegung von den Dingen fernhält, wird auch nicht die Schwächung ihrer Kraft oder die Behinderung durch den Widerstand einer anderen Substanz ferngehalten. Aus der Schwäche der Kraft und aus ihrer Behinderung aber kommt es dazu, daß ein Naturding nicht immer in derselben Weise tätig ist, sondern dann und wann von dem abweicht, was ihm gemäß seiner Natur zukommt, so daß die natürlichen Wirkungen nicht aus Notwendigkeit hervorgehen. Es gehört also nicht zur göttlichen Vorsehung, daß sie den Dingen, für die sie sorgt, Notwendigkeit auferlegt.

Weiter. Bei dem, was von der Vorsehung gebührend gelenkt wird, darf es nichts Vergebliches geben. Da es also offensichtlich ist, daß es Ursachen gibt, die sein, aber auch nicht sein können, weil sie behindert werden können, so daß sie ihre Wirkungen nicht hervorbringen, so ist ersichtlich, daß es gegen den Wesensgrund der Vorsehung wäre, wenn alles aus Notwendigkeit geschähe. Also erlegt die göttliche Vorsehung den Dingen nicht Notwendigkeit auf, indem sie allgemein das Sein- und Nichtseinkönnen von den Dingen ausschlösse.

73. Kapitel

Die göttliche Vorsehung schließt nicht die Willensfreiheit aus

Daraus ist aber ersichtlich, daß die Vorsehung der Freiheit des Willens nicht widerstreitet.

Denn die Lenkung eines jeden, der Vorsorge trägt, ist darauf hingeordnet, die Vollkommenheit der gelenkten Dinge entweder zu erlangen oder zu vermehren oder zu erhalten. Soweit sich also Vollkommenheit vorfindet, ist sie mehr durch die Vorsehung zu erhalten als Unvollkommenheit und Mangel, die sich vorfinden. Bei den unbeseelten Dingen aber kommt das Sein- und Nichtseinkönnen der Ursachen aus Unvollkommenheit und Mangel: ihrer Natur nach sind sie nämlich auf eine einzige Wirkung beschränkt, die immer erfolgt, wenn nicht eine Behinderung entweder aus einer Schwäche der Kraft oder aus einer äußeren Ursache oder aus einer Ungeeignetheit der Materie vorliegt; und deswegen sind die natürlichen Ursachen nicht auf beide Möglichkeiten gerichtet, sondern bringen ihre Wirkung meist in derselben Weise hervor und gehen selten fehl. Daß aber der Wille eine Ursache ist, die sein und nicht sein kann, geht (gerade) aus seiner Vollkommenheit hervor: denn er hat nicht eine auf ein Einziges begrenzte Kraft, sondern es steht in seiner Macht, diese oder jene Wirkung hervorzubringen; deswegen kann er [als Ursache] sein oder nicht sein, wenn er sich zwischen zwei Möglichkeiten zu entscheiden hat. Es gehört also eher zur göttlichen Vorsehung, die Freiheit des Willens zu erhalten als das Sein- und Nichtseinkönnen in den natürlichen Ursachen.

Weiter. Es gehört zur göttlichen Vorsehung, daß sie die Dinge ihrer (jeweiligen) Weise gemäß verwendet. Die Tätigkeitsweise eines jeden Dinges folgt aber seiner Form, die das Prinzip der Tätigkeit ist. Die Form nun, durch die das willentlich Tätige tätig ist, ist nicht bestimmt: der Wille ist nämlich durch die Form tätig, die der Verstand erfaßt, denn das erfaßte Gute bewegt den Willen als dessen Gegenstand; der Verstand hat aber nicht (nur) eine einzige bestimmte Form der Wirkung, sondern ist von seinem Wesensgrund her dazu da, eine Vielheit an Formen zu begreifen. Und deswegen kann der Wille vielfältige Wirkungen hervorbringen. Es gehört also nicht zum Wesensgrund der Vorsehung, die Freiheit des Willens auszuschließen.

Ebenso. Durch die Lenkung jedes Sorgetragenden werden die gelenkten Dinge zu einem angemessenen Ziel geführt: daher sagt Gregor von Nyssa [eigentlich Nemesius, *Von der Natur des Menschen*, Kap. 43] über die göttliche Vorsehung, sie sei »der Wille Gottes, durch den alles, was ist, eine angemessene Führung empfängt«. Das letzte Ziel jedes Geschöpfs ist aber, göttliche Ähnlichkeit zu erreichen, wie oben (III 19) dargelegt worden ist. Es würde also der Vorsehung widerstreiten, wenn einem Ding dasjenige entzogen würde, durch das es die göttliche Ähnlichkeit erreicht. Das willentlich Tätige aber erreicht die göttliche Ähnlichkeit darin, daß es frei tätig ist (handelt): es ist nämlich im ersten Buch (I 88) dargelegt worden, daß es in Gott freies Entscheidungsvermögen gibt. Also wird durch die Vorsehung nicht die Freiheit des Willens entzogen.

Zudem. Die Vorsehung ist die Vermehrerin des Guten in den gelenkten Dingen. Dasjenige also, durch das vieles Gute den Dingen entzogen würde, gehört nicht zur Vorsehung. Wenn aber die Freiheit des Willens beseitigt würde, so würde vieles Gute entzogen. Denn es würde das Lob der menschlichen Tugendkraft beseitigt, die keine ist, wenn der Mensch nicht frei handelt. Auch würde die Gerechtigkeit des Belohnenden und Strafenden beseitigt, wenn der Mensch das Gute oder Böse nicht frei täte. Es würde auch die umsichtige Erwägung in den Beratungen aufhören, welche von denen, die aus Notwendigkeit tätig sind, vergeblich abgehalten werden. Also wäre es gegen den Wesensgrund der Vorsehung, wenn die Freiheit des Willens entzogen würde.

Daher heißt es Sir 15, 14: »Gott hat im Anfang den Menschen geschaffen und ihn der Hand des eigenen Rates überlassen.« Und Vers 17 steht wiederum: »Vor dem Menschen liegen Leben und Tod, Gut und Böse: was ihm gefällt, wird ihm gegeben.«

Hierdurch wird aber die Lehrmeinung der Stoiker ausgeschlossen, die gemäß einer »gewissen unüberschreitbaren Ordnung der Ursachen«, die die Griechen ›Heimarmene‹ nannten, behaupteten, alles geschehe »aus Notwendigkeit«.

[...]

Viertes Buch

[...]

11. Kapitel

Der Sinn von ›Zeugung‹ im Bereich des Göttlichen und die Aussagen der Schriften über den Sohn

Die Verfolgung dieser Absicht macht es erforderlich, mit der Feststellung zu beginnen, daß unter den Dingen entsprechend der Verschiedenheit ihrer Natur verschiedene Arten von Hervorgang vorkommen. Je höheren Ranges eine bestimmte Natur ist, desto mehr ist ihr das innerlich, was aus ihr hervorgeht.

Nun nehmen die unbeseelten Körper den untersten Rang unter allen Dingen ein. Bei ihnen kann es nur Hervorgänge durch Einwirken des einen auf einen anderen geben. So etwa wird Feuer aus Feuer erzeugt, wenn durch Feuer ein von ihm verschiedener Körper verändert wird, womit dieser in die Qualität und Art des Feuers überführt wird.

Unter den beseelten Körpern nehmen die Pflanzen den nächsthöheren Rang ein. Bei ihnen erfolgt der Hervorgang bereits aus dem Inneren, insofern sich der innere Saft der Pflanze zum Samen wandelt und jener Same, ist er einmal dem Erdboden übergeben, zu einer Pflanze heranwächst. So findet sich hier auch die erste Stufe von Leben, denn Lebendiges bewegt sich selbst zur Tätigkeit. Was aber nur Äußeres zu bewegen vermag, das entbehrt jeglichen Lebens. Bei den Pflanzen ist es jedoch ein Zeichen von Leben, daß das, was in ihnen ist, eine Form ausprägt.

Dennoch ist das Leben der Pflanzen noch unvollkommen, weil der Hervorgang bei ihnen zwar von innen her geschieht, jedoch dasjenige, was allmählich aus dem Innern hervorgeht, sich schließlich vollständig außerhalb befindet. So wird der aus dem Baum hervortretende Saft zunächst eine Blüte und daraufhin eine von der Baumrinde geschiedene, aber dennoch mit ihr verbundene Frucht. Die reife Frucht wiederum trennt sich völlig vom Baum, fällt auf den Erdboden und produziert eine neue Pflanze aufgrund ihrer Samenkraft.

Wenn man es auch recht bedenkt, so kommt das erste Prinzip dieses Hervorganges von außerhalb. Der innere Saft des Baumes nämlich wird durch die Wurzeln aus dem Erdboden aufgenommen, woraus die Pflanze ihre Nahrung schöpft.

Über das Leben der Pflanzen hinaus findet man einen höheren Grad von Leben, den der Seele mit Sinnesvermögen. Ihre spezifische Hervorgehensweise findet im Inneren ihren Abschluß, auch wenn sie von außen beginnt. Je mehr der Hervorgang vorangeschritten ist, desto mehr gelangt er zu Innerem: ein sinnlich wahrnehmbarer, äußerer Gegenstand prägt seine Form den äußeren Sinnen auf, von denen aus sie in die Vorstellung und schließlich in den Gedächtnisspeicher gelangt. Dennoch beziehen sich Beginn und Ende bei jeglichem Emanationsprozeß dieser Art auf Verschiedenes; kein Sinnesvermögen nämlich wendet sich auf sich selbst. Also ist dieser Grad von Leben insofern höher als das Leben der Pflanzen, als sich dessen Tätigkeit mehr im Inneren einbehält. Dennoch handelt es sich nicht schlechthin um vollkommenes Leben, denn der Hervorgang geschieht stets von Einem zu einem Anderen.

Also ist der höchste und vollkommene Lebensgrad jener, welcher dem Verstand entspricht. Der Verstand nämlich wendet sich auf sich selbst und vermag sich selbst zu verstehen. Aber auch im Verstandesleben gibt es verschiedene Grade.

So nimmt der menschliche Intellekt, auch wenn er sich selbst zu erkennen vermag, dennoch den ersten Anfang seiner Erkenntnis von außen, da es kein Verstehen ohne sinnlich vermittelte Vorstellung gibt, wie aus dem oben Gesagten hervorgeht (II 60).

Ein vollkommeneres Verstandesleben gibt es mithin bei den Engeln, bei denen der Verstand nicht im Ausgang von etwas Äußerem zur Erkenntnis seiner selbst vordringt, sondern sich durch sich selbst erkennt (vgl. II 96 ff.). Trotzdem gelangt ihr Leben noch nicht zur letzten Vollkommenheit. Obgleich ihnen das im Erkennen hervorgebrachte Begreifen vollständig innerlich ist, macht es selbst dennoch nicht ihre Substanz aus, weil in ihnen Erkennen und Sein nicht dasselbe sind, wie aus dem oben Gesagten hervorgeht.

Also kommt die höchste Lebensvollkommenheit Gott zu, in dem Erkennen und Sein nicht verschieden sind, wie oben (I 45) gezeigt wurde. Demnach muß der im Erkennen hervorgebrachte Begriff in Gott die göttliche Wesenheit selbst sein. […]

Thomas von Aquin, Summe gegen die Heiden, Bd. III.1, hg. u. übers. v. K. Allgaier, Darmstadt (Wissenschaftliche Buchgesellschaft) 1990, 3–17, 59–77, 97–105, 189, 193, 263–275 u. 303–317; Bd. IV, hg. u. übers. v. M. H. Wörner, Darmstadt (Wissenschaftliche Buchgesellschaft) 1996; 83–85.

Text 4
Baruch de Spinoza

Die Metaphysik *Spinozas* (geboren 1632 in Amsterdam, gestorben 1677 in Den Haag) ist an Größe und Geschlossenheit nur mit der Metaphysik Thomas von Aquins vergleichbar, ist dieser letzteren aber inhaltlich, in Welt- und Menschenbild, vollkommen entgegengesetzt: Spinozas Metaphysik ist – in scholastischem Vokabular – die erste umfassend-systematische Formulierung des Naturalismus in der Neuzeit, der bei Spinoza freilich durch einen mystisch gefärbten Pantheismus überhöht wird.

Spinoza, Abkömmling jüdisch-portugiesischer Immigranten, wurde 1656 wegen seiner nicht rechtgläubigen philosophischen Ansichten aus der jüdischen Gemeinde von Amsterdam ausgestoßen. Trotz der Zurückgezogenheit seines weiteren Lebens (1663–1669 in Voorburg, danach in Den Haag) wurde er weithin bekannt und trat in Kontakt mit den frühaufklärerischen Intellektuellen seiner Zeit. 1673 erhielt er einen Ruf an die Universität Heidelberg, den er ablehnte. Kurz vor seinem Tod hat ihn Leibniz besucht.

Werke: Ab 1663 arbeitete Spinoza an seinem fünfteiligen Hauptwerk *Ethica, ordine geometrico demonstrata (Ethik, in geometrischer Ordnung bewiesen),* das aber erst postum (1677) veröffentlicht wurde. Daneben ist vor allem zu nennen der *Theologisch-politische Traktat* (1670).

Die Ethik (1677)

1. Teil. Von Gott

[...]

Lehrsatz 15. Alles, was ist, ist in Gott, und nichts kann ohne Gott sein oder begriffen werden.

B e w e i s : Außer Gott gibt es (nach Lehrsatz 14) keine Substanz und kann keine begriffen werden, das heißt (nach Definition 3), kein Ding, das in sich ist und durch sich begriffen wird. Modi aber können (nach Definition 5) ohne eine Substanz weder sein noch begriffen werden; sie können mithin nur in der göttlichen Natur sein und nur durch sie begriffen werden. Nun gibt es (nach

Grundsatz I) nichts als Substanzen und Modi. Folglich kann nichts ohne Gott sein oder begriffen werden. W.z.b.w.

A n m e r k u n g : Manche bilden sich ein, Gott bestehe wie der Mensch aus Körper und Seele, und sei den Leidenschaften unterworfen; aus dem bisher Bewiesenen geht indessen zur Genüge hervor, wie weit sie von der wahren Erkenntnis Gottes entfernt sind. Doch gehe ich auf sie nicht weiter ein: denn alle, die über die göttliche Natur ein wenig nachgesonnen haben, verneinen die Körperlichkeit Gottes. Sie beweisen das auch sehr gut damit, daß man unter Körper stets eine Größe versteht, die lang, breit und tief und durch eine bestimmte Gestalt begrenzt ist, was von Gott, als dem unbedingt unendlichen Wesen auszusagen, so ungereimt wäre, wie nur möglich. Inzwischen lassen jedoch andere ihrer Gründe, womit sie das selbe zu beweisen suchen, deutlich erkennen, daß sie die körperliche oder ausgedehnte Substanz selbst von der göttlichen Natur überhaupt fernhalten, und namentlich behaupten sie, daß die körperliche Substanz erst von Gott geschaffen worden sei. Dabei wissen sie aber ganz und gar nicht, durch welche göttliche Macht sie geschaffen sein könnte; was klar zeigt, daß sie das, was sie selbst sagen, nicht verstehen. Ich für meinen Teil habe, nach meinem Urteil wenigstens, hinreichend klar bewiesen, daß keine Substanz von einer anderen hervorgebracht oder geschaffen werden kann (siehe den Folgesatz zu Lehrsatz 6 und die Anmerkung 2 zu Lehrsatz 8). Ferner haben wir im Lehrsatz 14 gezeigt, daß außer Gott keine Substanz sein und keine begriffen werden kann; und hieraus haben wir dann geschlossen, daß die [sog.] ausgedehnte Substanz eins der unendlich vielen Attribute Gottes sei. Allein um die Sache besser zu erläutern, will ich noch die Gründe der Gegner widerlegen, die sämtlich auf die folgenden Punkte zurückgehen.

E r s t e n s meinen sie, daß die körperliche Substanz, sofern sie Substanz ist, aus Teilen bestehe; und deswegen verneinen sie die Möglichkeit, daß sie unendlich sei, und folglich die Möglichkeit ihrer Zugehörigkeit zu Gott. Sie erläutern dies durch eine Menge von Beispielen, von denen ich das eine und das andere beibringen will. Angenommen, sagen sie, die körperliche Substanz sei unendlich, so möge man sich denken, daß sie in zwei Teile geteilt werde; ein jeder Teil wird dann entweder endlich sein oder unendlich. Demnach wird in dem einen Fall ein Unendliches aus zwei endlichen Teilen zusammengesetzt sein, was ungereimt ist. In dem anderen ergäbe sich ein Unendliches, das doppelt so groß wäre wie ein anderes Unendliche, was ebenfalls ungereimt ist. Ferner, wenn man eine unendliche Größe nach Teilen von der Länge eines Fußes mißt, so wird sie aus unendlich vielen solchen Teilen bestehen müssen, und das selbe gilt, wenn man sie nach Teilen von der Länge eines Zolles mißt; und damit wäre eine unendliche Zahl zwölfmal größer als eine andere unendliche Zahl. Endlich, wenn man annimmt, daß von einem Punkt aus in irgend einer unendlichen Größe zwei Linien, wie AB und AC, mit fest bestimmten Anfangsabständen, ins Unendliche verlängert werden, so wird sicherlich der Abstand zwischen B und C ständig wachsen,

bis er zuletzt aus einem bestimmten zu einem unbestimmbaren wird. Da also aus der Annahme einer unendlichen Größe ihrer Meinung nach derartige Ungereimtheiten folgen, so schließen sie daraus, daß die körperliche Substanz notwendig endlich sei, und daß sie folglich nicht zur Wesenheit Gottes gehöre.

Einen zweiten Gegengrund leiten sie ebenfalls von Gottes höchster Vollkommenheit ab. Gott nämlich, sagen sie, kann als höchst vollkommenes Wesen nicht leiden: die körperliche Substanz aber kann leiden, da sie ja teilbar ist; daraus folgt, daß sie zur Wesenheit Gottes nicht gehört.

Dies sind die Gegengründe, wie ich sie bei den Schriftstellern finde, durch die sie zu zeigen suchen, daß die körperliche Substanz der göttlichen Natur unwürdig sei und zu ihr nicht gehören könne. Allein, wer recht acht gibt, wird bemerken, daß ich hierauf bereits geantwortet habe, da ja diese Gegengründe allein auf der Voraussetzung beruhen, daß die körperliche Substanz aus Teilen bestehe, was ich bereits (in Lehrsatz 12 und dem Folgesatz zu Lehrsatz 13) als ungereimt nachgewiesen habe. Wer die Sache recht überlegt, wird dann sehen, daß alle jene Ungereimtheiten (wenn sie alle wirklich Ungereimtheiten sind, worüber ich jetzt nicht streiten mag), aus denen sie schließen wollen, daß die ausgedehnte Substanz endlich sei, aus der Annahme einer unendlichen Größe nicht im geringsten folgen, sondern vielmehr aus der Annahme, daß die unendliche Größe meßbar und aus endlichen Teilen zusammengesetzt sei; sie können daher aus den Ungereimtheiten, die sie aus ihr folgern, nichts weiter schließen, als daß eine unendliche Größe nicht meßbar ist, und daß sie nicht aus endlichen Teilen zusammengesetzt sein kann. Was denn das selbe ist, was wir bereits oben (Lehrsatz 12 usw.) bewiesen haben. Das Geschoß, das sie gegen mich richten, trifft daher in Wahrheit sie selbst. Wenn sie also trotzdem aus ihrer ungereimten Annahme schließen wollen, daß die ausgedehnte Substanz notwendig endlich sei, so tun sie fürwahr genau das selbe wie jemand, der sich einbildet, der Kreis habe die Eigenschaften des Vierecks, und daraus schließt, der Kreis habe keinen Mittelpunkt, von dem aus alle nach der Peripherie gezogenen Linien gleich sind. Denn sie denken sich, daß die körperliche Substanz, die doch notwendig als unendlich, notwendig als einzig und notwendig als unteilbar begriffen werden muß (siehe Lehrsatz 8, 5 und 12), aus endlichen Teilen zusammengesetzt, vielfach und teilbar sei, um dann daraus ihre Endlichkeit zu schließen. Ganz ebenso bilden andere sich ein, eine Linie bestehe aus Punkten, und wissen dann gar viele Beweisgründe aufzufinden, um zu zeigen, daß eine Linie nicht ins Unendliche geteilt werden könne. Und in der Tat ist es gerade so ungereimt, zu behaupten, daß die körperliche Substanz aus Körpern oder Teilen bestehe, als wenn man sagt, ein Körper bestehe aus Flächen, eine Fläche aus Linien, und Linien endlich aus Punkten. Was denn auch alle zugestehen müssen, die wissen, daß klare Vernunft untrüglich ist, und zumal die, die verneinen, daß es einen leeren Raum gibt. Denn ließe sich die körperliche Substanz so teilen, daß ihre Teile real geschieden wären, warum sollte dann nicht ein Teil zu Nichts werden können, während die übrigen wie vorher miteinander verbunden blieben? Und warum sollten dann alle so zueinander passen, daß es keinen leeren Zwischenraum gäbe? Von Dingen, die real voneinander geschieden sind, kann gewiß das eine ohne das andere sein und in seinem Zustand verbleiben. Da es nun einen leeren Raum in der Natur nicht gibt (worüber anderswo), sondern alle Teile so aufeinander passen müssen, daß es einen leeren Raum nicht gibt, so folgt demnach auch hieraus, daß die Teile sich nicht real scheiden lassen, das heißt, daß die körperliche Substanz, sofern sie Substanz ist, unteilbar ist. Wenn nun aber jemand fragt, warum wir von Natur so geneigt sind, die Größe zu teilen, so erwidere ich ihm, daß die Größe von uns auf zweierlei Weise begriffen wird, nämlich einerseits abstrakt oder oberflächlich, wenn wir sie vorstellen, andererseits als Substanz, was allein durch den Verstand geschieht. Wenn wir daher die Größe ins Auge fassen, wie sie im Vorstellungsvermögen ist, was häufig geschieht und uns leichter fällt, so wird sie als endlich, teilbar und aus Teilen zusammengesetzt erscheinen; fassen wir sie aber ins Auge, wie sie im Verstande ist, und begreifen wir sie, sofern sie Substanz ist, was sehr schwierig ist, dann erscheint sie, wie wir schon zur Genüge bewiesen haben, als unendlich, einzig und unteilbar. Das wird für jeden, der gelernt hat, zwischen Vorstellungsvermögen und Verstand zu unterscheiden, am Tage liegen: zumal wenn man hierbei noch in Erwägung zieht, daß die Materie überall die gleiche ist, und daß sich Teile in ihr nur insofern unterscheiden lassen, als man die Materie auf verschiedene Weise affiziert denkt, woher sich dann ihre Teile nur auf modale, nicht aber auf reale Weise unterscheiden lassen. Beispielsweise denkt man das Wasser, sofern es Wasser ist, als teilbar, und seine Teile als voneinander trennbar, nicht aber, sofern es körperliche Substanz ist: insofern ist es nämlich weder trennbar noch teilbar. Ferner: Wasser als Wasser entsteht und vergeht; als Substanz dagegen entsteht es weder noch vergeht es.

Hiermit glaube ich auch den zweiten Gegengrund beantwortet zu haben: beruht er doch ebenfalls darauf, daß die Materie, als Substanz, teilbar und aus Teilen zusammengesetzt sei. Aber auch ohnedies wüßte ich nicht, warum die Materie der göttlichen Natur unwürdig sein sollte, da es doch (nach Lehrsatz 14) außer Gott keine Substanz geben kann, von der sie leiden könnte. Alles, sage ich, ist in Gott und alles, was geschieht, geschieht allein durch die Gesetze der unendlichen Natur Gottes, und folgt aus der Notwendigkeit seiner Wesenheit (wie ich gleich zeigen werde); man kann daher in keiner Weise behaupten, daß Gott von anderem leide, oder daß die ausgedehnte Substanz der göttlichen Natur unwürdig sei, gesetzt selbst sie wäre teilbar, wenn man nur ihre Ewigkeit und ihre Unendlichkeit anerkennt. Doch hiervon für jetzt genug.

Lehrsatz 16. Aus der Notwendigkeit der göttlichen Natur muß unendlich vieles auf unendlich viele Weisen folgen (das heißt alles, was Objekt des unendlichen Verstandes sein kann).
B e w e i s : Dieser Lehrsatz muß jedem einleuchten, der bedenkt, daß der Verstand aus der gegebenen Definition eines jeden Dinges mehrere Eigenschaften erschließt, die in der Tat aus ihr (das heißt aus der Wesenheit des Dinges) notwendig folgen, und um so mehr Eigenschaften, je mehr Realität die Definition des Dinges ausdrückt, das heißt je mehr Realität die Wesenheit des definierten

Dinges in sich schließt. Da nun die göttliche Natur (nach Definition 6) unbedingt unendlich viele Attribute hat, deren jedes wiederum unendliche Wesenheit in seiner Gattung ausdrückt, so muß folglich aus ihrer Notwendigkeit unendlich vieles auf unendlich viele Weisen (das heißt alles, was Objekt des unendlichen Verstandes sein kann) notwendig folgen. W.z.b.w.

Folgesatz 1: Hieraus folgt, daß Gott die bewirkende Ursache aller Dinge ist, die Objekt des unendlichen Verstandes sein können.

Folgesatz 2: Es folgt zweitens, daß Gott Ursache durch sich ist, nicht Ursache durch Zufall.

Folgesatz 3: Es folgt drittens, daß Gott die unbedingt erste Ursache ist.

Lehrsatz 17. Gott handelt allein nach den Gesetzen seiner Natur und von niemandem gezwungen.

Beweis: Daß allein aus der Notwendigkeit der göttlichen Natur oder (was das selbe ist) allein aus den Gesetzen der göttlichen Natur unendlich vieles unbedingt folge, haben wir soeben im Lehrsatz 16 gezeigt; und im Lehrsatz 15 haben wir bewiesen, daß nichts ohne Gott sein noch begriffen werden könne, sondern daß alles in Gott sei; deswegen kann nichts außerhalb Gottes sein, wovon er zum Handeln bestimmt oder gezwungen würde, und folglich handelt Gott allein nach den Gesetzen seiner Natur und von niemandem gezwungen. W.z.b.w.

Folgesatz 1: Hieraus folgt erstens, daß es keine Ursache gibt, die Gott von außen oder von innen zum Handeln antreibt, außer der Vollkommenheit seiner Natur.

Folgesatz 2: Es folgt zweitens, daß Gott allein eine freie Ursache ist. Denn nur Gott allein existiert (nach Lehrsatz 11 und Folgesatz 1 zu Lehrsatz 14) kraft der bloßen Notwendigkeit seiner Natur, und nur er handelt (nach dem vorigen Lehrsatz) kraft der bloßen Notwendigkeit seiner Natur. Und folglich ist (nach Definition 7) nur er allein eine freie Ursache. W.z.b.w.

Anmerkung: Andere meinen, Gott sei deswegen eine freie Ursache, weil er ihrer Meinung nach bewirken kann, daß das, was, wie wir sagten, aus der Notwendigkeit seiner Natur folgt, das heißt das, was in seiner Gewalt steht, nicht geschieht, oder von ihm nicht hervorgebracht wird. Indessen dies wäre gerade so, als wollten sie sagen, Gott könne bewirken, daß aus der Natur des Dreiecks nicht folge, daß seine drei Winkel gleich zwei rechten seien, oder daß aus einer gegebenen Ursache keine Wirkung folge, was ungereimt ist. Ferner werde ich unten, ohne diesen Lehrsatz heranzuziehen, zeigen, daß zur Natur Gottes weder Verstand noch Wille gehört. Ich weiß allerdings, daß viele meinen beweisen zu können, daß zur Natur Gottes der höchste Verstand und ein freier Wille gehöre; denn sie versichern nichts Vollkommneres zu kennen, um es Gott beizulegen, als das, was an uns die höchste Vollkommenheit ist. Obgleich sie nun Gott als tatsächlich mit dem höchsten wirklichen Wissen begabt denken, so glauben sie weiterhin doch nicht, daß er bewirken kann, daß alles, was wirklicher Inhalt seines Verstandes ist, existiere, denn auf diese Art meinen sie, würden sie die Macht Gottes zerstören. Hätte Gott, sagen sie, alles, was in seinem Verstande ist, geschaffen, dann hätte er nichts weiter mehr erschaffen können, was, wie sie glauben, der Allmacht Gottes widerstreitet; und deshalb nehmen sie lieber an, daß Gott gegen alles indifferent sei und nichts weiter erschaffe, als was er nach einem unbedingten Willen zu erschaffen beschlossen habe.

Ich glaube jedoch klar genug gezeigt zu haben (siehe Lehrsatz 16), daß aus der höchsten Macht Gottes oder seiner unendlichen Natur unendlich vieles auf unendlich viele Weisen, das heißt Alles, notwendig geflossen ist oder immer mit der gleichen Notwendigkeit folgt; auf die selbe Weise, wie aus der Natur des Dreiecks von Ewigkeit und in Ewigkeit folgt, daß seine drei Winkel gleich zwei rechten sind. Deswegen war Gottes Allmacht von Ewigkeit wirklich und wird in Ewigkeit in der selben Wirklichkeit bleiben. Auf diese Weise erscheint die Allmacht Gottes, wenigstens nach meiner Ansicht, als bei weitem vollkommener. Ja (wenn ich offen reden darf) eigentlich verneinen meine Gegner Gottes Allmacht. Sie sind nämlich gezwungen zuzugestehen, daß Gott unendlich vieles als erschaffbar denkt, was er doch niemals wird schaffen können. Denn sonst, wenn er nämlich alles, was er denkt, schüfe, würde er nach ihnen seine Allmacht erschöpfen und sich unvollkommen machen. Um also Gott als vollkommen hinzustellen, sehen sie sich dahin gedrängt, zugleich behaupten zu müssen, daß er nicht alles zu bewirken vermag, worauf seine Macht sich erstreckt, und ich glaube, es läßt sich keine Annahme erdenken, die ungereimter wäre oder der Allmacht Gottes mehr entgegenstünde.

Nun noch einiges über den Gott gemeinhin zuerkannten Verstand und Willen: Wenn sie, nämlich Verstand und Wille, zu Gottes ewiger Wesenheit gehören, so ist unter diesen beiden Attributen offenbar etwas ganz anderes zu verstehen, als was die Menschen gewöhnlich damit meinen. Denn der Verstand und der Wille, die Gottes Wesenheit ausmachen würden, müßten von u n s e r e m Verstand und u n s e r e m Willen himmelweit verschieden sein und könnten höchstens im Namen damit übereinstimmen, so wie das Sternbild Hund und das bellende Tier Hund miteinander übereinstimmen. Mein Beweis ist folgender: Ein der göttlichen Natur zugehöriger Verstand würde nicht, wie der unserige, seiner Natur nach später als die erkannten Dinge (wie die meisten für richtig halten) oder gleichzeitig mit ihnen sein, da ja Gott (nach Folgesatz 1 zu Lehrsatz 16) allen Dingen ursächlich vorangeht. Vielmehr ist gerade umgekehrt die Wahrheit und die formale Wesenheit der Dinge deshalb so, wie sie ist, weil sie so in Gottes Verstand objektiv existiert. Deswegen ist Gottes Verstand, sofern er als die Wesenheit Gottes ausmachend begriffen wird, in Wahrheit die Ursache der Dinge, ihrer Wesenheit ebenso wie ihrer Existenz; was wohl auch alle die bemerkt haben, die behaupteten, daß Gottes Verstand, Gottes Wille und Gottes Macht ein und das selbe sei. Ist somit Gottes Verstand die alleinige Ursache der Dinge, und zwar (wie gezeigt) ihrer Wesenheit ebenso wie ihrer Existenz, so muß er selbst von ihnen notwendig verschieden sein, hinsichtlich der Wesenheit ebenso wie hinsichtlich der Existenz. Denn das Bewirkte unterscheidet sich von seiner Ursache genau in dem, was es von der Ursache hat. Ein Mensch ist z. B. wohl die Ursache der Existenz, nicht aber der Wesenheit eines anderen Menschen, denn diese ist eine ewige Wahrheit: und deshalb können sie in der Wesenheit völlig übereinstimmen, in der Existenz dagegen müssen sie verschieden sein; und dementsprechend braucht, wenn die Existenz des einen untergeht, darum die des anderen nicht unterzugehen; wenn aber die Wesenheit des einen zerstört und falsch werden könnte, so würde auch die Wesenheit des anderen zerstört werden. Aus diesem Grunde muß ein Ding, das Ursache der Wesenheit sowohl wie der Existenz einer Wirkung ist, von dieser Wirkung hinsichtlich der Wesenheit ebenso wie hinsichtlich der Existenz verschieden sein. Nun ist aber Gottes Verstand die Ursache für die Wesenheit sowohl wie für die Existenz unseres Verstandes; folglich ist Gottes Verstand, sofern er als die göttliche Wesenheit ausmachend begriffen wird, von unserem Verstand hinsichtlich der Wesenheit ebenso wie

Die Ethik

hinsichtlich der Existenz verschieden, und kann höchstens im Namen mit ihm übereinstimmen, – wie wir es wollten. In betreff des Willens läßt sich ganz der selbe Beweis führen, wie jeder leicht sehen kann.
[...]

Lehrsatz 29. In der Natur der Dinge gibt es nichts Zufälliges, sondern alles ist kraft der Notwendigkeit der göttlichen Natur bestimmt, auf gewisse Weise zu existieren und zu wirken.

B e w e i s : Alles was ist, ist (nach Lehrsatz 15) in Gott: Gott aber kann nicht ein zufälliges [kontingentes] Ding genannt werden, denn er existiert (nach Lehrsatz 11) notwendig und nicht zufällig. Die Modi der göttlichen Natur sodann sind (nach Lehrsatz 16) aus ihr ebenfalls notwendig und nicht zufällig [kontingent] gefolgt, und zwar entweder sofern die göttliche Natur (nach Lehrsatz 21) unbedingt, oder sofern sie (nach Lehrsatz 22) als auf gewisse Weise zur Tätigkeit bestimmt betrachtet wird. Ferner ist Gott nicht nur (nach Folgesatz zu Lehrsatz 24) die Ursache dieser Modi, sofern sie einfach existieren, sondern auch (nach Lehrsatz 26), sofern sie als zu irgend einem Wirken bestimmt betrachtet werden. Wenn sie (nach dem selben Lehrsatz) von Gott nicht bestimmt worden sind, ist es unmöglich und nicht zufällig, daß sie sich selbst bestimmen; und andererseits, wenn sie von Gott bestimmt worden sind, ist es (nach Lehrsatz 27) unmöglich und nicht zufällig, daß sie sich selbst zu nicht bestimmten machen. Demnach ist alles kraft der Notwendigkeit der göttlichen Natur bestimmt, nicht nur überhaupt zu existieren, sondern auch auf gewisse Weise zu existieren und zu wirken, und es gibt nichts Zufälliges. W.z.b.w.

A n m e r k u n g : Bevor ich weiter fortfahre, will ich hier erklären, was wir unter »naturender Natur« und was wir unter »genaturter Natur« zu verstehen haben, oder ich will vielmehr nur darauf aufmerksam machen. Denn ich glaube aus dem Vorangehenden geht es schon hervor, nämlich, daß wir unter naturender Natur das zu verstehen haben, was in sich ist und durch sich begriffen wird, oder solche Attribute der Substanz, die ewige und unendliche Wesenheit ausdrücken, das heißt (nach Folgesatz 1 zu Lehrsatz 14 und Folgesatz 2 zu Lehrsatz 17), Gott, sofern er als freie Ursache betrachtet wird. Unter genaturter Natur dagegen verstehe ich alles, was aus der Notwendigkeit der Natur Gottes oder eines jeden von Gottes Attributen folgt, das heißt, die gesamten Modi der Attribute

Gottes, sofern sie als Dinge betrachtet werden, die in Gott sind, und die ohne Gott weder sein noch begriffen werden können.
[...]

Lehrsatz 33. Die Dinge konnten auf keine andere Weise und in keiner anderen Ordnung von Gott hervorgebracht werden, als sie hervorgebracht sind.

B e w e i s : Alle Dinge sind nämlich aus der gegebenen Natur Gottes (nach Lehrsatz 16) notwendig gefolgt und kraft der Notwendigkeit der Natur Gottes (nach Lehrsatz 29) bestimmt, auf gewisse Weise zu existieren und zu wirken. Wenn die Dinge daher von anderer Natur sein oder auf andere Weise zum Wirken hätten bestimmt werden können, so daß die Ordnung der Natur eine andere wäre, so könnte auch die Natur Gottes eine andere sein, als sie schon ist; und mithin müßte dann (nach Lehrsatz 11) diese andere ebenfalls existieren, und folglich könnte es zwei oder mehr Götter geben, was (nach Folgesatz 1 zu Lehrsatz 14) ungereimt ist. Demnach konnten die Dinge auf keine andere Weise und in keiner anderen Ordnung usw. W.z.b.w.

A n m e r k u n g 1 : Nachdem ich hiermit sonnenklar gezeigt habe, daß es ganz und gar nichts in den Dingen gibt, weswegen sie zufällig [kontingent] heißen dürften, will ich jetzt mit ein paar Worten auseinandersetzen, was wir unter zufällig zu verstehen haben; zuvor aber, was unter notwendig und unmöglich zu verstehen ist. Ein Ding heißt notwendig entweder im Hinblick auf seine eigene Wesenheit oder im Hinblick auf eine Ursache. Denn die Existenz eines Dinges folgt notwendig entweder aus seiner eigenen Wesenheit und Definition oder aus einer gegebenen bewirkenden Ursache. Aus eben den Ursachen sodann heißt ein Ding unmöglich, weil nämlich entweder seine Wesenheit oder Definition einen Widerspruch in sich schließt, oder weil keine äußere Ursache vorhanden ist, die dazu bestimmt wäre, es hervorzubringen. Dagegen heißt ein Ding zufällig allein im Hinblick auf einen Mangel unserer Erkenntnis und sonst aus keiner anderen Ursache. Denn ein Ding, von dem uns unbekannt ist, ob seine Wesenheit einen Widerspruch in sich schließt, oder von dem wir zwar genau wissen, daß seine Wesenheit keinen Widerspruch in sich schließt, über dessen Existenz wir aber mit Gewißheit nichts behaupten können, weil die Ordnung der Ursachen uns verborgen ist: ein solches Ding kann uns niemals weder als notwendig, noch als unmöglich erscheinen, und deshalb nennen wir es zufällig oder möglich.

Die Ethik

Anmerkung 2: Aus dem Vorangegangenen folgt klar, daß die Dinge in höchster Vollkommenheit von Gott hervorgebracht sind; sind sie doch aus der gegebenen vollkommensten Natur notwendig gefolgt. Und dies zeiht Gott keiner Unvollkommenheit; denn gerade seine Vollkommenheit zwang uns ja, dies zu behaupten. Aus dem Gegenteil hiervon würde sogar umgekehrt (wie ich eben gezeigt habe) klar folgen, daß Gott nicht höchst vollkommen sei, weil wir nämlich, wenn die Dinge auf andere Weise hervorgebracht wären, Gott eine andere Natur beilegen müßten, verschieden von der, die wir auf Grund der Betrachtung des vollkommensten Wesens ihm beizulegen gezwungen sind.

Indessen zweifle ich nicht, daß viele diese Ansicht als ungereimt abweisen und sich nicht dazu entschließen mögen, sie ernsthaft in Erwägung zu ziehen, und dies einzig aus dem Grunde, weil sie gewohnt sind, Gott eine andere Art Freiheit beizulegen, sehr verschieden von der, die wir (in Definition 7) beschrieben haben, nämlich einen unbedingten Willen. Indessen zweifle ich ebensowenig, daß sie, wenn sie über die Sache recht nachsinnen und die Reihe unserer Beweise gehörig bei sich erwägen wollten, schließlich eine solche Art Freiheit, wie sie sie Gott jetzt beilegen, nicht bloß als töricht, sondern als ein großes Hindernis für die Wissenschaft gänzlich verwerfen würden. Ich brauche hier ja nicht zu wiederholen, was ich in der Anmerkung zu Lehrsatz 17 gesagt habe. Doch will ich ihnen zuliebe noch zeigen, daß, selbst wenn man zugibt, der Wille gehöre zur Wesenheit Gottes, nichtsdestoweniger aus Gottes Vollkommenheit folgt, daß die Dinge auf keine andere Weise und in keiner anderen Ordnung von ihm geschaffen werden konnten. Dies wird sich leicht zeigen lassen, wenn wir zuvörderst das betrachten, was sie selbst zugestehen, nämlich daß es von Gottes Beschluß und Willen allein abhängt, daß jedes Ding ist, was es ist. Denn sonst wäre Gott nicht aller Dinge Ursache. Sodann daß alle Beschlüsse Gottes von Ewigkeit her von Gott selbst unwiderruflich gefaßt sind, denn sonst würde Gott der Unvollkommenheit und Unbeständigkeit geziehen. Da es aber in dem Ewigen kein Wann und kein Vor und kein Nach gibt, so folgt hieraus nämlich aus der bloßen Vollkommenheit Gottes, daß Gott niemals etwas anderes beschließen kann, noch jemals hat beschließen können, oder daß Gott nicht vor seinen Beschlüssen gewesen ist, noch ohne sie sein kann. Nun aber werden sie behaupten, daß, auch wenn man annehmen wollte, daß Gott eine andere Natur der Dinge gemacht hätte, oder daß er von

Ewigkeit her anders über die Natur und ihre Ordnung beschlossen hätte, daraus noch keine Unvollkommenheit in Gott folgen würde. Allein wer dies sagt, räumt damit zugleich ein, daß Gott seine Beschlüsse ändern könne. Denn wenn Gott über die Natur und ihre Ordnung anders beschlossen hätte, als er beschlossen hat, das heißt: wenn er hinsichtlich der Natur anders gewollt und gedacht hätte, dann hätte er einen anderen Verstand, als er jetzt hat, und einen anderen Willen, als er jetzt hat, haben müssen. Und wenn es erlaubt ist, Gott einen anderen Verstand und einen anderen Willen beizulegen, ohne daß sich dabei seine Wesenheit und seine Vollkommenheit irgendwie ändert: aus welchem Grunde sollte er da nicht jetzt seine Beschlüsse über die erschaffenen Dinge ändern und nichtsdestoweniger gleich vollkommen bleiben können? Ist es doch in bezug auf seine Wesenheit und seine Vollkommenheit ganz einerlei, wie sein Verstand und sein Wille hinsichtlich der erschaffenen Dinge und ihrer Ordnung gedacht wird. Sodann geben alle Philosophen, die ich kenne, zu, daß es in Gott keinen möglichen Verstand, sondern nur einen wirklichen gibt; da aber sein Verstand sowohl als sein Wille von seiner Wesenheit nicht verschieden sind, wie ebenfalls alle zugeben, so folgt also auch hieraus, daß, wenn Gott einen anderen wirklichen Verstand gehabt hätte und einen anderen Willen, auch seine Wesenheit notwendig eine andere wäre; wenn die Dinge anders von Gott hervorgebracht wären, als sie es jetzt sind, müßte demnach (wie ich von Anfang an geschlossen habe) Gottes Verstand und sein Wille, das heißt (zugegebenermaßen) seine Wesenheit anders sein, was ungereimt [absurd] ist.

Da somit die Dinge auf keine andere Weise und in keiner anderen Ordnung von Gott hervorgebracht werden konnten, und die Wahrheit dieses Satzes aus Gottes höchster Vollkommenheit folgt, so kann uns gewiß keine gesunde Vernunft überreden, zu glauben, daß Gott nicht alles, was in seinem Verstande ist, mit der selben Vollkommenheit habe erschaffen wollen, mit der er es erkennt. Nun aber werden sie sagen, in den Dingen sei weder Vollkommenheit noch Unvollkommenheit, sondern das, was in ihnen ist, und weswegen sie vollkommen oder unvollkommen sind und gut oder schlecht genannt werden, hänge allein von Gottes Willen ab, und folglich hätte Gott, wenn er gewollt hätte, bewirken können, daß, was jetzt Vollkommenheit ist, höchste Unvollkommenheit wäre und umgekehrt. Allein was hieße dies anders als offen bejahen, daß Gott, der das, was er will, notwendig erkennt, durch seinen

Die Ethik

Willen bewirken kann, daß er die Dinge anders erkennt, als er sie erkennt. Dies wäre (wie ich eben gezeigt habe) eine große Ungereimtheit. Demnach kann ich ihren Beweisgrund gegen sie selber kehren, und zwar folgendermaßen: Alles hängt von Gottes Gewalt ab. Sollten sich also die Dinge anders verhalten können, so müßte sich notwendig auch Gottes Wille anders verhalten. Nun kann Gottes Wille sich nicht anders verhalten (wie wir eben auf Grund von Gottes Vollkommenheit aufs einleuchtendste gezeigt haben). Folglich können auch die Dinge sich nicht anders verhalten.

Ich gestehe, daß diese Meinung, die alles einem indifferenten Willen Gottes unterwirft und von seinem Gutdünken alles abhängen läßt, weniger von der Wahrheit entfernt ist als die Meinung derer, die behaupten, Gott tue alles im Hinblick auf das Gute. Denn diese nehmen damit etwas außerhalb Gottes an, was von Gott nicht abhängt, auf das Gott beim Handeln wie auf ein Vorbild hinblickt, oder auf das er wie auf ein bestimmtes Ziel zustrebt. Dies heißt in der Tat nichts anderes als Gott dem blinden Schicksal unterwerfen, und etwas Ungereimteres kann man von Gott nicht behaupten, der, wie wir zeigten, von der Wesenheit aller Dinge ebenso wie von ihrer Existenz die erste und einzige freie Ursache ist. Ich brauche deshalb mit der Widerlegung dieser Ungereimtheit keine Zeit zu vergeuden.

[...]

Anhang (zum 1. Teil)

Hiermit habe ich die Natur Gottes und seine Eigenschaften entwickelt, nämlich daß er notwendig existiert, daß er einzig ist, daß er allein kraft der Notwendigkeit seiner Natur ist und handelt, daß er die freie Ursache aller Dinge ist und in welcher Weise er es ist, daß alles in Gott ist und von ihm derart abhängt, daß es ohne ihn weder sein noch begriffen werden kann, und schließlich, daß alles von Gott vorher bestimmt ist, und zwar nicht durch Freiheit des Willens oder durch ein unbedingtes Gutdünken, sondern durch Gottes unbedingte Natur oder unendliche Macht. Des weiteren habe ich bei jeder gegebenen Gelegenheit Sorge getragen, die Vorurteile wegzuräumen, die der Auffassung meiner Beweise hinderlich sein konnten.

Da jedoch noch eine ganze Reihe von Vorurteilen bleibt, die

ebenso, ja sogar von allen am meisten es hindern konnten und können, daß die Menschen die Verkettung der Dinge in der Weise, wie ich sie entwickelt habe, zu erfassen vermögen, so habe ich es der Mühe wert gehalten, sie hier einer Prüfung durch die Vernunft zu unterziehen. Und da alle Vorurteile, die ich hier zu besprechen gedenke, von dem einen abhängen, daß nämlich die Menschen gemeiniglich annehmen, alle Dinge in der Natur handelten, wie sie selber, um eines Zweckes willen, und sogar als gewiß behaupten, daß Gott selbst alles auf einen bestimmten Zweck hinleite – sagen sie doch, Gott habe alles um des Menschen willen gemacht, den Menschen aber, damit dieser ihn verehre –, so werde ich zuvörderst dies eine Vorurteil betrachten; und zwar will ich fürs erste die Ursache aufsuchen, weshalb die meisten sich in diesem Vorurteil befriedigt fühlen, und alle von Natur so sehr geneigt sind, es sich zu eigen zu machen. Sodann werde ich zeigen, daß es falsch ist, und schließlich, wie aus ihm die Vorurteile über Gut und Schlecht, Verdienst und Verbrechen, Lob und Tadel, Ordnung und Verwirrung, Schönheit und Häßlichkeit und über anderes dieser Gattung entsprungen sind.

Dies aus der Natur der menschlichen Seele abzuleiten, ist freilich hier nicht der Ort. Hier wird genügen, wenn ich zugrunde lege, was jedermann anerkennen muß, nämlich, daß alle Menschen ohne Kenntnis von den Ursachen der Dinge zur Welt kommen, und daß alle den Trieb haben, ihren Nutzen zu suchen, und sich dieses Triebes bewußt sind. Hieraus folgt nämlich erstens, daß die Menschen frei zu sein meinen, da sie sich ihrer Wollungen und ihres Triebes bewußt sind und an die Ursachen, von denen sie veranlaßt werden, etwas zu erstreben und zu wollen, weil sie ihrer unkundig sind, nicht im Traume denken. Es folgt zweitens, daß die Menschen alles um eines Zweckes willen tun, nämlich um des Nutzens willen, den sie erstreben; daher kommt es, daß sie von dem Vergangenen immer nur die Zweckursachen zu wissen wünschen und, sobald sie sie vernommen haben, befriedigt sind; weil sie nämlich keine Ursache haben, sich weitere Fragen vorzulegen. Wenn sie aber diese Zweckursachen von niemand vernehmen können, bleibt ihnen nichts übrig, als sich an sich selbst zu wenden und an die Zwecke zu denken, von denen sie selbst zu ähnlichem bestimmt zu werden pflegen, und so beurteilen sie die Sinnesweise eines anderen notwendig nach ihrer eigenen Sinnesweise. Da sie ferner in sich und außer sich eine große Menge Mittel vorfinden, die zur Erreichung ihres Nut-

Die Ethik

zens erheblich beitragen, wie z. B. die Augen zum Sehen, die Zähne zum Kauen, die Kräuter und Tiere zur Nahrung, die Sonne zum Leuchten, das Meer Fische zu ernähren usw., so ist es gekommen, daß sie alles in der Natur als Mittel für ihren Nutzen ansehen. Und weil sie wissen, daß diese Mittel von ihnen selbst nur vorgefunden und nicht hergerichtet sind, nahmen sie hieraus Veranlassung, zu glauben, es sei irgend jemand anders, der diese Mittel zu ihrem Nutzen hergerichtet habe. Denn nachdem sie einmal die Dinge als Mittel betrachteten, konnten sie nicht glauben, daß diese sich selbst gemacht hätten, sondern aus den Mitteln, die sie selber für sich herzurichten pflegen, mußten sie schließen, daß es einen oder mehrere mit menschlicher Freiheit begabte Lenker der Natur gebe, die alles für sie besorgt und alles zu ihrem Nutzen gemacht hätten. Und ebenso mußten sie die Sinnesweise dieser Lenker, da sie ja niemals etwas darüber vernommen hatten, nach ihrer eigenen Sinnesweise beurteilen; und infolge hiervon behaupteten sie, daß die Götter alles zum Nutzen der Menschen lenken, um sich die Menschen zu verpflichten und bei ihnen der höchsten Ehre zu genießen. Daher ist es gekommen, daß jeder sich eine besondere Art der Gottesverehrung nach seinem Sinne ausgedacht hat, damit Gott ihn vor allen anderen liebe und die ganze Natur zum Nutzen für seine blinde Begierde und unersättliche Habsucht lenke. Und so hat sich dies Vorurteil in Aberglauben verwandelt und in den Seelen tiefe Wurzeln geschlagen; dies war die Ursache, daß jeder das größte Streben darein setzte, von allen Dingen die Zweckursachen zu erkennen und diese zu erklären. Aber indem sie zu zeigen suchten, daß die Natur nichts vergebens tue (das heißt nichts, was nicht zum Nutzen der Menschen diente), haben sie, wie mir scheint, damit bloß gezeigt, daß die Natur und die Götter ebenso wahnsinnig sind wie die Menschen. Man sehe nur, wohin die Sache schließlich führte! Unter so vielem Nützlichen in der Natur mußten sie eine Menge Schädliches finden, wie Stürme, Erdbeben, Krankheiten usw., und nun behaupteten sie, dies käme daher, weil die Götter über Beleidigungen zürnten, die ihnen von den Menschen zugefügt seien, oder über Verbrechen, die sie bei ihrer Verehrung begangen hätten. Und obgleich die Erfahrung tagtäglich laut widersprach und durch unzählige Beispiele zeigte, daß Nützliches und Schädliches ohne Unterschied Frommen sowie Gottlosen begegne, ließen sie deswegen von dem eingewurzelten Vorurteil doch nicht ab. Denn es war leichter für sie, solche Vorkommnisse unter anderes Unerkannte, dessen Nutzen sie nicht wußten, zu rechnen, und so ihren gegenwärtigen und angeborenen Zustand der Unwissenheit zu behalten, als jenes ganze Gebäude niederzureißen und ein neues zu erdenken. Daher erklärten sie es als gewiß, daß die Urteile der Götter die menschliche Fassungskraft weit übersteigen. Dieser Grund allein hätte sicherlich dazu geführt, daß die Wahrheit dem menschlichen Geschlecht in Ewigkeit verborgen geblieben wäre, wenn nicht die Mathematik, in der es sich nicht um Zwecke, sondern nur um die Wesenheit und die Eigenschaften von Figuren handelt, den Menschen eine andere Wahrheitsnorm gezeigt hätte; und neben der Mathematik könnten noch andere Ursachen bezeichnet werden (sie hier aufzuzählen ist überflüssig), die es ermöglichten, daß die Menschen sich über diese gemeinen Vorurteile klar wurden und zur wahren Erkenntnis der Dinge gelangten.

Hiermit habe ich mich über das, was ich an erster Stelle besprechen wollte, genugsam verbreitet. Um nun aber zu zeigen, daß die Natur sich keinen Zweck vorgesetzt hat, und daß alle Zweckursachen nichts weiter sind, als menschliche Einbildungen, bedarf es nur weniger Worte. Denn ich glaube, es ergibt sich dies bereits hinlänglich sowohl aus der Betrachtung der Grundlagen und Ursachen, von denen dieses Vorurteil, wie ich gezeigt habe, seinen Ursprung genommen hat, als auch aus Lehrsatz 16 und den Folgesätzen zu Lehrsatz 32 und außerdem aus all den Sätzen, in denen ich gezeigt habe, daß alles in der Natur mit einer ewigen Notwendigkeit und mit höchster Vollkommenheit vor sich geht. Doch will ich noch folgendes hinzufügen, nämlich, daß diese Lehre vom Zweck die Natur gänzlich auf den Kopf stellt. Denn was in Wahrheit Ursache ist, sieht sie als Wirkung an, und umgekehrt. Sodann macht sie das der Natur nach Frühere zum Späteren. Und endlich verwandelt sie das Höchste und Vollkommenste in das Unvollkommenste. Denn (ich lasse die ersten beiden Punkte beiseite, weil sie von selbst klar sind), wie sich aus den Lehrsätzen 21, 22 und 23 ergibt, ist die Wirkung am vollkommensten, die von Gott unmittelbar hervorgebracht wird, und je mehr Mittelursachen etwas zu seiner Hervorbringung bedarf, desto unvollkommener ist es. Wenn aber die Dinge, die von Gott unmittelbar hervorgebracht sind, aus dem Grunde gemacht wären, damit Gott seinen Zweck erreiche, dann wären notwendig die letzten, derentwegen die früheren gemacht sind, von allen die wertvollsten. Sodann hebt diese Lehre Gottes Vollkommenheit auf: Denn wenn Gott um eines Zwecks willen

Die Ethik

handelt, so erstrebt er notwendig etwas, woran es ihm fehlt. Und obwohl die Theologen und Metaphysiker zwischen dem Zweck des Bedürfnisses und dem Zweck der Anähnlichung unterscheiden, gestehen sie trotzdem, daß Gott alles nur seinetwillen und nicht der zu erschaffenden Dinge wegen getan habe; können sie doch vor der Schöpfung nichts außer Gott angeben, um dessentwillen Gott hätte handeln sollen; und folglich sind sie notwendig gezwungen einzugestehen, daß es Gott an dem, wofür er die Mittel herrichten wollte, gefehlt hat, und daß er es begehrt hat, wie ja von selbst klar ist. Ich darf hier auch nicht daran vorübergehen, daß die Anhänger dieser Lehre, die durch Angaben über die Zwecke der Dinge ihren Geist glänzen lassen wollten, um diese ihre Lehre zu begründen ein ganz neues Beweisverfahren aufgebracht haben, nämlich die Zurückführung nicht aufs Unmögliche, sondern auf die Unwissenheit; was denn zeigt, daß sie über kein anderes Beweismittel für diese Lehre verfügten. Wenn z. B. ein Stein von einem Dach jemand auf den Kopf gefallen ist und ihn getötet hat, so beweisen sie auf folgende Art, daß der Stein gefallen sei, um den Menschen zu töten: Wenn er nicht nach dem Willen Gottes zu diesem Zweck gefallen ist, wie kam es, daß zufällig gerade so viel Umstände (oft nämlich treffen viele zusammen) zusammentrafen? Man wird etwa antworten, es sei daher gekommen, weil der Wind wehte, und weil den Menschen sein Weg dort vorbeigeführt hat. Sie aber werden nicht locker lassen: Warum wehte der Wind gerade zu jener Zeit? Warum führte den Menschen sein Weg zu ganz der selben Zeit dort vorbei? Wenn man wiederum antwortet, der Wind habe sich damals erhoben, weil das Meer am vorangegangenen Tage, als das Wetter noch ruhig war, in Bewegung geriet, und daß der Mensch von einem Freunde eingeladen war, so werden sie, da des Fragens kein Ende ist, einem wiederum zusetzen: Warum bewegte sich dann aber das Meer, warum war der Mensch zu jener Zeit eingeladen? Und so werden sie nicht ablassen, weiter nach den Ursachen der Ursachen zu fragen, bis man seine Zuflucht zum Willen Gottes genommen hat, das heißt, zur Freistatt der Unwissenheit. Ebenso staunen sie, wenn sie den Bau des menschlichen Körpers betrachten, und weil ihnen die Ursachen von soviel Kunst unbekannt sind, so schließen sie, daß er nicht durch mechanische, sondern durch eine göttliche oder übernatürliche Kunst gebildet und so eingerichtet sei, daß kein Teil den anderen verletzt. Und daher kommt es, daß wer nach den wahren Ursachen der Wunder sucht und die Dinge in der Natur als ein Gelehrter zu verstehen und nicht als ein Tor sich über sie zu wundern bemüht ist, allenthalben als ein Ketzer und Gottloser gilt und als solcher von denen verschrien wird, in denen das Volk die Dolmetscher der Natur und der Götter verehrt. Denn sie wissen, daß mit dem Aufhören der Unwissenheit auch das Staunen aufhört, das heißt, das einzige Mittel, das sie haben, um ihre Beweise zu führen und ihr Ansehen zu erhalten. – Doch ich verlasse jetzt diesen Punkt und gehe zu dem über, was ich hier an dritter Stelle zu behandeln beabsichtige.

Sobald die Menschen sich einmal eingeredet hatten, daß alles, was geschieht, um ihretwillen geschehe, mußten sie als die Hauptsache bei jedem Ding das beurteilen, was ihnen daran am meisten nützte, und alles das als das wertvollste schätzen, wovon sie am angenehmsten affiziert wurden. Daher mußten sie, um die Natur der Dinge zu erklären, Begriffe bilden, wie Gut, Schlecht, Ordnung, Verwirrung, Warm, Kalt, Schönheit und Häßlichkeit. Und weil sie sich für frei hielten, entstanden daraus Begriffe wie Lob und Tadel, Verbrechen und Verdienst. Diese letzteren will ich jedoch erst weiter unten nach der Untersuchung der menschlichen Natur besprechen. Jene dagegen werde ich hier kurz erklären. Alles, was zur Gesundheit und zur Gottesverehrung beiträgt, haben die Menschen gut, und das Gegenteil davon schlecht genannt. Und weil, wer die Natur der Dinge nicht verstandesmäßig erkennt, sondern die Dinge nur vorstellt, das Vorstellungsvermögen für den Verstand nimmt und sich bei der Vorstellung beruhigt, so glauben sie fest daran, daß eine Ordnung in den Dingen selbst befindlich sei, während sie doch die Dinge und ihre Natur gar nicht kennen. Denn wenn die Dinge so verteilt sind, daß wir, sobald sie uns durch unsere Sinne vergegenwärtigt werden, sie ohne Mühe vorstellen, und folglich uns ihrer ohne Mühe erinnern können, dann nennen wir sie gut geordnet; im umgekehrten Falle dagegen nennen wir sie schlecht geordnet oder verworren. Und da uns besonders angenehm ist, was wir ohne Mühe vorstellen können, so ziehen die Menschen die Ordnung der Verwirrung vor, als ob die Ordnung etwas in der Natur, abgesehen von der Beziehung auf unser Vorstellungsvermögen, wäre; und sie sagen, Gott habe alles geordnet geschaffen und legen auf diese Art, ohne es zu wissen, Gott ein Vorstellungsvermögen bei, es müßte denn sein, daß sie annehmen, Gott habe aus Vorsorge für das Vorstellungsvermögen der Menschen alle Dinge so verteilt, daß sie sie ohne die geringste Mühe vorstellen können;

Die Ethik

und sie werden sich wohl auch nicht weiter darüber aufhalten, daß sich unendlich viel findet, was unser Vorstellungsvermögen weit übersteigt, und sehr viel, was unser Vorstellungsvermögen, weil es zu schwach ist, verwirrt. Doch genug hiervon. Die übrigen Begriffe sodann sind ebenso weiter nichts, als Arten des Vorstellens, durch die das Vorstellungsvermögen in verschiedener Weise affiziert wird; und doch gelten sie bei den Unwissenden als wichtige Attribute der Dinge; denn sie glauben, wie wir schon sagten, daß alle Dinge ihretwegen gemacht seien; und so nennen sie die Natur eines Dinges gut oder schlecht, gesund oder faul und verdorben, je nachdem sie von ihm affiziert werden. Wenn z. B. die Bewegung, die die Nerven von Objekten, die mit den Augen wahrgenommen werden, erhalten, zur Gesundheit beiträgt, so heißen die einwirkenden Objekte schön; dagegen solche, die eine entgegengesetzte Bewegung hervorrufen, nennt man häßlich. Objekte sodann, die durch die Nase unsere Sinne erregen, heißen wohlriechend oder stinkend, die durch die Zunge, süß oder bitter, wohlschmeckend oder unschmackhaft usw.; die aber durch den Tastsinn hart oder weich, rauh oder glatt usw. Und von solchen endlich, die das Ohr reizen, sagt man, ginge ein Geräusch, ein Ton oder eine Harmonie aus, wovon die letztere die Menschen derart außer sich brachte, daß sie glaubten, auch Gott ergötze sich an der Harmonie. Und es gibt sogar Philosophen, die fest überzeugt sind, daß die Bewegungen der Himmelskörper eine Harmonie bilden. Dies alles zeigt zur Genüge, daß jeder die Dinge nach der Beschaffenheit seines Gehirns beurteilt oder vielmehr die Affektionen des Vorstellungsvermögens für die Dinge selbst genommen hat. Darum ist es kein Wunder (um auch dies im Vorbeigehen zu bemerken), daß unter den Menschen die vielen Streitigkeiten, von denen wir erfahren, entstanden sind, und daraus schließlich der Skeptizismus. Denn obwohl die Körper der Menschen sich in vielen Stücken gleichen, so weichen sie doch in den meisten voneinander ab, und deshalb erscheint das selbe dem einen gut und dem anderen schlecht; dem einen geordnet, dem anderen verworren; dem einen angenehm, dem anderen unangenehm, und ebenso im übrigen, worauf ich hier nicht eingehe, weil es dieses Orts nicht ist, diese Dinge erschöpfend abzuhandeln, und weil zudem alle dies genügend erfahren haben. Denn in aller Munde sind die Redensarten: viel Köpfe, viel Sinne; jedem gefällt seine Kappe; jeder hat seine eigene Ansicht sowie seinen eigenen Geschmack. Diese Sprüche zeigen hinlänglich, daß die Menschen die Dinge je nach der Anlage ihres Gehirns beurteilen, und sie lieber vorstellen, als sie verstandesmäßig erkennen. Denn wenn sie die Dinge verstandesmäßig erkannt hätten, würden diese sie alle, wie die Mathematik bezeugt, wenn nicht für sich gewinnen, so doch wenigstens überzeugen.

Wir sehen also, daß alle Begriffe, durch die die große Menge die Natur zu erklären pflegt, nur Vorstellungsweisen sind, und keines Dinges Natur, sondern allein den Zustand des Vorstellungsvermögens anzeigen; und weil sie Namen haben, die lauten, als ob sie außerhalb des Vorstellungsvermögens existierende Wesen bedeuteten, nenne ich sie nicht Vernunftwesen, sondern Wesen des Vorstellungsvermögens. Und so lassen sich alle Beweisgründe, die gegen uns von ähnlichen Begriffen hergenommen werden, leicht zurückschlagen. Viele nämlich pflegen ihren Beweis so zu führen: Wenn alles aus der Notwendigkeit der vollkommensten Natur Gottes gefolgt ist, woher sind dann doch soviel Unvollkommenheiten in der Natur entstanden, als da sind: Fäulnis der Dinge, bis sie stinken, Häßlichkeit, die Ekel erregt, Verwirrung, Übel, Verbrechen usw.? Aber, wie ich eben sagte, sie lassen sich leicht widerlegen. Denn die Vollkommenheit der Dinge ist allein nach ihrer Natur und Kraft abzuschätzen, und darum sind die Dinge deswegen nicht mehr oder minder vollkommen, weil sie die Sinne der Menschen ergötzen oder beleidigen, oder weil sie der menschlichen Natur zusagen oder ihr widerstreiten. Wer aber fragt, warum Gott nicht alle Menschen so geschaffen hat, daß sie allein der Leitung der Vernunft gehorchen, dem antworte ich nichts anderes als: weil er Stoff genug hatte, alles zu schaffen, vom höchsten Grade der Vollkommenheit bis zum niedrigsten; oder eigentlicher zu reden: weil die Gesetze seiner Natur so umfassend waren, daß sie ausreichten alles hervorzubringen, was von einem unendlichen Verstande begriffen werden kann, wie ich im Lehrsatz 16 bewiesen habe.

Dies sind die Vorurteile, die ich hier anmerken wollte. Falls noch einige von diesem Schlage übrig sind, werden sie leicht von einem jeden bei einigem Nachdenken berichtgt werden können.

Ende des ersten Teils

2. Teil. Von der Natur und dem Ursprung der Seele

[...]

Lehrsatz 7. Die Ordnung und Verknüpfung der Ideen ist die selbe wie die Ordnung und Verknüpfung der Dinge.

B e w e i s : Dies erhellt aus Grundsatz 4 des 1. Teils. Denn die Idee jedes Verursachten hängt von der Erkenntnis der Ursache ab, deren Wirkung es ist.

F o l g e s a t z : Hieraus folgt, daß Gottes Macht zu denken seiner wirklichen Macht zu handeln gleich ist. Das heißt, alles was aus der unendlichen Natur Gottes formal folgt, dies alles folgt in Gott aus der Idee Gottes in der selben Ordnung und Verknüpfung objektiv.

A n m e r k u n g : Hier müssen wir uns, ehe wir weiter fortfahren, dessen erinnern, was wir oben gezeigt haben, nämlich, daß alles, was von dem unendlichen Verstand als die Wesenheit einer Substanz ausmachend wahrgenommen werden kann, nur zu einer einzigen Substanz gehört, und folglich, daß die denkende Substanz und die ausgedehnte Substanz eine und die selbe Substanz sind, die bald unter diesem, bald unter jenem Attribut gefaßt wird. Ebenso sind auch ein Modus der Ausdehnung und die Idee dieses Modus ein und das selbe Ding, nur auf zwei Weisen ausgedrückt. Dies scheinen einige Hebräer gleichsam durch einen Nebel gesehen zu haben, da sie nämlich behaupten, Gott, Gottes Verstand und die von ihm erkannten Dinge seien ein und das selbe. Zum Beispiel ist ein in der Natur existierender Kreis und die Idee dieses existierenden Kreises, die ebenfalls in Gott ist, ein und das selbe Ding, das durch verschiedene Attribute erklärt wird. Mögen wir daher die Natur unter dem Attribut der Ausdehnung oder unter dem Attribut des Denkens oder unter irgend einem anderen Attribut begreifen: immer werden wir eine und die selbe Ordnung oder eine und die selbe Verknüpfung der Ursachen, das heißt immer werden wir das Aufeinanderfolgen der selben Dinge finden. Aus keinem anderen Grunde habe ich auch gesagt, Gott sei die Ursache der Idee z. B. des Kreises, sofern er nur ein denkendes Ding ist, und des Kreises, sofern er nur ein ausgedehntes Ding ist, als deswegen, weil das formale Sein der Idee des Kreises nur durch einen anderen Modus des Denkens, als seine nächste Ursache, und dieser Modus des Denkens wiederum nur durch einen anderen, und so weiter ins Unendliche, wahrgenommen werden kann, dergestalt, daß wir, solange die Dinge als Modi des Denkens angesehen werden, die Ordnung der ganzen Natur oder die Verknüpfung der Ursachen allein durch das Attribut des Denkens erklären müssen, und daß, sofern sie als Modi der Ausdehnung angesehen werden, auch die Ordnung der ganzen Natur allein durch das Attribut der Ausdehnung erklärt werden muß; und das selbe gilt von den anderen Attributen. Darum ist Gott die Ursache der Dinge, wie sie an sich sind, in Wahrheit, sofern er aus unendlich vielen Attribute besteht. Klarer kann ich dies gegenwärtig nicht auseinandersetzen.

[...]

Lehrsatz 10. Zur Wesenheit des Menschen gehört nicht das Sein der Substanz, oder die Substanz macht nicht die Form des Menschen aus.

B e w e i s : Das Sein der Substanz nämlich schließt (nach Lehrsatz 7 des 1. Teils) notwendige Existenz in sich. Wenn zur Wesenheit des Menschen also das Sein der Substanz gehörte, so würde demnach mit der Substanz zugleich (nach Definition 2 dieses Teils) notwendig auch der Mensch gegeben sein, und folglich würde der Mensch notwendig existieren, was (nach Grundsatz 1 dieses Teils) ungereimt ist. Folglich usw. W.z.b.w.

A n m e r k u n g : Dieser Lehrsatz läßt sich auch auf Grund von Lehrsatz 5 des 1. Teils beweisen, wonach es zwei Substanzen von der selben Natur nicht gibt. Da mehrere Menschen existieren können, so ist ihm zufolge das, was die Form des Menschen ausmacht, nicht das Sein der Substanz. Außerdem erhellt dieser Lehrsatz auch aus den übrigen Eigenschaften der Substanz, also daraus, daß die Substanz ihrer Natur nach unendlich, unveränderlich, unteilbar usw. ist, wie jeder leicht sehen kann.

F o l g e s a t z : Hieraus folgt, daß die Wesenheit des Menschen aus gewissen Modifikationen der Attribute Gottes besteht. Denn das Sein der Substanz gehört (nach dem vorigen Lehrsatz) nicht zur Wesenheit des Menschen. Somit ist sie (nach Lehrsatz 15 des 1. Teils) etwas, was in Gott ist, und was ohne Gott weder sein noch begriffen werden kann, oder (nach Folgesatz zu Lehrsatz 25 des 1. Teils) eine Affektion oder ein Modus, der Gottes Natur auf gewisse und bestimmte Weise ausdrückt.

A n m e r k u n g : Jeder muß ja zugeben, daß nichts ohne Gott sein oder begriffen werden kann. Denn allerseits wird anerkannt, Gott sei die alleinige Ursache aller Dinge, ihrer Wesenheit sowohl wie ihrer Existenz, das heißt Gott sei nicht nur die Ursache der Dinge hinsichtlich ihres Werdens, wie man zu sagen pflegt, sondern auch hinsichtlich ihres Seins. Nun aber sagen die meisten, zur Wesenheit eines Dinges gehöre das, ohne was das Ding weder sein noch begriffen werden kann, und auf Grund dieser Definition meinen sie dann entweder, daß die Natur Gottes zur Wesenheit der erschaffenen Dinge gehöre, oder daß die erschaffenen Dinge ohne Gott sein und begriffen werden können, oder aber, was wohl das wahrscheinlichste ist, sie vermögen sich darüber nicht recht schlüssig zu werden. Die Ursache hiervon ist, glaube ich, die, daß sie die Ordnung des philosophischen Denkens nicht eingehalten haben. Denn die göttliche Natur, die vor allen anderen Dingen hätte betrachtet werden sollen, weil sie sowohl der Erkenntnis wie der Natur nach das erste ist, hielten sie für das letzte in der Ordnung der Erkenntnis, und die Dinge, die man Objekte der Sinne nennt, glaubten sie, gingen allen anderen Dingen voran; woher es denn kam, daß sie bei der Betrachtung der natürlichen Dinge an nichts weniger dachten, als an die göttliche Natur, und daß sie nachgehends, als sie sich dann anschickten, die göttliche Natur zu betrachten, an nichts weniger denken konnten als an ihre vorausgesetzten Einbildungen, auf die sie die Erkenntnis von den natürlichen Dingen aufgebaut hatten, weil diese nämlich zur Erkenntnis der göttlichen Natur nichts helfen konnten. Kein Wunder daher, wenn sie sich da und dort selbst widersprochen haben. Doch will ich dies auf sich beruhen lassen. Denn meine Absicht war hier nur, die Ursache anzugeben, warum ich die Definition, daß zur Wesenheit eines Dinges das gehöre, ohne was das Ding weder sein noch begriffen werden kann, nicht verwendet habe, nämlich deswegen nicht, weil die Einzeldinge ohne Gott weder sein noch begriffen werden können und Gott gleichwohl zu ihrer Wesenheit nicht gehört. Ich habe dagegen gesagt, zur Wesenheit eines Dinges gehöre notwendig das, wodurch, wenn es gegeben ist, das Ding notwendig gesetzt, und wodurch, wenn es aufgehoben wird, das Ding notwendig aufgehoben wird, oder das, ohne was das Ding, und umgekehrt, was ohne das Ding weder sein noch begriffen werden kann.

Lehrsatz 11. Das erste, was das wirkliche Sein der menschlichen Seele ausmacht, ist nichts anderes als die Idee eines wirklich existierenden Einzeldinges.

Beweis: Die Wesenheit des Menschen besteht (nach dem

Folgesatz zum vorigen Lehrsatz) aus gewissen Modi der Attribute Gottes; nämlich (nach Grundsatz 2 dieses Teils) aus Modi des Denkens, von denen allen (nach Grundsatz 3 dieses Teils) die Idee der Natur nach vorangeht; und wenn diese gegeben ist, so müssen (nach dem selben Grundsatz) die übrigen Modi (die nämlich, denen die Idee der Natur nach vorangeht) in dem selben Individuum vorhanden sein. Und demnach ist die Idee das erste, was das Sein der menschlichen Seele ausmacht. Es kann aber nicht die Idee eines nicht existierenden Dinges sein. Denn alsdann könnte man (nach Folgesatz zu Lehrsatz 8 dieses Teils) von der Idee selbst nicht sagen, daß sie existiere; somit wird es die Idee eines wirklich existierenden Dinges sein. Jedoch nicht eines unendlichen Dinges, denn ein unendliches Ding muß (nach Lehrsatz 21 und 22 des 1. Teils) immer notwendig existieren; dies aber wäre (nach Grundsatz 1 dieses Teils) ungereimt. Folglich ist das erste, was das wirkliche Sein der menschlichen Seele ausmacht, die Idee eines wirklich existierenden Einzeldinges. W.z.b.w.

Folgesatz: Hieraus folgt, daß die menschliche Seele ein Teil des unendlichen Verstandes Gottes ist. Wenn wir daher sagen, die menschliche Seele nehme dieses oder jenes wahr, so sagen wir nichts anderes, als daß Gott, nicht sofern er unendlich ist, sondern sofern er durch die Natur der menschlichen Seele erklärt wird oder sofern er die Wesenheit der menschlichen Seele ausmacht, diese oder jene Idee habe; und wenn wir sagen, Gott habe diese oder jene Idee, nicht nur, sofern er die Natur der menschlichen Seele ausmacht, sondern sofern er zugleich mit der menschlichen Seele auch die Idee eines anderen Dinges hat, dann heißt das, daß die menschliche Seele das Ding nur zum Teil oder inadäquat wahrnimmt.

Anmerkung: Hier werden meine Leser ohne Zweifel stokken, und es wird ihnen gar mancherlei einfallen, was dem im Wege steht; und darum richte ich an sie die Bitte, langsam mit mir weiterzugehen und nicht eher ein Urteil hierüber zu fällen, als bis sie alles durchgelesen haben.

[...]

5. Teil. Von der Macht des Verstandes oder von der menschlichen Freiheit

[...]

Lehrsatz 30. Insofern unsere Seele sich und den Körper unter einer Art der Ewigkeit begreift, insofern hat sie notwendig die Erkenntnis Gottes und weiß, daß sie in Gott ist und durch Gott begriffen wird.

B e w e i s : Die Ewigkeit ist (nach Definition 8 des 1. Teils) die Wesenheit Gottes selbst, sofern diese notwendige Existenz in sich schließt. Die Dinge unter einer Art der Ewigkeit [sub specie aeternitatis] begreifen heißt also, die Dinge begreifen, sofern sie vermöge der Wesenheit Gottes als reale Wesen begriffen werden oder sofern sie vermöge der Wesenheit Gottes die Existenz in sich schließen. Und demnach hat unsere Seele insoweit, als sie sich und den Körper unter einer Art der Ewigkeit begreift, notwendig die Erkenntnis Gottes und weiß usw. W.z.b.w.

Lehrsatz 31. Die dritte Erkenntnisgattung hängt von der Seele als der formalen Ursache ab, sofern die Seele selbst ewig ist.

B e w e i s : Die Seele begreift etwas unter einer Art der Ewigkeit (nach Lehrsatz 29 dieses Teils) nur, sofern sie ihres Körpers Wesenheit unter einer Art der Ewigkeit begreift, das heißt (nach Lehrsatz 21 und 23 dieses Teils) nur, sofern sie ewig ist; und sofern sie ewig ist, hat sie mithin (nach dem vorigen Lehrsatz) die Erkenntnis Gottes, und zwar ist diese Erkenntnis (nach Lehrsatz 46 des 2. Teils) notwendig adäquat; und demnach ist die Seele, sofern sie ewig ist, (nach Lehrsatz 40 des 2. Teils) fähig, all das zu erkennen, was aus dieser gegebenen Erkenntnis Gottes folgen kann, das heißt sie ist fähig, die Dinge in der dritten Erkenntnisgattung zu erkennen (deren Definition man in der 2. Anmerkung zu Lehrsatz 40 des 2. Teils nachsehen möge), und deswegen ist für diese Erkenntnisgattung die Seele, sofern sie ewig ist, (nach Definition 1 des 3. Teils) die adäquate oder formale Ursache. W.z.b.w.

A n m e r k u n g : Je weiter daher jeder in dieser Erkenntnisgattung gelangt ist, desto mehr ist er sich seiner selbst und Gottes bewußt, das heißt desto vollkommener und glückseliger ist er, was noch klarer aus dem folgenden erhellen wird. Hier ist noch eins zu bemerken: obwohl wir nämlich jetzt dessen gewiß sind, daß die Seele ewig ist, sofern sie die Dinge unter einer Art der Ewigkeit begreift, so werden wir sie doch, wie wir es bisher getan, um der leichteren Darstellung und des besseren Verständnisses willen so betrachten, als ob sie erst jetzt anfinge zu sein, und erst jetzt anfinge, die Dinge unter einer Art der Ewigkeit zu erkennen. Wir dürfen dies ohne Gefahr eines Irrtums tun, wenn wir nur sorgfältig darauf acht geben, daß wir unsere Schlüsse allein aus völlig klar erkannten Vordersätzen ziehen.

Lehrsatz 32. An allem, was wir in der dritten Erkenntnisgattung einsehen, ergötzen wir uns, und zwar unter Begleitung der Idee Gottes als der Ursache.

Beweis: Aus dieser Erkenntnisgattung entspringt (nach Lehrsatz 27 dieses Teils) die höchste Zufriedenheit der Seele, die es geben kann, das heißt (nach 25 der Definitionen der Affekte) die höchste Freude, und zwar ist diese Freude begleitet von der Idee der Seele selbst, und folglich (nach Lehrsatz 30 dieses Teils) begleitet von der Idee Gottes als der Ursache. W.z.b.w.

Folgesatz: Aus der dritten Gattung der Erkenntnis entspringt notwendig die geistige Liebe zu Gott. Denn aus dieser Gattung der Erkenntnis entspringt (nach dem vorigen Lehrsatz) Freude, begleitet von der Idee Gottes als der Ursache, das heißt (nach 6 der Definitionen der Affekte) Liebe zu Gott, nicht sofern wir ihn als gegenwärtig vorstellen (nach Lehrsatz 29 dieses Teils), sondern sofern wir einsehen, daß Gott ewig ist; und dies ist es, was ich die geistige Liebe zu Gott nenne.

[…]

Lehrsatz 36. Die geistige Liebe der Seele zu Gott ist Gottes Liebe selbst, womit Gott sich selbst liebt, nicht sofern er unendlich ist, sondern sofern er durch die Wesenheit der menschlichen Seele, insoweit diese unter einer Art der Ewigkeit betrachtet wird, erklärt werden kann; das heißt die geistige Liebe der Seele zu Gott ist ein Teil der unendlichen Liebe, womit Gott sich selbst liebt.

[…]

Baruch de Spinoza, Sämtliche Werke in sieben Bdn., hg. v. C. Gebhardt, Die Ethik nach geometrischer Methode dargestellt, übers. v. O. Baensch, eingel. v. R. Schottlaender, mit neuer Auswahlbibliographie v. W. Bartuschat (= Philosophische Bibliothek Bd. 92), Hamburg (Felix Meiner), verbesserter Nachdruck 1994; I. Teil 16–24, 31–32, 34–38 u. 39–48, II. Teil 54–56 u. 58–61, V. Teil 286–287 u. 289.

Text 5

Gottfried Wilhelm Leibniz

Leibniz (geboren 1646 in Leipzig, gestorben 1716 in Hannover) war eines der letzten Universalgenies: Auf sehr vielen Gebieten menschlichen Wissens ist er hervorgetreten und hat dort Beachtenswertes, in manchen Großes geleistet, nämlich in der Mathematik (einschließlich Logik), in der Physik und in der Metaphysik, wobei Leibniz wie kein zweiter vor der zweiten Hälfte dieses Jahrhunderts für eine enge Verbindung zwischen Metaphysik und Logik steht. Ein zentrales leibnizsches Anliegen ist wie in seiner Politik als Diplomat, so auch in seiner Metaphysik die Harmonisierung des Disparaten, der Ausgleich zwischen Gegensätzen, vor allem des Gegensatzes zwischen der überkommenen christlichen Schulmetaphysik und den metaphysischen Implikationen der seinerzeit neuen, aufstrebenden Naturwissenschaft.

Nach seinem Studium in Leipzig, Jena und Altdorf, wo er 1667 promoviert wurde, stand Leibniz in diplomatischen und juristischen Diensten beim Kurfürsten Johann Philipp von Schönborn in Mainz; seine Reisen führten ihn nach Paris und London. Dort traf er die Gelehrten seiner Zeit und lernte die moderne Physik und Mathematik kennen, die er bald mit eigenen Beiträgen bereicherte. Von 1676 an bis zu seinem Tode diente er drei Herzögen von Hannover (u. a. auch als Historiker des Welfenhauses).

Werke: Von seinen philosophischen Schriften sind unter metaphysischem Gesichtspunkt hervorzuheben: *Metaphysische Abhandlung* (1686), *Neues System der Natur und der Gemeinschaft der Substanzen, wie der Vereinigung zwischen Körper und Seele* (1695), *Monadologie* (1714) und *Die Vernunftprinzipien der Natur und der Gnade* (1714), sowie die populär gehaltene *Theodizee* (1710).

Metaphysische Abhandlung (1686)

1. Von der göttlichen Vollkommenheit, und daß Gott alles auf die wünschenswerteste Weise macht.

1. Der anerkannteste und bezeichnendste Begriff Gottes, den wir haben, wird mit den Worten, daß Gott ein absolut vollkommenes Wesen ist, ziemlich gut ausgedrückt, aber man erwägt nicht hinreichend, was daraus folgt. Um hier weiter vorzudringen, ist es

angebracht zu bemerken, daß es in der Natur mehrere ganz verschiedenartige Vollkommenheiten gibt, daß Gott sie alle insgesamt besitzt und daß ihm jede im höchsten Grade zukommt. Auch muß man wissen, was Vollkommenheit ist, für die es hier ein ziemlich sicheres Kennzeichen gibt, daß nämlich die Formen oder Wesenheiten, die keines letzten Grades fähig sind, keine Vollkommenheiten sind, wie zum Beispiel das Wesen der Zahl oder der Gestalt. Denn die größte Zahl von allen (oder auch die Zahl aller Zahlen) zieht ebenso wie die größte aller Gestalten einen Widerspruch nach sich, aber das größte Wissen und die Allmacht schließen keine Unmöglichkeit ein. Folglich sind Macht und Wissen Vollkommenheiten, und sie haben, insoweit sie Gott zukommen, keine Grenzen. Daraus folgt, daß Gott, der die höchste und unendliche Weisheit besitzt, auf die vollkommenste Weise handelt, nicht allein im metaphysischen Sinne, sondern auch moralisch gesprochen, und daß man dies im Hinblick auf uns derart ausdrücken kann, daß man, je mehr man über die Werke Gottes aufgeklärt und unterrichtet ist, um so mehr geneigt sein wird, sie vortrefflich und ganz mit dem in Übereinstimmung zu finden, was man sich nur hätte wünschen können.

2. Gegen diejenigen, welche behaupten, daß es keine Güte in den Werken Gottes gebe, oder auch daß die Regeln der Güte und der Schönheit willkürlich seien.

2. So bin ich weit von der Meinung derer entfernt, die behaupten, daß es keine Regeln der Güte [Gutheit] und der Vollkommenheit in der Natur der Dinge gebe oder in den Ideen, die Gott davon hat; und daß die Werke Gottes nur aus dem formellen Grunde gut seien, weil Gott sie gemacht hat. Denn wenn dem so wäre, so hätte Gott, der weiß, daß er ihr Urheber ist, sie nicht nachher zu betrachten und für gut zu befinden brauchen, wie es die Heilige Schrift bezeugt, die sich dieses Anthropomorphismus nur zu bedienen scheint, um uns erkennen zu lassen, daß man ihre Vortrefflichkeit erkennt, indem man sie an sich betrachtet, selbst wenn man über jene ganz inhaltsleere Benennung, durch die sie auf ihre Ursache bezogen werden, nicht nachdenkt. Das ist um so wahrer, als man durch die Betrachtung der Werke den Werkmeister entdecken kann. So müssen diese Werke sein Zeichen an sich tragen. Ich gestehe, daß die entgegengesetzte Meinung mir äußerst gefährlich scheint und sich der Auffassung jener jüngsten Neuerer [der Spinozisten] sehr annähert, die der Meinung sind, daß die Schönheit des Alls

und die Güte, die wir den Werken Gottes zuschreiben, nur Wahngebilde der Menschen sind, die sich Gott auf ihre Weise vorstellen. Wenn man sagt, daß die Dinge nicht durch eine Regel der Güte, sondern allein durch den Willen Gottes gut seien, zerstört man auch (wie mir scheint), ohne daran zu denken, alle Liebe zu Gott und allen seinen Ruhm. Denn warum sollte man ihn für das loben, was er getan hat, wenn er gleicherweise lobenswert wäre, sofern er genau das Gegenteil tut? Wo werden dann seine Gerechtigkeit und seine Weisheit bleiben, wenn er nur eine gewisse despotische Macht ist, wenn sein Wille die Stelle der Vernunft einnimmt und wenn, nach der Definition des Tyrannen, das, was dem Mächtigsten gefällt, eben darum gerecht ist? Außerdem scheint es, daß jeder Wille irgendeinen Grund zu wollen voraussetzt, und daß dieser Grund naturgemäß dem Willen vorhergeht. Darum finde ich auch jenen Ausdruck einiger anderer Philosophen [Descartes'] ganz und gar sonderbar, die sagen, daß die ewigen Wahrheiten der Metaphysik und der Geometrie, und folglich auch die Regeln der Güte, der Gerechtigkeit und der Vollkommenheit nur Wirkungen des Willens Gottes sind, während mir scheint, daß sie die Folgen seines Verstandes sind, der sicher ebensowenig von seinem Willen abhängt wie sein Wesen.

3. Gegen diejenigen, die glauben, daß Gott es hätte besser machen können.
  3. Ebensowenig kann ich die Meinung einiger Moderner gutheißen, die kühn behaupten, daß das, was Gott tut, nicht von letzter Vollkommenheit sei, und daß er besser hätte handeln können. Denn mir scheint, daß die Folgen aus dieser Auffassung dem Ruhme Gottes ganz und gar entgegengesetzt sind. *Uti minus malum habet rationem boni, ita minus bonum habet rationem mali.* (Wie das weniger Schlechte den Sinn des Guten hat, so hat das weniger Gute den Sinn des Schlechten.) Es heißt, unvollkommen handeln, wenn man mit weniger Vollkommenheit handelt, als man vermocht hätte. Man findet das Werk eines Baumeisters zu tadeln, wenn man zeigt, daß er es hätte besser machen können. Das geht auch gegen die Heilige Schrift, wenn sie uns der Güte der Werke Gottes versichert. Denn da die Unvollkommenheiten bis ins Unendliche abwärts gehen, wäre Gott, wie er auch sein Werk geschaffen hätte, auf gewisse Weise im Vergleich mit den weniger vollkommenen immer gut gewesen, wenn das ausreichen würde; eine Sache ist aber nicht

lobenswert, wenn sie es nur auf solche Art ist. Ich glaube auch, daß man eine Unzahl von Stellen aus der Heiligen Schrift und aus den Kirchenvätern finden kann, die meine Auffassung unterstützen, während man keine Stellen für die der Modernen finden wird, die meines Erachtens im ganzen Altertum unbekannt war und sich nur auf eine zu geringe Kenntnis gründet, die wir von der allgemeinen Harmonie des Alls und von den verborgenen Gründen für das Verhalten Gottes haben, was uns zu dem verwegenen Urteil verleitet, viele Dinge hätten besser gemacht werden können. Außerdem bestehen diese Modernen auf wenig stichhaltigen Spitzfindigkeiten. Denn sie bilden sich ein, nichts sei so vollkommen, daß es nicht etwas noch Vollkommeneres geben könne, was ein Irrtum ist. Sie glauben auch, dadurch die Freiheit Gottes zu wahren, als ob es nicht die höchste Freiheit wäre, nach dem höchsten Vernunftgrund in Vollkommenheit zu handeln. Denn zu glauben, daß Gott in einer Sache handele, ohne einen Grund für seinen Willen zu haben, ist eine Auffassung, die wenig zu seinem Ruhme paßt; außerdem scheint das gar nicht möglich zu sein. Nehmen wir zum Beispiel an, Gott wähle zwischen A und B und entscheide sich für A, ohne einen Grund zu haben, es B vorzuziehen, so sage ich, daß diese Handlung Gottes zum mindesten nicht lobenswert ist; denn jedes Lob muß auf einen Vernunftgrund gestützt sein, der sich in diesem Falle *ex hypothesi* (der Annahme nach) nicht findet. Stattdessen halte ich dafür, daß Gott nichts tut, dessen er nicht gerühmt zu werden verdient.

[...]

5. Worin die Regeln der Vollkommenheit des göttlichen Verhaltens bestehen, und daß die Einfachheit der Mittel mit dem Reichtum der Wirkungen im Gleichgewicht steht.

5. Es genügt also, das Vertrauen in Gott zu haben, daß er alles zum besten lenkt, und daß denen, die ihn lieben, nichts schaden kann; aber im besonderen die Gründe zu erkennen, die ihn dazu bewegen konnten, gerade diese Ordnung des Alls zu wählen, die Sünden zu dulden und seine Heilsgnaden auf eine bestimmte Weise zu gewähren, übersteigt die Kräfte eines endlichen Geistes, vor allem wenn er noch nicht in den Genuß der Anschauung Gottes gelangt ist. Indessen kann man einige allgemeine Bemerkungen machen, die das Verhalten der Vorsehung bei der Lenkung der Dinge betreffen. So kann man sagen, daß derjenige, welcher auf vollkom-

mene Weise handelt, einem ausgezeichneten Geometer gleicht, der die besten Konstruktionen für ein Problem zu finden weiß; einem guten Architekten, der seinen Platz und die für das Bauwerk bestimmten Gelder auf die vorteilhafteste Weise verwendet, so daß er nichts zuläßt, was störend wäre oder was die Schönheit, die das Bauwerk haben könnte, vermindern würde; einem guten Familienvater, der seinen Besitz so anlegt, daß nichts ungenutzt und unfruchtbar bleibt; einem gescheiten Ingenieur, der seine Wirkung auf dem am wenigsten umständlichen Wege erzielt, den er wählen kann; und einem gelehrten Autor, der die meisten Gegenstände im geringstmöglichen Umfang zusammenfaßt. Nun sind die vollkommensten aller Wesen oder diejenigen, die den geringsten Raum einnehmen, das heißt, die sich am wenigsten behindern, die Geister, deren Vollkommenheiten die Tugenden sind. Darum darf man nicht zweifeln, daß die Glückseligkeit der Geister das Hauptziel Gottes ist, und daß er sie, soweit es ihm die allgemeine Harmonie gestattet, verwirklicht. Darüber werden wir bald noch mehr sagen. Was die Einfachheit der Wege Gottes anbetrifft, so gilt sie im eigentlichen Sinne hinsichtlich der Mittel, wie umgekehrt Vielfalt, Reichtum und Überfluß hinsichtlich der Ziele oder Wirkungen gelten. Und das eine muß mit dem anderen im Gleichgewicht sein, so wie die für ein Bauwerk bestimmten Ausgaben mit der Größe und der Schönheit, die man dabei fordert. Es ist wahr, daß es Gott nichts kostet, weit weniger als einen Philosophen, der Hypothesen macht, um sich eine Welt der Einbildung zu erzeugen, weil Gott seinen Ratschluß nur zu verkünden braucht, um eine wirkliche Welt entstehen zu lassen. In Sachen der Weisheit nehmen aber die Ratschlüsse oder Hypothesen die Stelle der Ausgaben ein, je unabhängiger sie voneinander sind: denn die Vernunft will, daß man bei den Hypothesen oder Prinzipien die Vielzahl vermeidet, fast so wie in der Astronomie das einfachste System immer vorgezogen wird.

6. Daß Gott nichts außer der Ordnung tut, und daß es nicht einmal möglich ist, Ereignisse zu ersinnen, die nicht der Regel gemäß sind.

6. Die Wollungen oder Handlungen Gottes werden gemeinhin in ordnungsgemäße und außerordentliche eingeteilt. Es ist aber gut zu überlegen, daß Gott nichts außer der Ordnung tut. So ist, was für außerordentlich gilt, dies nur im Hinblick auf irgendeine besondere unter den Geschöpfen festgestellte Ordnung. Denn was die universelle Ordnung angeht, so entspricht ihr alles. Das ist so wahr,

daß nicht allein nichts in der Welt geschehen kann, was absolut unregelmäßig wäre, sondern daß man sich sogar etwas derartiges nicht einmal ausdenken kann. Denn nehmen wir zum Beispiel an, daß jemand ganz zufällig eine Anzahl Punkte zu Papier brächte, wie es diejenigen tun, die die lächerliche Kunst der Geomantie ausüben, so sage ich, daß es möglich ist, eine geometrische Linie zu finden, deren Begriff nach einer gewissen Regel konstant und gleichförmig ist, dergestalt, daß diese Linie durch alle diese Punkte läuft und auch noch in derselben Ordnung, in der die Hand sie aufgezeichnet hat. Und wenn jemand in einem Zuge eine Linie zeichnen würde, die bald gerade, bald kreisförmig, bald von einer anderen Gestalt wäre, so ist es möglich, einen Begriff oder eine Regel oder eine Gleichung zu finden, die allen Punkten dieser Linie gemeinsam ist und kraft deren eben diese Veränderungen auftreten müssen. Und es gibt zum Beispiel kein Gesicht, dessen Umriß nicht den Teil einer geometrischen Linie bilden würde und das nicht in einem Zuge nach einer gewissen geregelten Bewegung bezeichnet werden könnte. Wenn aber eine Regel sehr zusammengesetzt ist, so gilt das, was ihr entspricht, als unregelmäßig. So kann man sagen, daß die Welt, auf welche Weise auch immer Gott sie geschaffen hätte, immer regelmäßig und in einer bestimmten allgemeinen Ordnung gewesen wäre. Gott hat aber diejenige gewählt, die die vollkommenste ist, das heißt diejenige, die zu gleicher Zeit die einfachste den Hypothesen nach, aber die reichste den Erscheinungen nach ist, wie es eine geometrische Linie sein könnte, deren Konstruktion sehr leicht und deren Eigenschaften und Wirkungen sehr bewundernswert und von großer Ausdehnung wären. Ich bediene mich dieser Vergleiche, um ein unvollkommenes Abbild der göttlichen Weisheit zu skizzieren und um das zu sagen, was unseren Geist wenigstens dazu erheben kann, auf gewisse Weise das zu begreifen, was man nicht hinreichend ausdrücken kann. Ich behaupte aber nicht im mindesten, dadurch jenes große Geheimnis zu erklären, von dem das ganze All abhängt.

7. Daß die Wunder mit der allgemeinen Ordnung übereinstimmen, obwohl sie untergeordneten Grundsätzen entgegenstehen. Von dem, was Gott will oder was er zuläßt, und von dem allgemeinen oder besonderen Willen.

7. Da nun nichts geschehen kann, was nicht in der Ordnung wäre, kann man sagen, daß auch die Wunder ebenso in der Ord-

nung sind wie die natürlichen Vorgänge, die man so nennt, weil sie mit gewissen subalternen Grundsätzen übereinstimmen, die wir die Natur der Dinge nennen. Denn man kann sagen, daß diese Natur nur eine Gewohnheit Gottes ist, die er wegen eines Grundes ablegen kann, der stärker ist als jener, welcher ihn dazu bewog, sich dieser Grundsätze zu bedienen. Was die allgemeinen oder besonderen Wollungen angeht, so kann man, je nachdem, wie man die Dinge auffaßt, sagen, daß Gott alles gemäß seinem allgemeinsten Willen macht, der mit der vollkommensten Ordnung, die er gewählt hat, in Übereinstimmung ist. Man kann aber auch sagen, daß er besondere Wollungen hat, die Ausnahmen von jenen oben erwähnten untergeordneten Grundsätzen bilden, denn das allgemeinste Gesetz Gottes, das den gesamten Ablauf des Alls regelt, ist ohne Ausnahme. Man kann auch sagen, daß Gott alles das will, was Gegenstand seines besonderen Willens ist; was aber die Gegenstände seines allgemeinen Willens anbetrifft, welches die Handlungen der Geschöpfe, besonders der mit Vernunft begabten, sind, an denen Gott mitwirken will, so muß man unterscheiden: denn wenn die Handlung an sich selbst gut ist, kann man sagen, daß Gott sie will und sie manchmal auch gebietet, selbst wenn sie nicht zum Ziele kommt; wenn sie aber an sich selbst böse ist und nur durch Zufall gut wird, weil der Ablauf der Dinge und besonders Bestrafung und Buße ihre Bosheit verbessern und so das Übel mit Zinsen vergolten wird, dergestalt, daß sich im Gesamtablauf schließlich mehr Vollkommenheit findet, als wenn all das Übel nicht eingetreten wäre – so muß man sagen, daß Gott es zugelassen hat, und nicht, daß er es wollte, obwohl er auf Grund der Naturgesetze, die er festgesetzt hat, daran mitwirkte, weil er ein größeres Gut daraus abzuleiten weiß.

8. Um die Handlungen Gottes und der Geschöpfe zu unterscheiden, wird erklärt, worin der Begriff einer individuellen Substanz besteht.

8. Es ist ziemlich schwierig, die Handlungen Gottes von denen der Geschöpfe zu unterscheiden. Es gibt manche, die glauben, daß Gott alles macht, und andere, die sich einbilden, daß er nur die Kraft erhält, die er den Geschöpfen verliehen hat: das Folgende wird zeigen, inwieweit man das eine oder das andere sagen kann. Daß nun die Handlungen und Leiden im eigentlichen Sinne den individuellen Substanzen zukommen *(actiones sunt suppositorum* – Hand-

lungen kommen den Substanzen zu), wird es notwendig sein, zu erklären, was eine solche Substanz ist. Es ist wohl wahr, daß man, wenn mehrere Prädikate ein und demselben Subjekte zugeschrieben werden, und wenn dieses Subjekt wiederum keinem anderen mehr zugeschrieben wird, dies eine individuelle Substanz nennt; das ist aber nicht ausreichend, und eine solche [Begriffs-]Erklärung ist nur nominal. Man muß also überlegen, was wahrhaft einem bestimmten Subjekt zugeschrieben wird. Nun steht fest, daß jede wahre Aussage eine Grundlage in der Natur der Sache hat, und wenn ein Satz nicht identisch ist, das heißt, wenn das Prädikat nicht ausdrücklich im Subjekte enthalten ist, so muß es darin virtuell enthalten sein, und das nennen die Philosophen *in-esse* (In-sein), indem sie sagen, daß das Prädikat *im* Subjekt *ist.* So muß der Subjektsbegriff immer den des Prädikats in sich schließen, derart, daß derjenige, der den Begriff des Subjektes vollkommen verstünde, auch urteilen würde, daß das Prädikat ihm zugehört. Da dies so ist, können wir sagen, daß die Natur einer individuellen Substanz oder eines vollständigen Wesens darin besteht, einen so erfüllten Begriff zu haben, daß er zureichend ist, um alle Prädikate des Subjekts, dem dieser Begriff zugeschrieben wird, zu umfassen und aus ihm abzuleiten. Dagegen ist das Accidens ein Wesen, dessen Begriff nicht all das einschließt, was man dem Subjekt zuschreiben kann, dem man diesen Begriff zuerkennt. So ist die Eigenschaft »König«, die Alexander dem Großen zukommt, wenn man vom Subjekt absieht, für ein Individuum nicht ausreichend bestimmt und schließt weder die anderen Eigenschaften dieses selben Subjekts noch all das, was der Begriff dieses Fürsten umfaßt, ein, während Gott, der den individuellen Begriff oder die haecceitas Alexanders erkennt, darin zu gleicher Zeit die Grundlage und den Seinsgrund aller Prädikate erkennt, die man von ihm wahrhaft aussagen kann, wie zum Beispiel, daß er den Darius und den Porus besiegte, so weitgehend, daß er darin *apriori* (und nicht durch Erfahrung) erkennt, ob er eines natürlichen Todes oder durch Gift gestorben ist, was wir nur durch die Geschichte wissen. Wenn man so die Verknüpfung der Dinge recht bedenkt, kann man sagen, daß es zu jeder Zeit in der Seele Alexanders Überreste dessen gab, was ihm zugestoßen ist und Zeichen dessen, was ihm noch zustoßen würde und sogar Spuren von allem, was sich im Weltall ereignet, obwohl es nur Gott zukommt, alles dies wiederzuerkennen.

9. *Daß jede einzelne Substanz das ganze All auf ihre Weise ausdrückt und daß in ihrem Begriff alle Ereignisse mit allen ihren Umständen und die ganze Folge der äußeren Dinge enthalten ist.*

9. Daraus folgen mehrere beachtliche Paradoxa, wie unter anderen dies, daß es nicht wahr ist, daß zwei Substanzen sich gänzlich gleichen und *solo numero* (allein der Zahl nach) verschieden sind, und daß das, was der Heilige Thomas in diesem Punkt von den Engeln oder Intelligenzen versichert *(quod ibi omne individuum sit species infima* – daß bei ihnen jedes Individuum eine unterste Art ist), von allen Substanzen gilt, vorausgesetzt, daß man ihre spezifische Differenz so faßt, wie die Geometer sie hinsichtlich ihrer Figuren nehmen; desgleichen folgt daraus, daß eine Substanz nur durch Schöpfung beginnen und nur durch Vernichtung vergehen kann; daß man eine Substanz nicht in zwei teilen kann, noch aus zweien eine zusammensetzen, und daß sich so die Zahl der Substanzen auf natürliche Weise nicht vermehrt noch vermindert, obwohl sie oft umgeformt werden. Zudem ist jede Substanz wie eine ganze Welt und wie ein Spiegel Gottes oder vielmehr des ganzen Alls, das jede auf ihre Weise ausdrückt, etwa so, wie ein und dieselbe Stadt sich gemäß der verschiedenen Standorte dessen, der sie betrachtet, darstellt. So wird das All auf gewisse Weise ebenso oft vervielfältigt, wie es Substanzen gibt, und der Ruhm Gottes wird ebenfalls durch ebensoviele ganz verschiedenartige Darstellungen seines Werkes vermehrt. Man kann sogar sagen, daß jede Substanz in gewisser Weise das Gepräge der unendlichen Weisheit und der Allmacht Gottes trägt und ihn nachahmt, soweit sie dazu fähig ist. Denn sie drückt, wenn auch verworren, alles aus, was sich im Weltall in Vergangenheit, Gegenwart und Zukunft ereignet, was eine gewisse Ähnlichkeit mit einer unendlichen Perzeption oder Erkenntnis hat. Und da alle anderen Substanzen diese eine auf ihre Weise ausdrücken und sich ihr anpassen, kann man sagen, daß sie ihre Macht auf alle anderen in Nachahmung der Allmacht des Schöpfers ausdehnt.

10. Daß an der Auffassung von den substantiellen Formen etwas Stichhaltiges ist, daß aber diese Formen nichts an den Erscheinungen ändern und nicht dazu benutzt werden dürfen, um besondere Wirkungen zu erklären.

10. Es scheint, daß die Alten ebenso wie viele kluge Leute, die an tiefgreifende Betrachtungen gewöhnt waren, und die vor einigen

Gottfried Wilhelm Leibniz

Jahrhunderten Theologie und Philosophie lehrten, und von denen einige durch ihre Heiligkeit empfohlen sind, eine Art Erkenntnis dessen hatten, was ich gerade gesagt habe, und aus diesem Grunde haben sie die substantiellen Formen eingeführt und aufrecht erhalten, die heute so in Verruf gekommen sind. Sie sind aber weder so entfernt von der Wahrheit noch so lächerlich, wie sich die große Menge unserer neueren Philosophen einbildet.
[...]

12. Daß die von der Ausdehnung bestehenden Begriffe etwas Imaginäres einschließen und nicht die Substanz des Körpers ausmachen können.
12. Um den Faden unserer Betrachtungen aber wieder aufzunehmen, glaube ich, daß derjenige, der über das Wesen der Substanz nachdenkt, das ich oben erklärt habe, finden wird, daß das ganze Wesen des Körpers nicht allein in der Ausdehnung besteht, das heißt in der Größe, Gestalt und Bewegung, sondern daß man notwendigerweise darin noch etwas anerkennen muß, das Beziehung zu den Seelen hat und das man gewöhnlich substantielle Form nennt, obwohl diese nichts an den Erscheinungen ändert, ebensowenig wie die Seele der Tiere, wenn diese eine solche haben. Man kann sogar beweisen, daß der Begriff der Größe, der Gestalt und der Bewegung nicht so deutlich ist, wie man sich vorstellt und etwas Imaginäres und auf unsere Perzeptionen Bezogenes enthält, wie es auch (obwohl viel mehr) bei der Farbe, der Wärme, und anderen ähnlichen Eigenschaften der Fall ist, bei denen man zweifeln kann, ob sie sich wahrhaft in der Natur der Dinge außer uns befinden. Darum können diese Art Eigenschaften keine Substanz bilden. Und wenn es im Körper kein anderes Prinzip der Identität gibt als dieses, von dem ich gerade gesprochen habe, so wird ein Körper niemals mehr als einen Augenblick Bestand haben. Indessen sind die Seelen und substantiellen Formen der Körper sehr verschieden von den vernünftigen Seelen, die allein ihre Handlungen erkennen, und die nicht nur auf natürliche Weise nicht zugrunde gehen, sondern sogar immer die Grundlage der Erkenntnis dessen, was sie sind, beibehalten, wodurch sie allein für Strafe und Belohnung empfänglich sind und Bürger in dem Staate des Weltalls werden, dessen Herrscher Gott ist. Es folgt daraus auch, daß alle übrigen Geschöpfe ihnen dienen müssen, wovon wir bald ausführlicher sprechen werden.

13. Da der individuelle Begriff jeder Person ein für allemal das einschließt, was ihr jemals zustoßen wird, ersieht man daraus die apriorischen Beweise oder Gründe für die Wahrheit jedes Ereignisses, oder warum eines eher als das andere ist. Aber obgleich diese Wahrheiten sicher sind, bleiben sie doch kontingent, da sie auf den freien Willen Gottes und der Geschöpfe gegründet sind. Zwar hat deren Wahl immer ihre Gründe, die aber nur eine Tendenz und keine Notwendigkeit bewirken.

13. Bevor wir aber weitergehen, müssen wir uns bemühen, einer großen Schwierigkeit Rechnung zu tragen, die aus den Grundlagen erwachsen könnte, welche wir oben gelegt haben. Wir haben gesagt, daß der Begriff einer individuellen Substanz ein für allemal alles das einschließt, was ihr jemals zustoßen kann, und daß man, wenn man diesen Begriff erwägt, alles das erkennen kann, was sich wahrhaft von ihr aussagen läßt, so wie wir im Wesen des Kreises alle Eigenschaften erkennen können, die man daraus ableiten kann. Es scheint aber, daß dadurch der Unterschied zwischen den kontingenten und den notwendigen Wahrheiten beseitigt wird, daß für die menschliche Freiheit kein Platz mehr sein wird und daß eine unbedingte Schicksalhaftigkeit alle unsere Handlungen ebenso wie alle übrigen Ereignisse der Welt lenken wird. Darauf antworte ich, daß man zwischen dem Sicheren und dem Notwendigen unterscheiden muß: jedermann stimmt zu, daß die zukünftigen kontingenten Geschehnisse sicher sind, weil Gott sie vorhersieht, man gibt damit aber nicht zu, daß sie notwendig sind. Wenn aber (so wird man sagen) irgendeine Schlußfolgerung unfehlbar aus einer Definition oder einem Begriff abgeleitet werden kann, so ist sie notwendig. Nun behaupten wir aber, daß alles, was einer Person zustoßen kann, schon der Möglichkeit nach in ihrer Natur oder in ihrem Begriff eingeschlossen ist, wie die Eigenschaften des Kreises in seiner Definition. So besteht also die Schwierigkeit noch weiter. Um ihr auf gründliche Weise zu begegnen, sage ich, daß die Verbindung oder Folge von zweierlei Art ist; die eine, deren Gegenteil einen Widerspruch einschließt, ist unbedingt notwendig, und diese Ableitung findet bei den ewigen Wahrheiten statt, wie es diejenigen der Geometrie sind; die andere ist nur *ex hypothesi* und sozusagen dem Zufall nach notwendig, und sie ist an sich selbst kontingent, weil das Gegenteil keinen Widerspruch einschließt. Diese Verbindung gründet sich nicht auf die ganz reinen Ideen und den einfachen Verstand Gottes, sondern auch auf seine freien Entscheidun-

Gottfried Wilhelm Leibniz

gen und auf die Abfolge der Welt. Geben wir ein Beispiel: da Julius Caesar dauernder Diktator und Herr der Republik werden und die Freiheiten der Römer stürzen wird, ist diese Handlung in seinem Begriff eingeschlossen, denn wir setzen voraus, daß es das Wesen eines solchen vollkommenen Begriffs eines Subjektes ist, alles in sich zu schließen, auf daß das Prädikat in ihm enthalten ist, *ut possit inesse subiecto* (damit es im Subjekt innesein kann). Man könnte sagen, daß er nicht kraft dieses Begriffes oder dieser Idee diese Handlung begeht, weil sie ihm nur auf Grund dessen zukommt, daß Gott alles weiß. Man wird aber darauf bestehen, daß seine Natur oder Form diesem Begriff entspricht, und da Gott ihm diese Persönlichkeit auferlegt hat, ist es im weiteren für ihn notwendig, ihr zu entsprechen. Ich könnte darauf mit dem Beispiel der kontingenten zukünftigen Geschehnisse antworten, denn an ihnen ist noch nichts Wirkliches außer im Verstande und Willen Gottes, und da Gott ihnen darin diese zukünftige Form gegeben hat, so werden sie ihr gleicherweise entsprechen müssen. Ich ziehe es aber vor, Schwierigkeiten zu begegnen, statt sie durch ein Beispiel anderer ähnlicher Schwierigkeiten zu entschuldigen, und was ich sagen werde, wird dazu dienen, die eine wie die andere zu erhellen. So muß man hier jetzt die Unterscheidung der Verknüpfungen anwenden, und ich sage, daß das, was in Übereinstimmung mit jenen Vorwegnahmen geschieht, sicher ist, daß es aber nicht notwendig ist, und wenn jemand das Gegenteil tun würde, so würde er nichts an sich Unmögliches machen, obwohl es *(ex hypothesi)* unmöglich ist, daß das geschehen könnte. Denn wenn ein Mensch fähig wäre, den ganzen Beweis ganz durchzuführen, kraft dessen er diese Verknüpfung des Subjekts, das Caesar ist, mit dem Prädikat, das sein glückliches Unternehmen ist, beweisen könnte, so könnte er in der Tat einsichtig machen, daß die zukünftige Diktatur Caesars ihre Grundlage in seinem Begriff oder seiner Natur hat, so daß man darin einen Grund sähe, warum er sich lieber dazu entschloß, den Rubikon zu überschreiten, als vor ihm anzuhalten, und warum er die Schlacht bei Pharsalus gewann, statt sie vielmehr zu verlieren, und daß es vernunftgemäß und folglich sicher ist, daß sich all dies ereignete; nicht aber, daß es an sich notwendig ist, noch daß das Gegenteil einen Widerspruch einschließt. Fast auf dieselbe Art ist es vernünftig und sicher, daß Gott immer das beste tun wird, obwohl das weniger Vollkommene keinen Widerspruch einschließt. Denn man würde finden, daß jener Beweis des Prädikats von Caesar nicht ebenso unbedingt ist wie die Beweise der Zahlen oder der Geometrie, sondern daß er die Abfolge der Dinge voraussetzt, die Gott frei gewählt hat und daß er auf dem ersten freien Entschluß Gottes gegründet ist, der besagt, immer das zu tun, was das Vollkommenste ist, und auf dem Entschluß, den Gott (als Folge des ersten) hinsichtlich der menschlichen Natur gefaßt hat und der dahingeht, daß der Mensch immer (obgleich frei) das tun wird, was das Beste scheint. Nun ist jede Wahrheit, die auf derartige Entscheidungen gegründet ist, kontingent, obwohl sie gewiß ist. Denn diese Entscheidungen ändern die Möglichkeit der Dinge nicht, und obgleich Gott (wie ich schon gesagt habe) mit Sicherheit immer das Beste wählt, so hindert das nicht, daß das, was weniger vollkommen ist, an sich möglich ist und bleibt, obwohl es nicht eintreffen kann, denn nicht seine Unmöglichkeit, sondern seine Unvollkommenheit macht, daß es zurückgewiesen wird. Nichts ist notwendig, dessen Gegensatz möglich ist. So wird man in der Lage sein, dieser Art von Schwierigkeiten zu begegnen, wie groß sie auch scheinen mögen (und in der Tat sind sie nicht weniger dringlich im Hinblick auf alle jene anderen, die diesen Gegenstand schon behandelt haben), vorausgesetzt, man erwägt gründlich, daß alle kontingenten Sätze Gründe haben, eher so als anders zu sein, oder auch (was dasselbe ist), daß sie *apriorische* Beweise ihrer Wahrheit haben, die sie gewiß machen und die beweisen, daß die Verbindung von Subjekt und Prädikat in diesen Sätzen seine Grundlage in der Natur des einen wie des anderen hat; daß sie aber keine Beweise ihrer Notwendigkeit besitzen, weil diese Gründe nur auf das Prinzip der Kontingenz oder der Existenz der Dinge gegründet sind, das heißt auf das, was unter mehreren gleich möglichen Dingen das beste ist oder zu sein scheint während die notwendigen Wahrheiten auf dem Prinzip des Widerspruchs oder der Möglichkeit oder Unmöglichkeit der Wesenheiten selbst beruhen, ohne darin auf den freien Willen Gottes oder der Geschöpfe Bezug zu nehmen.

14. Gott bringt verschiedene Substanzen nach den unterschiedlichen Gesichtspunkten hervor, die er vom All hat, und auf Grund der Einwirkung Gottes gehört es zum eigenen Wesen jeder Substanz, daß dasjenige, was einer zustößt, dem entspricht, was allen anderen zustößt, ohne daß sie unmittelbar aufeinander einwirken.
    14. Nachdem wir auf gewisse Weise erkannt haben, worin das Wesen der Substanzen besteht, müssen wir versuchen, die Abhän-

gigkeit, in der die einen von den anderen stehen, sowie ihre Handlungen und Leiden zu erklären. Erstens ist es nun ganz offenkundig, daß die geschaffenen Substanzen von Gott abhängen, der sie erhält und der sie sogar dauernd in einer Art Ausstrahlung [Emanation] hervorbringt, so wie wir unsere Gedanken hervorbringen. Denn Gott dreht sozusagen das allgemeine System der Erscheinungen, das er zur Bekundung seines Ruhmes hervorzubringen für gut befand, nach allen Seiten und auf jede Weise hin und her und betrachtet alle Aspekte der Welt auf alle möglichen Arten, da es keine Beziehung gibt, die seiner Allwissenheit entgeht. Das Ergebnis jeder Ansicht des Weltalls, das von einem gewissen Standpunkt aus betrachtet wird, ist eine Substanz, die das Weltall in Übereinstimmung mit dieser Ansicht ausdrückt, wenn Gott es für gut befindet, seinen Gedanken zu verwirklichen und diese Substanz zu schaffen. Und da die Ansicht Gottes immer wahrhaft ist, sind unsere Perzeptionen es auch; unsere Urteile aber, die aus uns stammen, täuschen uns. Nun haben wir weiter oben gesagt und das folgt aus dem, was wir gerade gesagt haben, daß jede Substanz gleichsam eine Welt für sich ist, die von jeder anderen Sache mit Ausnahme Gottes unabhängig ist. So sind alle unsere Erscheinungen, das heißt alles, was uns jemals zustoßen kann, nur die Folgen unseres Seins. Und da diese Erscheinungen eine gewisse Ordnung bewahren, in Übereinstimmung mit unserer Natur oder sozusagen mit der Welt, die in uns ist, und da diese Ordnung bewirkt, daß wir Beobachtungen machen können, die dazu nützen, unser Verhalten zu regeln und die durch den Erfolg zukünftiger Erscheinungen gerechtfertigt werden, und da wir so oft über die Zukunft auf Grund der Vergangenheit urteilen können, ohne uns zu täuschen, genügt das, um zu sagen, daß diese Erscheinungen wahr sind, ohne uns in Unbill darüber zu stürzen, ob sie außer uns sind und ob andere sie ebenso wahrnehmen. Indessen ist es sehr wahr, daß die Perzeptionen oder Ausdrucksinhalte aller Substanzen sich gegenseitig entsprechen, derart, daß jeder, der mit Aufmerksamkeit gewissen Gründen oder Gesetzen folgt, die er festgestellt hat, sich mit dem anderen trifft, der das ebenso tut, so wie mehrere, die sich verabredet haben, sich an einem bestimmten Ort und an einem festgesetzten Tag zusammenzufinden, das tatsächlich tun können, wenn sie wollen. Obgleich nun alle die gleichen Erscheinungen ausdrücken, sind darum doch ihre Ausdrucksinhalte nicht vollkommen gleich, sondern es genügt, daß sie proportional sind; wie wenn mehrere Zuschauer

glauben, dasselbe zu sehen und sich in der Tat untereinander verstehen, obwohl jeder auf seine Weise gemäß seiner Perspektive spricht. Nun kann nur Gott (von dem alle diese Individuen unaufhörlich ausstrahlen und der das Weltall nicht nur sieht, wie sie es sehen, sondern auch ganz anders als sie alle) die Ursache dieser Entsprechung ihrer Erscheinungen sein und bewirken, daß das, was für den einen das Besondere, für alle das Gemeinsame ist. Andernfalls gäbe es keine Verbindung. Man könnte so auf eine gewisse Weise und mit einem guten Sinn, obgleich vom Sprachgebrauch abweichend, sagen, daß eine besondere Substanz niemals auf eine andere besondere Substanz einwirkt und ebensowenig von ihr etwas erleidet, wenn man bedenkt, daß das, was jeder zustößt, ganz allein die Folge ihrer Idee oder ihres vollständigen Begriffs ist, weil diese Idee schon alle Prädikate oder Ereignisse einschließt und das ganze Universum ausdrückt. In der Tat kann uns nichts als Perzeptionen und Gedanken zustoßen, und alle unsere zukünftigen Gedanken und Perzeptionen sind nur Folgen, obgleich kontingente, unserer vorhergegangenen Gedanken und Perzeptionen, derart, daß ich, wenn ich fähig wäre, alles deutlich zu erwägen, was mir in dieser Stunde zustößt oder erscheint, alles erkennen könnte, was mir jemals zustoßen oder erscheinen wird. Das würde nicht fehlen und mir gleicherweise zustoßen, wenn alles, was außer mir ist, zerstört würde, vorausgesetzt, daß nur Gott und ich erhalten blieben. Da wir aber das, was wir auf eine gewisse Weise wahrnehmen, anderen Dingen gleichsam als auf uns wirkenden Ursachen zuschreiben, so muß man die Grundlage dieses Urteils und das, was daran wahr ist, erwägen.
[...]

16. Die außerordentliche Mitwirkung Gottes ist in dem inbegriffen, was unser Wesen ausdrückt, denn dieser Ausdruck erstreckt sich auf alles, aber er übersteigt die Kräfte unserer Natur oder unseres deutlichen Ausdrückens, das begrenzt ist und gewissen untergeordneten Maximen folgt.

16. Gegenwärtig bleibt noch zu erklären, wie es möglich ist, daß Gott manchmal auf die Menschen oder auf andere Substanzen vermöge einer außerordentlichen und wunderbaren Mitwirkung Einfluß nimmt, da es scheint, daß ihnen nichts Außerordentliches und Übernatürliches zustoßen kann, da doch all ihre Geschehnisse nur Folgen ihrer eigenen Natur sind. Man muß sich aber an das

erinnern, was wir oben über die Wunder im Weltall gesagt haben, die immer mit einem universellen Gesetze der allgemeinen Ordnung übereinstimmen, wenn sie auch über untergeordnete Maximen hinausgehen. Sofern jede Person oder Substanz wie eine kleine Welt ist, die die große ausdrückt, kann man gleicherweise sagen, daß diese außerordentliche Wirkung Gottes auf diese Substanz nicht aufhört wunderbar zu sein, obwohl sie in der allgemeinen Ordnung des Weltalls, insoweit sie durch das Wesen oder den individuellen Begriff dieser Substanz ausgedrückt wird, eingeschlossen ist. Wenn wir darum in unsere Natur all das einbeziehen, was sie ausdrückt, so ist für sie nichts übernatürlich, denn sie erstreckt sich auf alles, indem sie in der Tat immer ihre Ursache ausdrückt und Gott die wahre Ursache der Substanzen ist. Da aber das, was unsere Natur vollkommener ausdrückt, ihr auf eine besondere Weise zugehört, weil darin ihr Vermögen besteht, und weil sie begrenzt ist, wie ich erklärt habe, gibt es viele Dinge, die die Kräfte unserer Natur und sogar die aller begrenzten Naturen übersteigen. Folglich sage ich, um klarer zu sprechen, daß die Wunder und die außerordentlichen Mitwirkungen Gottes die Eigenschaft haben, daß sie von dem vernünftigen Denken eines geschaffenen Geistes nicht vorausgesehen werden können, wie erleuchtet er auch sein mag, weil das deutliche Verständnis der allgemeinen Ordnung sie alle übersteigt. Demgegenüber hängt all das, was man natürlich nennt, von weniger allgemeinen Maximen ab, die die Geschöpfe begreifen können. Damit also die Worte gleich untadelig seien wie die Sinne, wäre es gut, gewisse Redeweisen mit bestimmten Gedanken zu verbinden, und man könnte das unser Wesen [*essence*] nennen, was alles einschließt, was wir ausdrücken, und da es unsere Verbindung mit Gott selbst ausdrückt, kann es keine Grenzen haben, und nichts geht über es hinaus. Was aber in uns begrenzt ist, könnte unsere Natur [*nature*] oder unser Vermögen genannt werden, und in diesem Betracht ist das, was die Naturen aller geschaffenen Substanzen übersteigt, übernatürlich.

[...]

19. Nutzen der Zweckursachen in der Physik.
19. Da ich über die Menschen nicht gern schlecht urteile, klage ich die modernen Philosophen nicht an, die bestrebt sind, die Zweckursachen aus der Physik zu verbannen, ich bin aber nichtsdestoweniger genötigt zuzugeben, daß die Folgen dieser Meinung

mir gefährlich erscheinen, vor allem wenn ich sie mit der Auffassung verbinde, die ich zu Anfang dieser Abhandlung zurückgewiesen habe, die dahin zu gehen scheint, die Zweckursachen völlig zu beseitigen, als ob Gott sich bei seinem Wirken kein Ziel noch Gut setzte oder als ob das Gut nicht der Gegenstand seines Willens wäre. Ich halte im Gegenteil dafür, daß man dort das Prinzip aller Existenzen und der Naturgesetze suchen muß, weil Gott sich immer das Beste und Vollkommenste als Ziel setzt. Ich will gern zugeben, daß wir einer Täuschung unterliegen, wenn wir die Zwecke und Ratschlüsse Gottes bestimmen wollen, aber nur deshalb, weil wir sie auf irgendein besonderes Ziel beschränken wollen, indem wir glauben, daß er nur eine einzige Sache im Auge habe, während er doch zu gleicher Zeit auf alles achtet; wenn wir zum Beispiel glauben, Gott habe die Welt nur um unseretwillen gemacht, so ist das eine große Täuschung, obwohl es sehr wahr ist, daß er sie ganz für uns gemacht hat und daß es nichts im Weltall gibt, das uns nicht betrifft und das sich nicht gemäß den oben aufgestellten Prinzipien den Rücksichten anpaßt, die er auf uns genommen hat. Wenn wir so irgendeine gute Wirkung oder eine Vollkommenheit sehen, die sich ereignet oder die aus den Werken Gottes folgt, so können wir mit Sicherheit sagen, daß Gott sie sich als Ziel gesetzt hat. Denn er macht nichts aus Zufall und gleicht keineswegs uns, denen es manchmal nur so unterläuft, etwas Gutes zu tun. Deshalb ist man weit davon entfernt, daß man sich darin täuschen könnte, wie etwa überspannte Politiker, die sich in den Absichten der Fürsten zu viel Raffinesse einbilden, oder wie es Kommentatoren tun, die zu viel Gelehrsamkeit in ihrem Autor suchen. Man kann dieser unendlichen Weisheit gar nicht zu viel Überlegungen zuschreiben, und es gibt keinen Gegenstand, wo es weniger Irrtum zu fürchten gäbe, solange man nur bejahende Aussagen trifft und vorausgesetzt, daß man sich hier vor negativen Sätzen hütet, die die Absichten Gottes begrenzen. Alle diejenigen, die den bewundernswerten Aufbau der Lebewesen erkennen, finden sich dazu gedrängt, die Weisheit des Urhebers der Dinge anzuerkennen, und ich rate denen, die ein Gefühl für Frömmigkeit und selbst für die wahre Philosophie haben, sich von den Reden einiger sehr anmaßender Geister fernzuhalten, die sagen, daß man sieht, weil man nun einmal Augen habe, ohne daß jedoch die Augen dazu gemacht seien, um zu sehen. Wenn man ernsthaft dieser Meinungen ist, die alles der Notwendigkeit der Materie oder einem gewissen Zufall überlassen (obwohl das eine wie das andere denen lächerlich erscheint, die das verstehen, was wir oben erklärt haben), so ist es schwierig, daß man einen intelligenten Urheber der Natur anerkennt. Denn die Wirkung muß ihrer Ursache entsprechen, und sie wird sogar am besten durch die Erkenntnis der Ursache erkannt, und es ist unvernünftig, eine höchste die Dinge ordnende Intelligenz einzuführen und sich dann, statt von ihrer Weisheit Gebrauch zu machen, nur der Eigenschaften der Materie zu bedienen, um die Erscheinungen zu erklären. Das ist so, als wollte ein Historiker sagen, um den Grund für eine Eroberung, die ein großer Fürst durch die Einnahme irgendeines wichtigen Ortes gemacht hat, anzugeben, das sei geschehen, weil die kleinen Teilchen des Kanonenpulvers der Berührung durch einen Funken ausgesetzt waren und mit einer Geschwindigkeit davonflogen, die geeignet war, einen harten und schweren Körper gegen die Mauern des Ortes zu werfen, während die Arme der kleinen Teilchen, die das Kupfer der Kanone bildeten, fest genug miteinander verschlungen waren, um durch diese Geschwindigkeit nicht auseinandergerissen zu werden. Statt daß man zeigte, wie die Voraussicht des Eroberers ihn die geeignete Zeit und die geeigneten Mittel wählen ließ und wie seine Macht alle Widerstände überstieg.

20. Erinnerungswürdiger Abschnitt über Sokrates aus Platons Phaidon gegen die zu materiell denkenden Philosophen.
20. Das läßt mich an einen schönen Abschnitt des Sokrates in Platons »Phaidon« [97b–99a] denken, der ausgezeichnet mit meinen Auffassungen über diesen Punkt übereinstimmt und ausdrücklich gegen unsere zu materiell denkenden Philosophen geschrieben zu sein scheint.
[...]

21. Wenn die mechanischen Regeln allein von der Geometrie ohne die Metaphysik abhingen, so wären die Erscheinungen ganz andere.
21. Da man immer schon die Weisheit Gottes in den Einzelheiten des mechanischen Aufbaus einiger besonderer Körper anerkannt hat, so muß sie sich wohl auch in der allgemeinen Einrichtung der Welt und in der Verfassung der Naturgesetze aufzeigen lassen. Das ist sogar so wahr, daß man die Ratschlüsse dieser Weisheit in den Bewegungsgesetzen im allgemeinen bemerkt. Denn wenn es in den Körpern nur eine ausgedehnte Masse gäbe und

wenn es in der Bewegung nur Ortsveränderung gäbe, und wenn alles aus ganz allein diesen Definitionen mit geometrischer Notwendigkeit abgeleitet werden müßte und könnte, so würde daraus folgen, wie ich anderorts gezeigt habe, daß der kleinste Körper dem größten, der sich in Ruhe befände und auf den er träfe, die gleiche Geschwindigkeit verleihen würde, die er selbst besitzt, ohne auch nur irgendetwas von der seinigen zu verlieren; und man müßte eine Menge anderer derartiger Regeln zugeben, die der Bildung eines Systems ganz und gar entgegengesetzt sind. Der Entschluß der göttlichen Weisheit aber, stets die gleiche Kraft und die gleiche Bewegungsrichtung *in summa* zu erhalten, hat dafür gesorgt. Ich finde sogar, daß sich manche Wirkungen der Natur auf doppelte Weise erklären lassen, nämlich auf Grund der Erwägung der Wirkursache und davon gesondert auch auf Grund der Erwägung der Zweckursache, indem man sich zum Beispiel der Entscheidung Gottes bedient, seine Wirkung immer auf dem leichtesten und bestimmtesten Wege hervorzubringen, wie ich anderorts gezeigt habe, als ich die Regeln der Katoptrik und der Dioptrik begründete, und wovon ich bald noch weiter sprechen werde.

22. Versöhnung der zwei Wege, deren einer über die Zweckursachen, deren anderer über die Wirkursachen verläuft, um ebensowohl jenen Genüge zu tun, die die Natur mechanisch erklären, wie jenen, die auf unkörperliche Naturen zurückgehen.

22. Es ist gut, diese Bemerkung zu machen, um jene, die die Bildung des ersten Gewebes eines Lebewesens auf mechanische Weise und aus der ganzen Maschinerie der Teile zu erklären hoffen, mit jenen anderen zu versöhnen, die diesen gleichen Aufbau durch die Zweckursachen begründen. Das eine wie das andere ist richtig, das eine wie das andere kann nützlich sein, nicht allein um die Kunstfertigkeit des großen Werkmeisters zu bewundern, sondern auch um in der Physik und in der Medizin etwas Nützliches zu entdecken. Und die Autoren, die diesen unterschiedenen Wegen folgen, sollten einander nicht schlecht behandeln. Denn ich sehe, daß diejenigen, die sich bemühen, die Schönheit der göttlichen Anatomie zu erklären, sich über die anderen lustig machen, die sich einbilden, daß eine Bewegung gewisser Säfte, die zufällig zu sein scheint, eine so schöne Vielfalt von Gliedern schaffen konnte, und jene Leute als verwegen und gotteslästerlich behandeln. Und diese behandeln hingegen die ersteren als dümmlich und abergläubisch,

Gottfried Wilhelm Leibniz

als seien sie jenen Alten ähnlich, die die Physiker für gottlos hielten, wenn sie behaupteten, daß nicht Jupiter donnere, sondern irgendeine Materie, die sich in den Wolken befinde. Das beste wäre, die eine und die andere Betrachtungsweise miteinander zu verbinden, denn wenn es erlaubt ist, sich eines niederen Vergleichs zu bedienen, so anerkenne und preise ich die Geschicklichkeit eines Handwerkers nicht allein dadurch, daß ich zeige, welche Ziele er gehabt hat, als er die Teile seiner Maschine anfertigte, sondern auch indem ich die Werkzeuge erkläre, deren er sich bediente, um jedes Stück herzustellen, vor allem wenn die Werkzeuge so einfach und genial erfunden sind. Und Gott ist ein so gelehrter Künstler, daß er eine noch viel tausendmal erfindungsreichere Maschine als die unseres Körpers hervorbringen könnte, indem er sich nur gewisser sehr einfacher Säfte bedienen würde, die ausdrücklich derart gebildet wären, daß er nur die gewöhnlichen Naturgesetze brauchte, um sie zweckdienlich zu mischen, auf daß er eine so bewunderungswürdige Wirkung hervorbrächte; es ist aber auch wahr, daß das nicht vorkommen würde, wenn Gott nicht der Urheber der Natur wäre. Indessen finde ich, daß der Weg über die Wirkursachen, der in der Tat tiefer und in gewisser Weise unmittelbarer und *a priori* ist, im Austausch dafür recht schwierig ist, wenn man in die Einzelheiten geht, und ich glaube, daß unsere Philosophen sehr oft davon noch weit entfernt sind. Der Weg über die Zweckursachen ist leichter und bleibt oft dienlich, wichtige und nützliche Wahrheiten zu enthüllen, die man auf jenem anderen, mehr physikalischen Wege sehr lange hätte suchen müssen, wofür die Anatomie beachtenswerte Beispiele liefern kann. Auch halte ich dafür, daß Snellius, der der erste Entdecker der Lichtbrechungsregeln war, lange hätte warten müssen, um sie zu finden, wenn er zuerst hätte suchen wollen, wie das Licht gebildet wird. Er folgte aber offenbar der Methode, deren sich die Alten in der Katoptrik bedienten und die in der Tat von den Zweckursachen ausgeht. Indem sie nämlich den kürzesten Weg suchten, um einen Strahl von einem gegebenen Punkte zu einem anderen gegebenen Punkte durch Reflexion von einer gegebenen Ebene zu führen (voraussetzend, daß dies das Ziel der Natur ist), fanden sie die Gleichheit von Einfalls- und Ausfallswinkel, wie man aus einer kleinen Abhandlung des Heliodor von Larissa und aus anderen Quellen ersehen kann. Das haben Snellius, wie ich glaube, und nach ihm (obgleich ohne von ihm gewußt zu haben) Fermat sehr erfinderisch auf die Brechung angewandt. Denn wenn

die Lichtstrahlen in den gleichen Medien das gleiche Verhältnis der Sinuswinkel bewahren, welches auch das Verhältnis der Widerstände in den Medien ist, so findet man, daß das der einfachste oder wenigstens bestimmteste Weg ist, um von einem in einem Medium gegebenen Punkt zu einem in einem anderen Medium gegebenen Punkt zu gelangen. Und es mangelt dem Beweis desselben Lehrsatzes, den Descartes vermittels der Wirkursachen geben wollte, viel, um ebenso gut zu sein. Zum mindesten hat man Grund zu vermuten, daß er ihn auf diesem Wege niemals gefunden hätte, wenn er in Holland nichts von der Entdeckung des Snellius erfahren hätte.
[...]

28. Unmittelbarer Gegenstand unserer Perzeptionen ist allein Gott, der außer uns existiert, und er allein ist unser Licht.

28. Im strengen Sinne metaphysischer Wahrheit gibt es nun keinen äußeren Grund, der auf uns wirkt, ausgenommen Gott allein, und er allein teilt sich uns vermöge unserer dauernden Abhängigkeit unmittelbar mit. Daraus folgt, daß es keinen anderen äußeren Gegenstand gibt, der unsere Seele berührt und der unmittelbar unsere Perzeption wachruft. So haben wir in unserer Seele die Ideen aller Dinge nur vermöge der dauernden Einwirkung Gottes auf uns, das heißt, weil jede Wirkung ihre Ursache ausdrückt und weil so das Wesen unserer Seele ein gewisser Ausdruck oder eine gewisse Nachahmung oder ein gewisses Bild des göttlichen Wesens, Denkens und Willens und aller Ideen ist, die darin beschlossen liegen. So kann man sagen, daß Gott unser einziger unmittelbarer Gegenstand außer uns ist, und daß wir alle Dinge durch ihn sehen. Wenn wir zum Beispiel die Sonne und die Sterne sehen, so ist es Gott, der uns ihre Ideen gegeben hat und sie uns bewahrt und der uns durch seine gewöhnliche Mithilfe bestimmt, daran tatsächlich zu jener Zeit zu denken, zu der unsere Sinne in einer gewissen Weise auf Grund von Gesetzen, die er festgesetzt hat, dazu disponiert sind. Gott ist die Sonne und das Licht der Seelen, *lumen illuminans omnem hominem venientem in hunc mundum* [vgl. Joh 1,9] (das Licht, das jeden Menschen, der in diese Welt kommt, erleuchtet). Und man ist nicht erst seit heute dieser Meinung. Nach der Heiligen Schrift und den Kirchenvätern, die immer eher für Platon als für Aristoteles gewesen sind, haben zur Zeit der Scholastik manche geglaubt, daß Gott das Licht der Seele und nach ihrer Art zu sprechen *intellectus agens animae rationalis* (der tätige Verstand der

vernünftigen Seele) ist, worauf schon einmal hingewiesen zu haben ich mich erinnere. Die Averroisten haben das in einen schlechten Sinn verkehrt, aber andere, unter denen sich, glaube ich, Wilhelm von St. Amour befand, und manche mystische Theologen haben es in einer Weise aufgefaßt, die Gottes würdig und geeignet ist, die Seele zur Erkenntnis ihres Heils zu erheben.
[...]

30. Wie Gott unserer Seele Tendenzen verleiht, ohne sie nötigen, so daß man kein Recht hat, sich zu beklagen; man darf nicht fragen, warum Judas sündigt, weil diese freie Handlung in seinem Begriff eingeschlossen ist, sondern nur, warum Judas, der Sünder, vorzugsweise vor irgendwelchen anderen möglichen Personen zur Existenz zugelassen wurde. Von der Unvollkommenheit oder der ursprünglichen Beschränktheit vor der Sünde und von den Graden der Gnade.

30. Was die Wirkung Gottes auf den menschlichen Willen angeht, so gibt es eine Menge ziemlich schwieriger Überlegungen, die hier zu verfolgen zu langwierig wäre. Nichtsdestoweniger kann man darüber hier in groben Umrissen sagen: Indem Gott bei unseren gewöhnlichen Handlungen mitwirkt, folgt er nur den Gesetzen, die er festgesetzt hat, das heißt er erhält und erzeugt ununterbrochen unser Sein, derart daß uns die Gedanken spontan oder frei in der Ordnung kommen, die der Begriff unserer individuellen Substanz mit sich bringt, in welchem man sie von aller Ewigkeit her vorhersehen konnte. Vermöge des von ihm gefaßten Entschlusses, daß der Wille immer zum anscheinend Guten hinneigen solle, indem er den Willen Gottes unter bestimmten besonderen Beziehungen ausdrückt oder nachahmt, im Hinblick auf die dieses anscheinend Gute immer etwas Wahres hat, bestimmt er darüber hinaus unseren Willen zur Wahl dessen, was das Beste zu sein scheint, ohne ihn jedoch zu nötigen. Denn absolut gesprochen ist er [unser Wille] im Zustande der Gleichgültigkeit, insoweit man diesen der Notwendigkeit entgegensetzt, und er hat das Vermögen, anders zu handeln oder sich gänzlich jeder Handlung zu enthalten, da jede der beiden Seiten möglich ist und bleibt. Es hängt so von der Seele ab, sich gegen die Überraschungen des Scheins vorzusehen durch einen starken Willen, Reflexionen anzustellen und bei gewissen Vorfällen nur zu handeln und zu urteilen, nachdem man wohl und reiflich überlegt hat. Es ist indessen wahr und sogar seit aller Ewigkeit si-

cher, daß manche Seele sich ihres Vermögens bei einem solchen Vorfall nicht bedienen wird. Wer aber ist dafür verantwortlich und wen könnte sie anklagen als sich selbst? Denn alle diese Klagen nach der Tat sind ungerecht, wenn sie vor der Tat ungerecht gewesen wären. Hätte nun aber diese Seele kurz vor der Sünde guten Grund gehabt, sich über Gott zu beklagen, als habe er sie zur Sünde bestimmt? Da die Bestimmungen Gottes in diesen Dingen Sachen sind, die man nicht vorhersehen kann – woher weiß sie, daß sie bestimmt ist zu sündigen, wenn nicht, weil sie schon wirklich sündigt? Es handelt sich nur darum, nicht zu wollen, und Gott kann keine leichtere und gerechtere Bedingung vorschreiben. Ohne nach den Gründen zu suchen, die einem Menschen die Anlage zu einem schlechten Willen gegeben haben, beschränken sich auch alle Richter darauf zu erwägen, wie schlecht dieser Wille ist. Vielleicht aber ist es von aller Ewigkeit her sicher, daß ich sündigen werde? Antwortet euch selbst: vielleicht nicht! Und ohne von dem zu träumen, was ihr nicht wissen könnt und was euch kein Licht geben kann, handelt nach eurer Pflicht, die ihr kennt! Ein anderer aber wird fragen: woher kommt es, daß dieser Mensch mit Gewißheit diese Sünde begehen wird? Die Antwort ist leicht: sonst wäre er nicht dieser Mensch. Denn Gott sieht von aller Zeit her, daß es einen Judas geben wird, dessen Begriff oder Idee, die Gott von ihm hat, jene zukünftige freie Handlung einschließt. So bleibt nur die Frage, warum ein solcher Judas, der Verräter, der in der Idee Gottes nur möglich ist, tatsächlich existiert. Auf diese Frage aber gibt es keine auf dieser Welt zu erwartende Antwort, wenn nicht die, daß man im allgemeinen sagen muß: da Gott es für gut befunden hat, daß er [Judas] trotz der Sünde existierte, die er voraussah, muß sich dieses Übel im Universum mit Zinsen bezahlt machen und muß Gott daraus ein größeres Gut ziehen und sich im Ganzen herausstellen, daß diese Folge der Dinge, in welcher die Existenz dieses Sünders eingeschlossen ist, die vollkommenste unter allen anderen möglichen Weisen darstellt. Es ist aber nicht möglich, immer den bewunderungswürdigen Plan dieser Wahl zu erklären, solange wir nur Wanderer [auf dem Weg des Lebens] sind; es ist genug, von ihm zu wissen, ohne ihn zu begreifen. Und hier ist es an der Zeit, *altitudinem divitiarum*, die Tiefe und den Abgrund der göttlichen Weisheit anzuerkennen, ohne nach einer Einzelheit zu suchen, die unendliche Überlegungen einschließt. Man sieht indessen wohl, daß Gott nicht die Ursache des Übels ist. Denn nicht nur hat sich nach dem Verluste der Unschuld des Menschen die ursprüngliche Sünde der Seele bemächtigt, sondern auch schon vorher gab es eine allen Geschöpfen von Natur aus mitgegebene Beschränkung oder ursprüngliche Unvollkommenheit, die sie sündig oder zu fehlen fähig machte. So gibt es hinsichtlich der Supralapsarier nicht mehr Schwierigkeit als hinsichtlich anderer. Und darauf muß man meiner Meinung nach die Auffassung des hlg. Augustinus und anderer Autoren zurückführen, daß die Wurzel des Übels im Nichts liegt, das heißt in der Privation oder Beschränkung der Geschöpfe, der Gott gnädig Abhilfe schafft in dem Maße der Vollkommenheit, die er ihnen nach seinem Gefallen verleiht. Diese Gnade Gottes, möge sie nun gewöhnlich oder außergewöhnlich sein, hat ihre Gradabstufungen und Maße; sie ist an sich selbst immer wirksam, eine bestimmte entsprechende Wirkung hervorzubringen, und darüber hinaus ist sie immer ausreichend, nicht allein, um uns vor der Sünde zu bewahren, sondern auch um das Heil hervorzubringen, unter der Voraussetzung, daß der Mensch sich, soweit es in seiner Macht steht, mit ihr verbindet. Sie ist aber nicht immer ausreichend, um die Neigungen des Menschen zu überwältigen, denn sonst würde er zu nichts mehr streben, und das ist der allein absolut wirksamen Gnade vorbehalten, die immer siegreich ist, sei es, daß sie es aus sich selbst oder auf Grund des Zusammentreffens der Umstände ist.

[...]

33. *Erklärung der Verbindung von Seele und Körper, welche als unerklärlich oder wunderbar galt, und vom Ursprung der verworrenen Perzeptionen.*

33. Man sieht auch Aufklärung über jenes große Geheimnis der *Vereinigung der Seele mit dem Körper,* das heißt wie es geschieht, daß die Leiden und die Handlungen des einen von den Handlungen und Leiden oder eher von entsprechenden Erscheinungen des anderen begleitet sind. Denn es gibt kein Mittel zu verstehen, daß das eine einen Einfluß auf das andere ausübt, und es ist nicht vernünftig, einfach auf eine außerordentliche Wirkung der universellen Ursache in einem gewöhnlichen und besonderen Falle zurückzugehen. Hier findet man aber dafür den wahren Grund: wir haben gesagt, daß alles, was der Seele und jeder Substanz zustößt, eine Folge ihres Begriffes ist; so beinhaltet die Idee selbst oder das Wesen der Seele, daß alle ihre Erscheinungen oder Perzeptionen ihr

spontan aus ihrer eigenen Natur erwachsen müssen, und zwar gerade auf solche Weise, daß sie von sich aus dem entsprechen, was sich im ganzen Weltall, auf ganz besondere und vollkommene Weise aber dem, was sich im Körper, mit dem sie behaftet ist, ereignet, weil die Seele auf bestimmte Art und für eine bestimmte Zeit den Zustand des Weltalls gemäß den Beziehungen der anderen Körper zu ihrem eigenen ausdrückt. Das läßt auch erkennen, wie unser Körper uns zugehört, ohne daß er doch unserer Wesenheit beigefügt ist. Und ich glaube, daß diejenigen, die nachzudenken verstehen, aus eben diesem Grunde günstig über unsere Prinzipien urteilen werden, weil sie nun leicht sehen können, worin die Verbindung besteht, die es zwischen der Seele und dem Körper gibt und die mit anderen Methoden unerklärbar zu sein scheint. Man sieht auch, daß die Perzeptionen unserer Sinne notwendigerweise eine verworrene Empfindung enthalten müssen, auch wenn sie klar sind, denn da alle Körper des Weltalls miteinander in Einklang stehen, empfängt der unsere Eindrücke von allen anderen, und obgleich unsere Sinne sich auf alles beziehen, ist es nicht möglich, daß unsere Seele auf alles im besonderen achten kann. Darum sind unsere verworrenen Empfindungen das Ergebnis einer Vielfalt von Perzeptionen, die ganz und gar unendlich ist. Das verhält sich fast so, wie das verworrene Gemurmel, das diejenigen hören, die sich dem Meeresstrand nähern, von der Häufung der unzähligen Wellen, die sich zurückstoßen, herstammt. Wenn es nun unter mehreren Perzeptionen (die nicht miteinander übereinstimmen und eine einzige bilden) keine gibt, die die anderen übertrifft, und wenn sie fast gleich starke Eindrücke hervorrufen oder fast gleich fähig sind, die Aufmerksamkeit der Seele zu bestimmen, so kann man sie nur verworren wahrnehmen.

34. Über den Unterschied zwischen den Geistern und den anderen Substanzen, den Seelen oder substantiellen Formen, und daß für die Unsterblichkeit, die man fordert, die Erinnerung wichtig ist.

34. Vorausgesetzt, daß die Körper, die ein *unum per se* (aus sich selbst eine Einheit) bilden, wie z. B. der Mensch, Substanzen sind und daß sie substantielle Formen haben und daß die Tiere Seelen haben, so ist man genötigt zuzugeben, daß diese Seelen und diese substantiellen Formen ebensowenig gänzlich zugrunde gehen können wie die Atome oder letzten Teilchen nach der Meinung anderer Philosophen. Denn keine Substanz geht zugrunde, obgleich

sie ganz anders werden kann. Sie drücken auch das ganze Weltall aus, wenn auch unvollkommener als die Geister. Der hauptsächliche Unterschied besteht aber darin, daß sie weder das erkennen, was sie sind, noch das, was sie tun, und da sie folglich keine Reflexionen anstellen können, können sie keine notwendigen und universellen Wahrheiten entdecken. Mangels Reflexion auf sich selbst haben sie auch keinen moralischen Rang. Daher kommt es, daß es für die Moral oder Praxis, wenn sie beinah tausend Umformungen durchlaufen, wie wir zum Beispiel sehen, wenn eine Raupe sich zum Schmetterling wandelt, dasselbe ist, als ob man sagen würde, daß sie zugrunde gehen, und man kann das sogar im physischen Sinne sagen, wie wir sagen, daß die Körper in der Verwesung zugrunde gehen. Da die intelligente Seele aber erkennt, was sie ist und ICH sagen kann, was viel besagt, dauert sie nicht nur und bleibt im metaphysischen Sinne bestehen ebenso wie die anderen, sondern bleibt auch im moralischen Sinne dieselbe und schafft die identische Persönlichkeit. Denn die Erinnerung oder die Kenntnis dieses *Ichs* befähigt sie zu Strafe und Belohnung. Auch besteht die Unsterblichkeit, die man in der Moral und in der Religion fordert, nicht ganz allein in jener ewigen Fortexistenz, die allen Substanzen zukommt, denn ohne Erinnerung an das, was man gewesen ist, wäre sie nichts Wünschenswertes. Nehmen wir an, daß irgendein Individuum plötzlich König von China werden sollte, unter der Bedingung jedoch, das zu vergessen, was es gewesen ist, so als ob es ganz von neuem geboren worden wäre – ist das nicht in der Praxis oder hinsichtlich der Wirkungen, die man wahrnehmen kann, genau dasselbe, als ob es vernichtet werden sollte und ein König von China sollte an seiner Stelle im gleichen Augenblick geschaffen werden? Dieses Individuum hat keinen Grund, das zu wünschen.

35. Hervorragen der Geister: daß Gott sie vorzugsweise vor allen anderen Geschöpfen im Sinne hat; daß die Geister Gott mehr als die Welt ausdrücken, und daß die anderen einfachen Substanzen mehr die Welt als Gott ausdrücken.

35. Um aber aus natürlichen Gründen zu urteilen, daß Gott immer nicht nur unsere Substanz, sondern auch unsere Person erhalten wird, das heißt die Erinnerung und die Erkenntnis dessen, was wir sind (obwohl die deutliche Erkenntnis davon manchmal während des Schlafes und sonstiger Geistesabwesenheiten aufgehoben werden kann), muß man zur Metaphysik die Moral hinzufü-

gen. Das heißt, man muß Gott nicht nur als das Prinzip und die Ursache aller Substanzen und aller Wesen, sondern auch als Oberhaupt aller Personen oder intelligenten Substanzen und gleichsam als absoluten Monarchen des vollkommensten Staates oder Gemeinwesens, wie es das aus allen Geistern zusammen gebildete Weltall ist, betrachten, in dem Gott ebensosehr der vollendetste aller Geister ist, wie er das größte aller Wesen ist. Denn sicherlich sind die Geister am vollkommensten und drücken die Gottheit am besten aus. Und da es die ganze Natur, der Zweck, das Vermögen und die Funktion der Substanzen ist, Gott und das Weltall auszudrücken, wie es hinreichend erklärt worden ist, gibt es keinen Grund zu zweifeln, daß die Substanzen, die ihn mit der Kenntnis dessen, was sie tun, ausdrücken, und die fähig sind, die großen Wahrheiten hinsichtlich Gottes und des Weltalls zu erkennen, ihn unvergleichlich viel besser ausdrücken, als jene Naturen, die entweder tierisch oder unfähig sind, Wahrheiten zu erkennen, oder die ganz und gar der Empfindung und Erkenntnis beraubt sind. Und der Unterschied zwischen den intelligenten Substanzen und denen, die es nicht sind, ist ebenso groß wie derjenige, der zwischen einem Spiegel und jemanden, der sehen kann, besteht. Und da Gott selbst der größte und weiseste der Geister ist, kann man leicht urteilen, daß die Geister, mit denen er sozusagen in ein Gespräch und sogar in eine Gemeinschaft eintreten kann, indem er ihnen seine Gefühle und seinen Willen auf eine derart besondere Weise mitteilt, daß sie ihren Wohltäter erkennen und lieben können, ihn unendlich viel mehr angehen als die übrigen Dinge, die nur als Werkzeuge der Geister gelten können. So sehen wir, daß alle Weisen unendlich viel höher von einem Menschen als von etwas anderem denken, wie kostbar es auch sein mag. Und es scheint, daß die größte Befriedigung, die eine Seele haben kann, welche ansonsten zufrieden ist, darin besteht, sich von anderen geliebt zu sehen, obwohl es mit Bezug auf Gott den Unterschied gibt, daß sein Ruhm und unsere Verehrung nichts zu seiner Zufriedenheit hinzuzufügen, da die Erkenntnis der Geschöpfe nur eine Folge seiner souveränen und vollkommenen Glückseligkeit und weit davon entfernt ist, zu ihr etwas beizutragen oder teilweise deren Ursache zu sein. Was indessen an den endlichen Geistern gut und vernünftig ist, findet sich in überragender Weise in ihm; und wie wir einen König loben würden, der es vorzöge, eher das Leben eines Menschen zu erhalten als das des kostbarsten und seltensten seiner Tiere, so dürfen wir nicht zweifeln, daß der aufgeklärteste und gerechteste Monarch der gleichen Meinung ist.

36. Gott ist der Monarch des vollkommensten Gemeinwesens, das von allen Geistern gebildet wird, und die Glückseligkeit dieses Gottesstaates ist sein Hauptziel.
[...]

Gottfried Wilhelm Leibniz, Philosophische Schriften Bd. I, hg. u. übers. v. H. H. Holz, Darmstadt (Wissenschaftliche Buchgesellschaft) ²1985 (1965); 57–63, 67–79, 83–97, 103–105, 113–123, 135–145 u. 151–159.

Text 6
Arthur Schopenhauer

Arthur Schopenhauer (geboren 1788 in Danzig, gestorben 1860 in Frankfurt am Main) ist in der Geschichte der abendländischen Philosophie der erste Vertreter des metaphysischen Pessimismus, demzufolge es besser wäre, wenn die Welt nicht wäre. Sein Hauptwerk *Die Welt als Wille und Vorstellung* erschien 1818. Jeder Vertreter eines metaphysischen Systems, das davon ausgeht, daß die Existenz der Welt ein Gut (wenn auch vielleicht nicht das höchste) ist, sieht sich seither (insbesondere angesichts der historischen Katastrophen dieses Jahrhunderts, die Schopenhauer bestätigen) dringlicher mit der Aufgabe konfrontiert, eine plausible *Kosmodizee* anzugeben (zu der eine *Theodizee* hinzukommen mag, oder auch nicht).

Arthur Schopenhauer begann nach einer zweijährigen Reise durch mehrere Länder Europas 1805 auf Wunsch seines Vaters eine Kaufmannslehre; nach dessen Tod aber holte er die Gymnasialausbildung nach und studierte dann in Göttingen und Berlin u. a. Philosophie. In Jena wurde er mit der Arbeit *Über die vierfache Wurzel des Satzes vom zureichenden Grund* 1813 promoviert; 1820 erfolgte die Habilitation in Berlin. Als 1831 in Berlin die Cholera ausbrach (der dann sein philosophischer Feind Hegel zum Opfer fiel), floh Schopenhauer nach Frankfurt am Main, wo er endgültig ab 1833 bis zu seinem Tode blieb.

Werke: Seine dort verfaßten Schriften, *Über den Willen in der Natur* (1836), *Die beiden Grundprobleme der Ethik* (1841), der umfangreiche Ergänzungsband zur 2. Auflage von *Die Welt als Wille und Vorstellung* (1844), *Parerga und Paralipomena* (1851), sind im Grunde Anmerkungen und Ergänzungen zu seinem schon genannten Hauptwerk von 1818.

Arthur Schopenhauer

Die Welt als Wille und Vorstellung (1818, 1844)
Erstes Buch (2. Band)
Kapitel 17
Ueber das metaphysische Bedürfniß des Menschen

[...]

Ich wende mich zur allgemeinen Betrachtung der andern Art der Metaphysik, also derjenigen, welche ihre Beglaubigung in sich selbst hat und Philosophie genannt wird. Ich erinnere an den oben erörterten Ursprung derselben aus einer Verwunderung über die Welt und unser eigenes Daseyn, indem diese sich dem Intellekt als ein Räthsel aufdringen, dessen Lösung sodann die Menschheit ohne Unterlaß beschäftigt. Hier nun will ich zuvörderst darauf aufmerksam machen, daß Diesem nicht so seyn könnte, wenn die Welt im Spinozischen, in unsern Tagen unter modernen Formen und Darstellungen als Pantheismus so oft wieder vorgebrachten Sinn, eine »absolute Substanz«, mithin ein schlechthin nothwendiges Wesen wäre. Denn dies besagt, daß sie mit einer so großen Nothwendigkeit existire, daß neben derselben jede andere, unserm Verstande als solche faßliche Nothwendigkeit wie ein Zufall aussehn müßte; sie wäre nämlich alsdann Etwas, das nicht nur alles wirkliche, sondern auch alles irgend mögliche Daseyn dergestalt in sich begriffe, daß, wie Spinoza eben auch angibt, die Möglichkeit und die Wirklichkeit desselben ganz und gar Eins wären, dessen Nichtseyn daher auch die Unmöglichkeit selbst wäre, also Etwas, dessen Nichtseyn, oder Andersseyn, völlig undenkbar seyn müßte, welches mithin sich so wenig wegdenken ließe, wie z. B. der Raum oder die Zeit. Indem ferner wir selbst Theile, Modi, Attribute oder Accidenzien einer solchen absoluten Substanz wären, welche das Einzige wäre, was, in irgend einem Sinne, jemals und irgendwo daseyn könnte; so müßte unser und ihr Daseyn, nebst der Beschaffenheit desselben, weit entfernt, sich uns als auffallend, problematisch, ja, als das unergründliche, uns stets beunruhigende Räthsel darzustellen, sich, im Gegentheil, noch viel mehr von selbst verstehn, als daß 2 Mal 2 vier ist. Denn wir müßten gar nicht anders irgend zu denken fähig seyn, als daß die Welt sei, und so sei, wie sie ist: mithin müßten wir ihres Daseyns als solchen, d. h. als eines Problems zum Nachdenken, so wenig uns bewußt werden, als wir die unglaublich schnelle Bewegung unsers Planeten empfinden.

Diesem Allen ist nun aber ganz und gar nicht so. Nur dem gedankenlosen Thiere scheint sich die Welt und das Daseyn von selbst zu verstehn: dem Menschen hingegen ist sie ein Problem, dessen sogar der Roheste und Beschränkteste, in einzelnen helleren Augenblicken, lebhaft inne wird, das aber Jedem um so deutlicher und anhaltender ins Bewußtsein tritt, je heller und besonnener dieses ist und je mehr Stoff zum Denken er durch Bildung sich angeeignet hat, welches Alles endlich in den zum Philosophiren geeigneten Köpfen sich zu Plato's θαυμαζειν, μαλα φιλοσοφικον παθος *(mirari, valde philosophicus affectus)* [Verwundern, einer sehr philosophischen Gemütsstimmung: Platon, *Theaitet.* p. 155 D] steigert, nämlich zu derjenigen Verwunderung, die das Problem, welches die edlere Menschheit jeder Zeit und jedes Landes unablässig beschäftigt und ihr keine Ruhe läßt, in seiner ganzen Größe erfaßt. In der That ist die Unruhe, welche die nie ablaufende Uhr der Metaphysik in Bewegung erhält, das Bewußtseyn, daß das Nichtseyn dieser Welt eben so möglich sei, wie ihr Daseyn. Daher also ist die Spinozistische Ansicht derselben als eines absolut nothwendigen Wesens, d. h. als Etwas, das schlechterdings und in jedem Sinn seyn sollte und müßte, eine falsche. Geht doch selbst der einfache Theismus, in seinem kosmologischen Beweise, stillschweigend davon aus, daß er vom Daseyn der Welt auf ihr vorheriges Nichtseyn schließt: er nimmt sie mithin vorweg als ein Zufälliges. Ja, was mehr ist, wir fassen sehr bald die Welt auf als Etwas, dessen Nichtseyn nicht nur denkbar, sondern sogar ihrem Daseyn vorzuziehn wäre; daher unsere Verwunderung über sie leicht übergeht in ein Brüten über jene Fatalität, welche dennoch ihr Daseyn hervorrufen konnte, und vermöge deren eine so unermeßliche Kraft, wie zur Hervorbringung und Erhaltung einer solchen Welt erfordert ist, so sehr gegen ihren eigenen Vortheil geleitet werden konnte. Das philosophische Erstaunen ist demnach im Grunde ein bestürztes und betrübtes: die Philosophie hebt, wie die Ouvertüre zum Don Juan, mit einem Mollakkord an. Hieraus ergiebt sich, daß sie weder Spinozismus, noch Optimismus seyn darf. – Die soeben ausgesprochene nähere Beschaffenheit des Erstaunens, welches zum Philosophiren treibt, entspringt offenbar aus dem Anblick des Uebels und des Bösen in der Welt, welche, selbst wenn sie im gerechtesten Verhältniß zu einander ständen, ja, auch noch vom Guten weit überwogen würden, dennoch Etwas sind, was ganz und gar und überhaupt nicht seyn sollte. Weil nun aber nichts aus Nichts entstehn kann; so müssen auch jene ihren Keim im Ursprunge, oder im Kern der Welt selbst haben. Dies anzunehmen wird uns schwer, wenn wir auf die Größe, Ordnung und Vollendung der physischen Welt sehn, indem wir meinen, daß was die Macht hatte, eine solche hervorzubringen, auch wohl hätte das Uebel und das Böse müssen vermeiden können. Am allerschwersten wird jene Annahme (deren aufrichtigster Ausdruck Ormuzd und Ahriman ist) begreiflicherweise dem Theismus. Daher wurde, um zuvörderst das B ö s e zu beseitigen, die Freiheit des Willens erfunden: diese ist jedoch nur eine versteckte Art, Etwas aus Nichts zu machen; indem sie ein *Operari* [Handeln] annimmt, das aus keinem *Esse* [Sein] hervorgienge (siehe »Die beiden Grundprobleme der Ethik«, S. 58 fg. [Bd. VI der ang. Ausg., S. 96]). Sodann das U e b e l suchte man dadurch los zu werden, daß man es der Materie, oder auch einer unvermeidlichen Nothwendigkeit zur Last legte; wobei man ungern den Teufel zur Seite liegen ließ, der eigentlich das rechte *Expediens ad hoc* [Mittel zu diesem Zweck] ist. Zum Uebel gehört auch der T o d : das B ö s e aber ist bloß das Von-sich-auf-einen-Andern-schieben des jedesmaligen Uebels. Also, wie oben gesagt, das Böse, das Uebel und der Tod sind es, welche das philosophische Erstaunen qualificiren und erhöhen: nicht bloß, daß die Welt vorhanden, sondern noch mehr, daß sie eine so trübsälige sei, ist das *punctum pruriens* [die juckende Stelle] der Metaphysik, das Problem, welches die Menschheit in eine Unruhe versetzt, die sich weder durch Skepticismus noch durch Kriticismus beschwichtigen läßt.

Mit der Erklärung der Erscheinungen in der Welt finden wir auch die P h y s i k (im weitesten Sinne des Worts) beschäftigt. Aber in der Natur ihrer Erklärungen selbst liegt schon, daß sie nicht genügen können. Die P h y s i k vermag nicht auf eigenen Füßen zu stehn, sondern bedarf einer M e t a p h y s i k , sich darauf zu stützen; so vornehm sie auch gegen diese thun mag. Denn sie erklärt die Erscheinungen durch ein noch Unbekannteres, als diese selbst sind: durch Naturgesetze, beruhend auf Naturkräften, zu welchen auch die Lebenskraft gehört.

[…]

Eine Physik, welche behauptete, daß ihre Erklärungen der Dinge, – im Einzelnen aus Ursachen und im Allgemeinen aus Kräften, –

wirklich ausreichten und also das Wesen der Welt erschöpften, wäre der eigentliche Naturalismus. Vom Leukippos, Demokritos und Epikuros an, bis herab zum *Système de la nature*, dann zu Delamark, Cabanis und zu dem in diesen letzten Jahren wieder aufgewärmten Materialismus können wir den fortgesetzten Versuch verfolgen, eine Physik ohne Metaphysik aufzustellen, d. h. eine Lehre, welche die Erscheinung zum Dinge an sich machte. Aber alle ihre Erklärungen suchen den Erklärern selbst und Andern zu verbergen, daß sie die Hauptsache, ohne Weiteres, voraussetzen. Sie bemühen sich zu zeigen, daß alle Phänomene, auch die geistigen, physisch sind: mit Recht, nur sehn sie nicht ein, daß alles Physische andererseits zugleich ein Metaphysisches ist. Dies ist aber auch, ohne Kant, schwer einzusehn; da es die Unterscheidung der Erscheinung vom Ding an sich voraussetzt. Dennoch hat sich, selbst ohne diese, Aristoteles, so sehr er auch zur Empirie geneigt und von Platonischer Hyperphysik [Übersinnlichkeit] entfernt war, von jener beschränkten Ansicht frei gehalten: er sagt: Ει μεν ουν μη εστι τις ετερα ουσια παρα τας φυσει συνεστηκυιας, ή φυσικη αν ειη πρωτη επιστημη· ει δε εστι τις ουσια ακινητος, αύτη προτερα και φιλοσοφια πρωτη, και καθολου ούτως, ότι πρωτη· και περι του οντος ή ον, ταυτης αν ειη θεωρησαι. (*Si igitur non est aliqua alia substantia, praeter eas, quae natura consistunt, physica profecto prima scientia esset: quodsi autem est aliqua substantia immobilis, haec prior et philosophia prima, et universalis sic, quod prima; et de ente, prout ens est, speculari hujus est.*) [Wenn es nun keine andere Wesenheit gibt außer den in der Natur vorkommenden, so würde die Physik die erste Wissenschaft sein; wenn es aber eine unwandelbare Wesenheit gibt, so ist diese die frühere und die Philosophie über sie die erste und darum die allgemeinste, weil sie die erste ist; und ihre Aufgabe würde es sein, nach dem Seienden als solchem zu forschen.] *Metaph., V, 1.* Eine solche absolute Physik, wie oben beschrieben, welche für keine Metaphysik Raum ließe, würde die *Natura naturata* zur *Natura naturans* [geschaffene Natur zur schaffenden Natur: nach Spinoza] machen: sie wäre die auf den Thron der Metaphysik gesetzte Physik, würde jedoch, auf dieser hohen Stelle, sich fast so ausnehmen, wie Holbergs theatralischer Kannengießer, den man zum Burgemeister gemacht. Sogar hinter dem an sich abgeschmackten, auch meistens boshaften Vorwurf des Atheismus liegt, als seine innere Bedeutung und ihm Kraft ertheilende Wahrheit, der dunkle Begriff einer solchen absoluten Physik ohne Metaphysik. Allerdings müßte eine solche für die Ethik zerstörend seyn, und wie man fälschlich den Theismus für unzertrennlich von der Moralität gehalten hat, so gilt Dies in Wahrheit nur von einer **Metaphysik überhaupt**, d. h. von der Erkenntniß, daß die Ordnung der Natur nicht die einzige und absolute Ordnung der Dinge sei. Daher kann man als das nothwendige *Credo* aller Gerechten und Guten dieses aufstellen: »Ich glaube an eine Metaphysik«. In dieser Hinsicht ist es wichtig und nothwendig, daß man sich von der Unhaltbarkeit einer **absoluten Physik** überzeuge; um so mehr, da diese, der eigentliche **Naturalismus**, eine Ansicht ist, die sich dem Menschen von selbst und stets von Neuem aufdringt und nur durch tiefere Spekulation vernichtet werden kann, als deren Surrogat, in dieser Hinsicht, allerlei Systeme und Glaubenslehren, insofern und so lange sie gelten, freilich auch dienen. Daß aber eine grundfalsche Ansicht sich dem Menschen von selbst aufdringt und erst künstlich entfernt werden muß, ist daraus erklärlich, daß der Intellekt ursprünglich nicht bestimmt ist, uns über das Wesen der Dinge zu belehren, sondern nur ihre Relationen, in Bezug auf unsern Willen, uns zu zeigen: er ist, wie wir im zweiten Buche finden werden, das bloße Medium der Motive. Daß nun in diesem die Welt sich auf eine Weise schematisirt, welche eine ganz andere, als die schlechthin wahre Ordnung der Dinge darstellt, weil sie eben uns nicht den Kern, sondern nur die äußere Schaale derselben zeigt, geschieht *accidentaliter* [zufällig] und kann dem Intellekt nicht zum Vorwurf gereichen; um so weniger, als er doch wieder in sich selbst die Mittel findet, jenen Irrthum zu rektificiren [berichtigen], indem er zur Unterscheidung zwischen Erscheinung und Wesen an sich der Dinge gelangt; welche Unterscheidung im Grunde zu allen Zeiten dawar, nur meistens sehr unvollkommen zum Bewußtseyn gebracht und daher ungenügend ausgesprochen wurde, sogar oft in seltsamer Verkleidung auftrat. Schon die Christlichen Mystiker z. B. erklären den Intellekt, indem sie ihn das **Licht der Natur** nennen, für unzulänglich, das wahre Wesen der Dinge zu erfassen. Er ist gleichsam eine bloße Flächenkraft, wie die Elektricität, und dringt nicht in das Innere der Wesen.

Die Unzulänglichkeit des reinen Naturalismus tritt, wie gesagt, zuvörderst, auf dem empirischen Wege selbst, dadurch hervor, daß jede physikalische Erklärung das Einzelne aus seiner Ursache erklärt, die Kette dieser Ursachen aber, wie wir *a priori*, mithin völlig gewiß wissen, ins Unendliche rückwärts läuft, so daß schlechthin keine jemals die erste seyn konnte. Sodann aber wird die Wirksamkeit jeder Ursache zurückgeführt auf ein Naturgesetz, und dieses endlich auf eine Naturkraft, welche nun als das schlechthin Unerklärliche stehn bleibt. Dieses Unerklärliche aber, auf welches alle Erscheinungen jener so klar gegebenen und so natürlich erklärbaren Welt, von der höchsten bis zur niedrigsten, zurückgeführt werden, verräth eben, daß die ganze Art solcher Erklärung nur eine bedingte, gleichsam nur *ex concessis* [auf Grund von Zugeständnissen] ist, und keineswegs die eigentliche und genügende; daher ich oben sagte, daß physisch Alles und nichts erklärbar sei. Jenes schlechthin Unerklärliche, welches alle Erscheinungen durchzieht, bei den höchsten, z. B. bei der Zeugung, am auffallendsten, jedoch auch bei den niedrigsten, z. B. den mechanischen, eben so wohl vorhanden ist, giebt Anweisung auf eine der physischen Ordnung der Dinge zum Grunde liegende ganz anderartige, welche eben Das ist, was K a n t die Ordnung der Dinge an sich nennt und was den Zielpunkt der Metaphysik ausmacht. – Zweitens aber erhellt die Unzulänglichkeit des reinen Naturalismus aus jener philosophischen Grundwahrheit, welche wir in der ersten Hälfte dieses Buches ausführlich betrachtet haben und die eben auch das Thema der Kritik der reinen Vernunft ist: daß nämlich alles O b j e k t, sowohl seinem objektiven Daseyn überhaupt, als der Art und Weise (dem Formellen) dieses Daseyns nach, durch das erkennende S u b j e k t durchweg bedingt, mithin bloße Erscheinung, nicht Ding an sich ist; wie dies § 7 des ersten Bandes auseinandergesetzt und daselbst dargethan worden, daß nichts täppischer seyn kann, als daß man, nach Weise aller Materialisten, das Objektive unbesehen als schlechthin gegeben nimmt, um aus ihm Alles abzuleiten, ohne irgend das Subjektive zu berücksichtigen, mittelst dessen, ja in welchem, allein doch jenes dasteht. Proben dieses Verfahrens liefert zu allernächst unser heutiger Mode-Materialismus, der eben dadurch eine rechte Barbiergesellen- und Apotheker-Lehrlings-Philosophie geworden ist. Ihm, in seiner Unschuld, ist die unbedenklich als absolut real genommene Materie das Ding an sich, und Stoßkraft die einzige Fähigkeit eines Dinges an sich, indem alle andern Qualitäten nur Erscheinungen derselben seyn können.

Mit dem Naturalismus, oder der rein physikalischen Betrachtungsart, wird man demnach nie ausreichen: sie gleicht einem Rechnungsexempel, welches nimmermehr aufgeht. End- und anfangslose Kausalreihen, unerforschliche Grundkräfte, unendlicher Raum, anfangslose Zeit, endlose Theilbarkeit der Materie, und dies Alles noch bedingt durch ein erkennendes Gehirn, in welchem allein es dasteht, so gut wie der Traum, und ohne welches es verschwindet, – machen das Labyrinth aus, in welchem sie uns unaufhörlich herumführt. Die Höhe, zu welcher in unsern Zeiten die Naturwissenschaften gestiegen sind, stellt in dieser Beziehung alle frühern Jahrhunderte in tiefen Schatten, und ist ein Gipfel, den die Menschheit zum ersten Mal erreicht. Allein, wie große Fortschritte auch die P h y s i k (im weiten Sinn der Alten verstanden) je machen möge; so wird damit noch nicht der kleinste Schritt zur M e t a - p h y s i k geschehn seyn; so wenig, wie eine Fläche, durch noch so weit fortgesetzte Ausdehnung, je Kubikinhalt gewinnt. Denn solche Fortschritte werden immer nur die Kenntniß der E r s c h e i - n u n g vervollständigen; während die M e t a p h y s i k über die Erscheinung selbst hinausstrebt, zum Erscheinenden. Und wenn sogar die gänzlich vollendete Erfahrung hinzukäme; so würde dadurch in der Hauptsache nichts gebessert seyn. Ja, wenn selbst Einer alle Planeten sämmtlicher Fixsterne durchwanderte; so hätte er damit noch keinen Schritt in der M e t a p h y s i k gethan. Vielmehr werden die größten Fortschritte der P h y s i k das Bedürfniß einer M e - t a p h y s i k nur immer fühlbarer machen; weil eben die berichtigte, erweiterte und gründlichere Kenntniß der Natur einerseits die bis dahin geltenden metaphysischen Annahmen immer untergräbt und endlich umstößt, andererseits aber das Problem der Metaphysik selbst deutlicher, richtiger und vollständiger vorlegt, dasselbe von allem bloß Physischen reiner absondert, und eben auch das vollständiger und genauer erkannte Wesen der einzelnen Dinge dringender die Erklärung des Ganzen und Allgemeinen fordert, welches, je richtiger, gründlicher und vollständiger empirisch erkannt, nur desto räthselhafter sich darstellt. Dies Alles wird freilich der einzelne, simple Naturforscher, in einem abgesonderten Zweige der Physik, nicht s o f o r t deutlich inne: vielmehr schläft er behaglich bei seiner erwählten Magd im Hause des Odysseus, sich aller Gedanken an die Penelopeia entschlagend (siehe Kap. 12 am Ende). Daher sehn wir heut zu Tage die S c h a a l e d e r N a t u r auf das genaueste durchforscht, die Intestina der Intestinalwürmer [Eingeweide der Eingeweidewürmer] und das Ungeziefer des Ungeziefers haarklein gekannt: kommt aber Einer, wie z. B. ich, und redet vom K e r n d e r N a t u r; so hören sie nicht hin, denken eben es gehöre nicht zur Sache und klauben an ihren Schaalen weiter. Jene überaus mikroskopischen und mikrologischen Naturforscher findet man sich versucht, die Topfkucker der Natur zu nennen. Die Leute aber, welche vermeinen, Tiegel und Retorte seien die wahre und einzige Quelle aller Weisheit, sind in ihrer Art eben so verkehrt, wie es weiland ihre Antipoden, die Scholastiker waren. Wie nämlich diese, ganz und gar in ihre abstrakten Begriffe verstrickt, mit diesen sich herumschlugen, nichts außer ihnen kennend, noch untersuchend; so sind Jene ganz in ihre Empirie verstrickt, lassen nichts gelten als was ihre Augen sehn, und vermeinen damit bis auf den letzten Grund der Dinge zu reichen, nicht ahnend, daß zwischen der Erscheinung und dem darin sich Manifestirenden, dem Dinge an sich, eine tiefe Kluft, ein radikaler Unterschied ist, welcher nur durch die Erkenntniß und genaue Gränzbestimmung des subjektiven Elements der Erscheinung aufgeklärt wird, und durch die Einsicht, daß die letzten und wichtigsten Aufschlüsse über das Wesen der Dinge allein aus dem Selbstbewußtseyn geschöpft werden können; – ohne welches Alles man nicht einen Schritt über das den Sinnen unmittelbar Gegebene hinauskann, also nicht weiter gelangt, als bis zum Problem. – Jedoch sei auch andererseits bemerkt, daß die möglichst vollständige Naturerkenntniß die berichtigte **Darlegung des Problems** der Metaphysik ist: daher soll Keiner sich an diese wagen, ohne zuvor eine, wenn auch nur allgemeine, doch gründliche, klare und zusammenhängende Kenntniß aller Zweige der Naturwissenschaft sich erworben zu haben. Denn das Problem muß der Lösung vorhergehn. Dann aber muß der Blick des Forschers sich nach innen wenden: denn die intellektuellen und ethischen Phänomene sind wichtiger, als die physischen, in dem selben Maaße, wie z. B. der animalische Magnetismus eine ungleich wichtigere Erscheinung, als der mineralische ist. Die letzten Grundgeheimnisse trägt der Mensch in seinem Innern, und dieses ist ihm am unmittelbarsten zugänglich; daher er nur hier den Schlüssel zum Räthsel der Welt zu finden und das Wesen aller Dinge an Einem Faden zu erfassen hoffen darf. Das eigenste Gebiet der **Metaphysik** liegt also allerdings in Dem, was man Geistesphilosophie genannt hat.

»Du führst die Reihe der Lebendigen
Vor mir vorbei, und lehrst mich meine Brüder
Im stillen Busch, in Luft und Wasser kennen:

> Dann führst Du mich zur sichern Höhle, zeigst
> Mich dann mir selbst, und meiner eignen Brust
> Geheime tiefe Wunder öffnen sich.«
> [Goethe, *Faust*, 3225–34.]

Was nun endlich d i e Q u e l l e, oder d a s F u n d a m e n t der metaphysischen Erkenntniß betrifft; so habe ich schon weiter oben mich gegen die, auch von K a n t wiederholte, Voraussetzung erklärt, daß es in b l o ß e n B e g r i f f e n liegen müsse. Begriffe können in keiner Erkenntniß das Erste seyn: denn sie sind allemal aus irgend einer Anschauung abgezogen.

[…]

Da nun die Metaphysik am allerwenigsten hierauf beschränkt seyn kann; so muß auch sie e m p i r i s c h e Erkenntnißquellen haben: mithin ist jener vorgefaßte Begriff einer rein *a priori* zu findenden Metaphysik nothwendig eitel. Es ist wirklich eine *petitio principii* K a n t s, welche er § I der Prolegomena deutlichsten ausspricht, daß Metaphysik ihre Grundbegriffe und Grundsätze nicht aus der Erfahrung schöpfen dürfe. Dabei wird nämlich zum voraus angenommen, daß nur Das, was wir v o r aller Erfahrung wissen, weiter reichen könne, als mögliche Erfahrung. Hierauf gestützt kommt dann K a n t und beweist, daß alle solche Erkenntniß nichts weiter sei, als die Form des Intellekts zum Behuf der Erfahrung, folglich über diese nicht hinausleiten könne; woraus er dann die Unmöglichkeit aller Metaphysik richtig folgert. Aber erscheint es nicht vielmehr geradezu verkehrt, daß man, um die Erfahrung, d. h. die uns allein vorliegende Welt, zu enträthseln, ganz von ihr wegsehn, ihren Inhalt ignoriren und bloß die *a priori* uns bewußten, leeren Formen zu seinem Stoff nehmen und gebrauchen solle? Ist es nicht vielmehr der Sache angemessen, daß die W i s s e n s c h a f t v o n d e r E r f a h r u n g überhaupt und als solcher, eben auch aus der Erfahrung schöpfe? Ihr Problem selbst ist ihr ja empirisch gegeben; warum sollte nicht auch die Lösung die Erfahrung zu Hülfe nehmen? Ist es nicht widersinnig, daß wer von der Natur der Dinge redet, die Dinge selbst nicht ansehn, sondern nur an gewisse abstrakte Begriffe sich halten sollte? Die Aufgabe der Metaphysik ist zwar nicht die Beobachtung einzelner Erfahrungen, aber doch die richtige Erklärung der Erfahrung im Ganzen. Ihr Fundament muß daher allerdings empirischer Art seyn.

[…]

Ueberdies nun ist die Erkenntnißquelle der Metaphysik nicht die äußere Erfahrung allein, sondern eben so wohl die i n n e r e; ja, ihr Eigenthümlichstes, wodurch ihr der entscheidende Schritt, der die große Frage allein lösen kann, möglich wird, besteht, wie ich im »Willen in der Natur«, unter der Rubrik »Physische Astronomie« ausführlich und gründlich dargethan habe, darin, daß sie, an der rechten Stelle, die äußere Erfahrung mit der inneren in Verbindung setzt und diese zum Schlüssel jener macht.

Der hier erörterte, redlicherweise nicht abzuleugnende Ursprung der Metaphysik aus empirischen Erkenntnißquellen benimmt ihr freilich die Art apodiktischer Gewißheit, welche allein durch Erkenntniß *a priori* möglich ist: diese bleibt das Eigenthum der Logik und Mathematik, welche Wissenschaften aber auch eigentlich nur Das lehren, was Jeder schon von selbst, nur nicht deutlich weiß: höchstens lassen noch die allerersten Elemente der Naturlehre sich aus der Erkenntniß *a priori* ableiten. Durch dieses Eingeständniß giebt die Metaphysik nur einen alten Anspruch auf, welcher, dem oben Gesagten zufolge, auf Mißverständniß beruhte und gegen welchen die große Verschiedenheit und Wandelbarkeit der metaphysischen Systeme, wie auch der sie stets begleitende Skepticismus jederzeit gezeugt hat. Gegen ihre Möglichkeit überhaupt kann jedoch diese Wandelbarkeit nicht geltend gemacht werden; da dieselbe eben so sehr alle Zweige der Naturwissenschaft, Chemie, Physik, Geologie, Zoologie u. s. f. trifft, und sogar die Geschichte nicht damit verschont geblieben ist. Wann aber ein Mal ein, soweit die Schranken des menschlichen Intellekts es zulassen, richtiges System der Metaphysik gefunden seyn wird; so wird ihm die Unwandelbarkeit einer *a priori* erkannten Wissenschaft doch zukommen: weil sein Fundament nur die E r f a h r u n g ü b e r h a u p t seyn kann, nicht aber die einzelnen und besondern Erfahrungen, durch welche hingegen die Naturwissenschaft stets modificirt werden und der Geschichte immer neuer Stoff zuwächst. Denn die Erfahrung im Ganzen und Allgemeinen wird nie ihren Charakter gegen einen neuen vertauschen.

Die nächste Frage ist: wie kann eine aus der Erfahrung geschöpfte Wissenschaft über diese hinausführen und so den Namen M e t a p h y s i k verdienen? – Sie kann es nicht etwan so, wie aus drei Proportionalzahlen die vierte, oder aus zwei Seiten und dem Winkel das Dreieck gefunden wird. Dies war der Weg der vorkantischen Dogmatik, welche eben, nach gewissen uns *a priori* bewußten

Gesetzen, vom Gegebenen auf das Nichtgegebene, von der Folge auf den Grund, also von der Erfahrung auf das in keiner Erfahrung möglicherweise zu Gebende schließen wollte. Die Unmöglichkeit einer Metaphysik auf diesem Wege that K a n t dar, indem er zeigte, daß jene Gesetze, wenn auch nicht aus der Erfahrung geschöpft, doch nur für dieselbe Gültigkeit hätten. Er lehrt daher mit Recht, daß wir auf solche Art die Möglichkeit aller Erfahrung nicht überfliegen können. Allein es giebt noch andere Wege zur Metaphysik. Das Ganze der Erfahrung gleicht einer Geheimschrift, und die Philosophie der Entzifferung derselben, deren Richtigkeit sich durch den überall hervortretenden Zusammenhang bewährt. Wenn dieses Ganze nur tief genug gefaßt und an die äußere die innere Erfahrung geknüpft wird; so muß es aus sich selbst g e d e u t e t, a u s g e l e g t werden können. Nachdem K a n t uns unwiderleglich gezeigt hat, daß die Erfahrung überhaupt aus zwei Elementen, nämlich den Erkenntnißformen und dem Wesen an sich der Dinge, erwächst, und daß sogar beide sich darin gegen einander abgränzen lassen; nämlich als das *a priori* uns Bewußte und das *a posteriori* Hinzugekommene; so läßt sich wenigstens im Allgemeinen angeben, was in der gegebenen Erfahrung, welche zunächst bloße E r s c h e i n u n g ist, der durch den Intellekt bedingten F o r m dieser Erscheinung angehört, und was, nach dessen Abziehung, dem D i n g e a n s i c h übrig bleibt. Und wenn gleich Keiner, durch die Hülle der Anschauungsformen hindurch, das Ding an sich erkennen kann; so trägt andererseits doch Jeder dieses in sich, ja, ist es selbst: daher muß es ihm im Selbstbewußtseyn, wenn auch noch bedingterweise, doch irgendwie zugänglich seyn. Die Brücke also, auf welcher die Metaphysik über die Erfahrung hinausgelangt, ist nichts Anderes, als eben jene Zerlegung der Erfahrung in Erscheinung und Ding an sich, worin ich K a n t s größtes Verdienst gesetzt habe. Denn sie enthält die Nachweisung eines von der Erscheinung verschiedenen Kernes derselben. Dieser kann zwar nie von der Erscheinung ganz losgerissen und, als ein *ens extramundanum* [außerweltliches Wesen], für sich betrachtet werden, sondern er wird immer nur in seinen Verhältnissen und Beziehungen zur Erscheinung selbst erkannt. Allein die Deutung und Auslegung dieser, in Bezug auf jenen ihren innern Kern, kann uns Aufschlüsse über sie ertheilen, welche sonst nicht ins Bewußtseyn kommen. In diesem Sinne also geht die Metaphysik über die Erscheinung, d. i. die Natur, hinaus, zu dem in oder hinter ihr Verborgenen (το μετα το φυσικον [das über das Natürliche Hinausgehende]), es jedoch immer nur als das in ihr Erscheinende, nicht aber unabhängig von aller Erscheinung betrachtend: sie bleibt daher immanent und wird nicht transcendent. Denn sie reißt sich von der Erfahrung nie ganz los, sondern bleibt die bloße Deutung und Auslegung derselben, da sie vom Dinge an sich nie anders, als in seiner Beziehung zur Erscheinung redet. Wenigstens ist dies der Sinn, in welchem ich, mit durchgängiger Berücksichtigung der von Kant nachgewiesenen Schranken der menschlichen Erkenntniß, das Problem der Metaphysik zu lösen versucht habe: daher lasse ich seine Prolegomena zu jeder Metaphysik auch für die meinige gelten und bestehn. Diese geht demnach nie eigentlich über die Erfahrung hinaus, sondern eröffnet nur das wahre Verständniß der in ihr vorliegenden Welt. Sie ist weder, nach der auch von Kant wiederholten Definition der Metaphysik, eine Wissenschaft aus bloßen Begriffen, noch ist sie ein System von Folgerungen aus Sätzen *a priori*, deren Untauglichkeit zum metaphysischen Zweck Kant dargethan hat. Sondern sie ist ein Wissen, geschöpft aus der Anschauung der äußern, wirklichen Welt und dem Aufschluß, welchen über diese die intimste Thatsache des Selbstbewußtseyns liefert, niedergelegt in deutliche Begriffe. Sie ist demnach Erfahrungswissenschaft: aber nicht einzelne Erfahrungen, sondern das Ganze und Allgemeine aller Erfahrung ist ihr Gegenstand und ihre Quelle. Ich lasse ganz und gar Kants Lehre bestehn, daß die Welt der Erfahrung bloße Erscheinung sei und daß die Erkenntnisse *a priori* bloß in Bezug auf diese gelten; aber ich füge hinzu, daß sie, gerade als Erscheinung, die Manifestation Desjenigen ist, was erscheint, und nenne es mit ihm das Ding an sich. Dieses muß daher sein Wesen und seinen Charakter in der Erfahrungswelt ausdrücken, mithin solcher aus ihm herauszudeuten seyn, und zwar aus dem Stoff, nicht aus der bloßen Form der Erfahrung. Demnach ist die Philosophie nichts Anderes, als das richtige, universelle Verständniß der Erfahrung selbst, die wahre Auslegung ihres Sinnes und Gehaltes. Dieser ist das Metaphysische, d. h. das in die Erscheinung bloß Gekleidete und in ihre Form Verhüllte, ist Das, was sich zu ihr verhält, wie der Gedanke zu den Worten.

Eine solche Entzifferung der Welt in Beziehung auf das in ihr Erscheinende, muß ihre Bewährung aus sich selbst erhalten, durch die Uebereinstimmung, in welche sie die so verschiedenartigen Erscheinungen der Welt zu einander setzt, und welche man ohne sie nicht wahrnimmt. – Wenn man eine Schrift findet, deren Alphabet unbekannt ist; so versucht man die Auslegung so lange, bis man auf eine Annahme der Bedeutung der Buchstaben geräth, unter welcher sie verständliche Worte und zusammenhängende Perioden bilden. Dann aber bleibt kein Zweifel an der Richtigkeit der Entzifferung; weil es nicht möglich ist, daß die Uebereinstimmung und der Zusammenhang, in welchen diese Auslegung alle Zeichen jener Schrift setzt, bloß zufällig wäre und man, bei einem ganz andern Werthe der Buchstaben, ebenfalls Worte und Perioden in dieser Zusammenstellung derselben erkennen könnte. Auf ähnliche Art muß die Entzifferung der Welt sich aus sich selbst vollkommen bewähren. Sie muß ein gleichmäßiges Licht über alle Erscheinungen der Welt verbreiten und auch die heterogensten in Uebereinstimmung bringen, so daß auch zwischen den kontrastirendesten der Widerspruch gelöst wird. Diese Bewährung aus sich selbst ist das Kennzeichen ihrer Aechtheit. Denn jede falsche Entzifferung wird, wenn sie auch zu einigen Erscheinungen paßt, den übrigen desto greller widersprechen. So z. B. widerspricht der Leibnitzische Optimismus dem augenfälligen Elend des Daseyns; die Lehre des Spinoza, daß die Welt die allein mögliche und absolut nothwendige Substanz sei, ist unvereinbar mit unserer Verwunderung über ihr Seyn und Wesen; der Wolfischen Lehre, daß der Mensch von einem ihm fremden Willen seine *Existentia* und *Essentia* [Wirklichkeit und Wesenheit] habe, widerstreitet unsere moralische Verantwortlichkeit für die aus diesen, im Konflikt mit den Motiven, streng nothwendig hervorgehenden Handlungen; der oft wiederholten Lehre von einer fortschreitenden Entwickelung der Menschheit zu immer höherer Vollkommenheit, oder überhaupt von irgend einem Werden mittelst des Weltprocesses, stellt sich die Einsicht *a priori* entgegen, daß bis zu jedem gegebenen Zeitpunkt bereits eine unendliche Zeit abgelaufen ist, folglich Alles, was mit der Zeit kommen sollte, schon daseyn müßte; und so ließe sich ein unabsehbares Register der Widersprüche dogmatischer Annahmen mit der gegebenen Wirklichkeit der Dinge zusammenstellen. Hingegen muß ich in Abrede stellen, daß auf dasselbe irgend eine Lehre meiner Philosophie redlicherweise einzutragen seyn würde; eben weil jede derselben in Gegenwart der angeschauten Wirklichkeit durchdacht worden und keine ihre Wurzel allein in abstrakten Begriffen hat.

[…]

Zweites Buch (1. Band)

Der Welt als Wille erste Betrachtung:
Die Objektivation des Willens

[...]

§ 17.

[...]

Eigentlich Aetiologie sind nun alle die Zweige der Naturwissenschaft, welchen die Erkenntniß der Ursache und Wirkung überall die Hauptsache ist: diese lehren, wie, gemäß einer unfehlbaren Regel, auf e i n e n Zustand der Materie nothwendig ein bestimmter anderer folgt; wie eine bestimmte Veränderung nothwendig eine andere, bestimmte, bedingt und herbeiführt: welche Nachweisung E r k l ä r u n g genannt wird. Hier finden wir nun hauptsächlich Mechanik, Physik, Chemie, Physiologie.

Wenn wir uns aber ihrer Belehrung hingeben, so werden wir bald gewahr, daß die Auskunft, welche wir hauptsächlich suchen, uns von der Aetiologie so wenig, als von der Morphologie zu Theil wird. Diese letztere führt uns unzählige, unendlich mannigfaltige und doch durch eine unverkennbare Familienähnlichkeit verwandte Gestalten vor, für uns Vorstellungen, die auf diesem Wege uns ewig fremd bleiben und, wenn bloß so betrachtet, gleich unverstandenen Hieroglyphen vor uns stehn. – Die Aetiologie hingegen lehrt uns, daß, nach dem Gesetze von Ursache und Wirkung, dieser bestimmte Zustand der Materie jenen andern herbeiführt, und damit hat sie ihn erklärt und das Ihrige gethan. Indessen thut sie im Grunde nichts weiter, als daß sie die gesetzmäßige Ordnung, nach der die Zustände in Raum und Zeit eintreten, nachweist und für alle Fälle lehrt, welche Erscheinung zu dieser Zeit, an diesem Orte nothwendig eintreten muß: sie bestimmt ihnen also die Stelle in Zeit und Raum, nach einem Gesetz, dessen bestimmten Inhalt die Erfahrung gelehrt hat, dessen allgemeine Form und Nothwendigkeit jedoch unabhängig von ihr uns bewußt ist. Ueber das innere Wesen irgend einer jener Erscheinungen erhalten wir dadurch aber nicht den mindesten Aufschluß: dieses wird N a t u r k r a f t genannt und liegt außerhalb des Gebiets der ätiologischen Erklärung, welche die unwandelbare Konstanz des Eintritts der Aeußerung einer solchen Kraft, so oft die ihr bekannten Bedingungen dazu da sind, N a t u rg e s e t z nennt. Dieses Naturgesetz, diese Bedingungen, dieser Eintritt, in Bezug auf bestimmten Ort zu bestimmter Zeit, sind aber Alles was sie weiß und je wissen kann. Die Kraft selbst, die sich äußert, das innere Wesen der nach jenen Gesetzen eintretenden Erscheinungen, bleibt ihr ewig ein Geheimniß, ein ganz Fremdes und Unbekanntes, sowohl bei der einfachsten, wie bei der komplicirtesten Erscheinung. Denn, wiewohl die Aetiologie bis jetzt ihren Zweck am vollkommensten in der Mechanik, am unvollkommensten in der Physiologie erreicht hat; so ist dennoch die Kraft, vermöge welcher ein Stein zur Erde fällt, oder ein Körper den andern fortstößt, ihrem innern Wesen nach, uns nicht minder fremd und geheimnißvoll, als die, welche die Bewegungen und das Wachsthum eines Thieres hervorbringt. Die Mechanik setzt Materie, Schwere, Undurchdringlichkeit, Mittheilbarkeit der Bewegung durch Stoß, Starrheit u. s. w. als unergründlich voraus, nennt sie Naturkräfte, ihr nothwendiges und regelmäßiges Erscheinen unter gewissen Bedingungen Naturgesetz, und danach erst fängt sie ihre Erklärung an, welche darin besteht, daß sie treu und mathematisch genau angiebt, wie, wo, wann jede Kraft sich äußert, und daß sie jede ihr vorkommende Erscheinung auf eine jener Kräfte zurückführt. Eben so machen es Physik, Chemie, Physiologie in ihrem Gebiet, nur daß sie noch viel mehr voraussetzen und weniger leisten. Demzufolge wäre auch die vollkommenste ätiologische Erklärung der gesammten Natur eigentlich nie mehr, als ein Verzeichniß der unerklärlichen Kräfte, und eine sichere Angabe der Regel, nach welcher die Erscheinungen derselben in Zeit und Raum eintreten, sich succediren, einander Platz machen: aber das innere Wesen der also erscheinenden Kräfte müßte sie, weil das Gesetz dem sie folgt nicht dahin führt, stets unerklärt lassen, und bei der Erscheinung und deren Ordnung stehn bleiben. Sie wäre insofern dem Durchschnitt eines Marmors zu vergleichen, welcher vielerlei Adern neben einander zeigt, nicht aber den Lauf jener Adern im Innern des Marmors bis zu jener Fläche erkennen läßt. Oder wenn ich mir ein scherzhaftes Gleichniß, weil es frappanter ist, erlauben darf, – bei der vollendeten Aetiologie der ganzen Natur müßte dem philosophischen Forscher doch immer so zu Muthe seyn, wie Jemanden, der, er wüßte gar nicht wie, in eine ihm gänzlich unbekannte Gesellschaft gerathen wäre, von deren Mitgliedern, der Reihe nach, ihm immer eines das andere als seinen Freund und Vetter präsentirte und so hinlänglich bekannt machte: er selbst aber hätte unterdessen, indem er jedesmal sich über den Präsentirten zu freuen versicherte, stets die Frage auf den Lippen: »Aber wie Teufel komme ich denn zu der ganzen Gesellschaft?«

[...]

Was aber uns jetzt zum Forschen antreibt, ist eben, daß es uns nicht genügt zu wissen, daß wir Vorstellungen haben, daß sie solche und solche sind, und nach diesen und jenen Gesetzen, deren allgemeiner Ausdruck allemal der Satz vom Grunde ist, zusammenhängen. Wir wollen die Bedeutung jener Vorstellungen wissen: wir fragen, ob diese Welt nichts weiter, als Vorstellung sei; in welchem Falle sie wie ein wesenloser Traum, oder ein gespensterhaftes Luftgebilde, an uns vorüberziehn müßte, nicht unserer Beachtung werth; oder aber ob sie noch etwas Anderes, noch etwas außerdem ist, und was sodann dieses sei. Soviel ist gleich gewiß, daß dieses Nachgefragte etwas von der Vorstellung völlig und seinem ganzen Wesen nach Grundverschiedenes seyn muß, dem daher auch ihre Formen und ihre Gesetze völlig fremd seyn müssen; daß man daher, von der Vorstellung aus, zu ihm nicht am Leitfaden derjenigen Gesetze gelangen kann, die nur Objekte, Vorstellungen, unter einander verbinden; welches die Gestaltungen des Satzes vom Grunde sind.

Wir sehn schon hier, daß von außen dem Wesen der Dinge nimmermehr beizukommen ist: wie immer man auch forschen mag, so gewinnt man nichts, als Bilder und Namen. Man gleicht Einem, der um ein Schloß herumgeht, vergeblich einen Eingang suchend und einstweilen die Fassaden skitzirend. Und doch ist dies der Weg, den alle Philosophen vor mir gegangen sind.

§ 18.

In der That würde die nachgeforschte Bedeutung der mir lediglich als meine Vorstellung gegenüberstehenden Welt, oder der Uebergang von ihr, als bloßer Vorstellung des erkennenden Subjekts, zu dem, was sie noch außerdem seyn mag, nimmermehr zu finden seyn, wenn der Forscher selbst nichts weiter als das rein erkennende Subjekt (geflügelter Engelskopf ohne Leib) wäre. Nun aber wurzelt er selbst in jener Welt, findet sich nämlich in ihr als Individuum, d.h. sein Erkennen, welches der bedingende Träger der ganzen Welt als Vorstellung ist, ist dennoch durchaus vermittelt durch einen Leib, dessen Affektionen, wie gezeigt, dem Verstande der

Ausgangspunkt der Anschauung jener Welt sind. Dieser Leib ist dem rein erkennenden Subjekt als solchem eine Vorstellung wie jede andere, ein Objekt unter Objekten: die Bewegungen, die Aktionen desselben sind ihm insoweit nicht anders, als wie die Veränderungen aller andern anschaulichen Objekte bekannt, und wären ihm eben so fremd und unverständlich, wenn die Bedeutung derselben ihm nicht etwan auf eine ganz andere Art enträthselt wäre. Sonst sähe er sein Handeln auf dargebotene Motive mit der Konstanz eines Naturgesetzes erfolgen, eben wie die Veränderungen anderer Objekte auf Ursachen, Reize, Motive. Er würde aber den Einfluß der Motive nicht näher verstehn, als die Verbindung jeder andern ihm erscheinenden Wirkung mit ihrer Ursache. Er würde dann das innere, ihm unverständliche Wesen jener Aeußerungen und Handlungen seines Leibes, eben auch eine Kraft, eine Qualität, oder einen Charakter, nach Belieben, nennen, aber weiter keine Einsicht darin haben. Diesem allen nun aber ist nicht so: vielmehr ist dem als Individuum erscheinenden Subjekt des Erkennens das Wort des Räthsels gegeben: und dieses Wort heißt Wille. Dieses, und dieses allein, giebt ihm den Schlüssel zu seiner eigenen Erscheinung, offenbart ihm die Bedeutung, zeigt ihm das innere Getriebe seines Wesens, seines Thuns, seiner Bewegungen. Dem Subjekt des Erkennens, welches durch seine Identität mit dem Leibe als Individuum auftritt, ist dieser Leib auf zwei ganz verschiedene Weisen gegeben: ein Mal als Vorstellung in verständiger Anschauung, als Objekt unter Objekten, und den Gesetzen dieser unterworfen; sodann aber auch zugleich auf eine ganz andere Weise, nämlich als jenes Jedem unmittelbar Bekannte, welches das Wort Wille bezeichnet. Jeder wahre Akt seines Willens ist sofort und unausbleiblich auch eine Bewegung seines Leibes: er kann den Akt nicht wirklich wollen, ohne zugleich wahrzunehmen, daß er als Bewegung des Leibes erscheint. Der Willensakt und die Aktion des Leibes sind nicht zwei objektiv erkannte verschiedene Zustände, die das Band der Kausalität verknüpft, stehn nicht im Verhältniß der Ursache und Wirkung; sondern sie sind Eines und das Selbe, nur auf zwei gänzlich verschiedene Weisen gegeben: ein Mal ganz unmittelbar und ein Mal in der Anschauung für den Verstand. Die Aktion des Leibes ist nichts Anderes, als der objektivirte, d.h. in die Anschauung getretene Akt des Willens. Weiterhin wird sich uns zeigen, daß dieses von jeder Bewegung des Leibes gilt, nicht bloß von der auf Motive, sondern auch von der auf bloße Reize erfolgenden unwillkürlichen, ja, daß der ganze Leib nichts Anderes, als der objektivirte, d. h. zur Vorstellung gewordene Wille ist; welches alles sich im weitern Verfolg ergeben und deutlich werden wird. Ich werde daher den Leib, welchen ich im vorigen Buche und in der Abhandlung über den Satz vom Grunde, nach dem dort mit Absicht einseitig genommenen Standpunkt (dem der Vorstellung), das **unmittelbare Objekt** hieß, hier, in einer andern Rücksicht, die **Objektität des Willens** nennen. Auch kann man daher in gewissem Sinne sagen: der Wille ist die Erkenntniß *a priori* des Leibes, und der Leib die Erkenntniß *a posteriori* des Willens. – Willensbeschlüsse, die sich auf die Zukunft beziehn, sind bloße Ueberlegungen der Vernunft, über das, was man dereinst wollen wird, nicht eigentliche Willensakte: nur die Ausführung stämpelt den Entschluß, der bis dahin immer nur noch veränderlicher Vorsatz ist und nur in der Vernunft, in *abstracto* existirt. In der Reflexion allein ist Wollen und Thun verschieden: in der Wirklichkeit sind sie Eins. Jeder wahre, ächte, unmittelbare Akt des Willens ist sofort und unmittelbar auch erscheinender Akt des Leibes: und diesem entsprechend ist andererseits jede Einwirkung auf den Leib sofort und unmittelbar auch Einwirkung auf den Willen: sie heißt als solche Schmerz, wenn sie dem Willen zuwider; Wohlbehagen, Wollust, wenn sie ihm gemäß ist. Die Gradationen Beider sind sehr verschieden. Man hat aber gänzlich Unrecht, wenn man Schmerz und Wollust Vorstellungen nennt: das sind sie keineswegs, sondern unmittelbare Affektionen des Willens, in seiner Erscheinung, dem Leibe: ein erzwungenes augenblickliches Wollen oder Nichtwollen des Eindrucks, den dieser erleidet. Unmittelbar als bloße Vorstellungen zu betrachten und daher von dem eben Gesagten auszunehmen, sind nur gewisse wenige Eindrücke auf den Leib, die den Willen nicht anregen und durch welche allein der Leib unmittelbares Objekt des Erkennens ist, da er als Anschauung im Verstande schon mittelbares Objekt, gleich allen andern, ist. Das hier Gemeinte sind nämlich die Affektionen der rein objektiven Sinne, des Gesichts, Gehörs und Getastes, wiewohl auch nur, sofern diese Organe auf die ihnen besonders eigenthümliche, specifische, naturgemäße Weise afficirt werden, welche eine so äußerst schwache Anregung der gesteigerten und specifisch modificirten Sensibilität dieser Theile ist, daß sie nicht den Willen afficirt; sondern, durch keine Anregung desselben gestört, nur dem Verstande die Data liefert, aus denen die Anschauung wird. Jede stärkere, oder anderartige Affektion jener Sinneswerkzeuge ist aber schmerzhaft, d.h. dem Willen entgegen, zu dessen Objektität also auch sie gehören. – Nervenschwäche äußert sich darin, daß die Eindrücke, welche bloß den Grad von Stärke haben sollten, der hinreicht sie zu Datis für den Verstand zu machen, den höhern Grad erreichen, auf welchem sie den Willen bewegen, d.h. Schmerz oder Wohlgefühl erregen, wiewohl öfterer Schmerz, der aber zum Theil dumpf und undeutlich ist, daher nicht nur einzelne Töne und starkes Licht schmerzlich empfinden läßt, sondern auch im Allgemeinen krankhafte hypochondrische Stimmung veranlaßt, ohne deutlich erkannt zu werden. – Ferner zeigt sich die Identität des Leibes und Willens unter anderm auch darin, daß jede heftige und übermäßige Bewegung des Willens, d.h. jeder Affekt, ganz unmittelbar den Leib und dessen inneres Getriebe erschüttert und den Gang seiner vitalen Funktionen stört. Dies findet man speciell ausgeführt im »Willen in der Natur«, S. 27 der zweiten Auflage [Bd. V der ang. Ausg., S. 227].

Endlich ist die Erkenntniß, welche ich von meinem Willen habe, obwohl eine unmittelbare, doch von der meines Leibes nicht zu trennen. Ich erkenne meinen Willen nicht im Ganzen, nicht als Einheit, nicht vollkommen seinem Wesen nach, sondern ich erkenne ihn allein in seinen einzelnen Akten, also in der Zeit, welche die Form der Erscheinung meines Leibes, wie jedes Objekts ist: daher ist der Leib Bedingung der Erkenntniß meines Willens. Diesen Willen ohne meinen Leib kann ich demnach eigentlich nicht vorstellen. In der Abhandlung über den Satz vom Grund ist zwar der Wille, oder vielmehr das Subjekt des Wollens, als eine besondere Klasse der Vorstellungen oder Objekte aufgestellt: allein schon daselbst sahen wir dieses Objekt mit dem Subjekt zusammenfallen, d.h. eben aufhören Objekt zu seyn: wir nannten dort dieses Zusammenfallen das Wunder κατ' εξοχην [schlechthin]: gewissermaaßen ist die ganze gegenwärtige Schrift die Erklärung desselben. – Sofern ich meinen Willen eigentlich als Objekt erkenne, erkenne ich ihn als Leib: dann bin ich aber wieder bei der in jener Abhandlung aufgestellten ersten Klasse der Vorstellungen, d.h. bei den realen Objekten. Wir werden im weitern Fortgang mehr und mehr einsehn, daß jene erste Klasse der Vorstellungen ihren Aufschluß, ihre Enträthselung, eben nur findet an der dort aufgestellten vierten Klasse, welche nicht mehr eigentlich als Objekt dem Subjekt gegenüberstehn wollte, und daß wir, Dem entsprechend, aus dem die vierte Klasse beherrschenden Gesetz der Motivation, das innere Wesen des in der ersten Klasse geltenden Gesetzes der Kausalität, und dessen was diesem gemäß geschieht, verstehn lernen müssen.

Die nun vorläufig dargestellte Identität des Willens und des Leibes kann nur, wie hier, und zwar zum ersten Male, geschehn ist und im weitern Fortgang mehr und mehr geschehn soll, nachgewiesen, d. h. aus dem unmittelbaren Bewußtseyn, aus der Erkenntniß *in concreto*, zum Wissen der Vernunft erhoben, oder in die Erkenntniß *in abstracto* übertragen werden: hingegen kann sie ihrer Natur nach niemals bewiesen, d. h. als mittelbare Erkenntniß aus einer andern unmittelbaren abgeleitet werden, eben weil sie selbst die unmittelbarste ist, und wenn wir sie nicht als solche auffassen und festhalten, werden wir vergebens erwarten, sie irgend mittelbar, als abgeleitete Erkenntniß wiederzuerhalten. Sie ist eine Erkenntniß ganz eigener Art, deren Wahrheit eben deshalb nicht ein Mal eigentlich unter eine der vier Rubriken gebracht werden kann, in welche ich in der Abhandlung über den Satz vom Grund, § 29 ff., alle Wahrheit getheilt habe, nämlich in logische, empirische, transcendentale und metalogische: denn sie ist nicht, wie alle jene, die Beziehung einer abstrakten Vorstellung auf eine andere Vorstellung, oder auf die nothwendige Form des intuitiven, oder des abstrakten Vorstellens; sondern sie ist die Beziehung eines Urtheils auf das Verhältniß, welches eine anschauliche Vorstellung, der Leib, zu dem hat, was gar nicht Vorstellung ist, sondern ein von dieser *toto genere* Verschiedenes: Wille. Ich möchte darum diese Wahrheit vor allen andern auszeichnen und sie κατ' εξοχην philosophische Wahrheit nennen. Den Ausdruck derselben kann man verschiedentlich wenden, und sagen: mein Leib und mein Wille sind Eines; – oder was ich als anschauliche Vorstellung meinen Leib nenne, nenne ich, sofern ich desselben auf eine ganz verschiedene, keiner andern zu vergleichenden Weise mir bewußt bin, meinen Willen; – oder, mein Leib ist die Objektität meines Willens; – oder, abgesehn davon, daß mein Leib meine Vorstellung ist, ist er nur noch mein Wille; u. s. w.*

§ 19.

Wenn wir im ersten Buche, mit innerm Widerstreben, den eigenen Leib, wie alle übrigen Objekte dieser anschaulichen Welt, für bloße Vorstellung des erkennenden Subjekts erklärten; so ist es uns nun-

---

* Hiezu Kap. 18 des zweiten Bandes.

mehr deutlich geworden, was im Bewußtseyn eines Jeden, die Vorstellung des eigenen Leibes von allen andern, dieser übrigens ganz gleichen, unterscheidet, nämlich dies, daß der Leib noch in einer ganz andern, *toto genere* verschiedenen Art im Bewußtseyn vorkommt, die man durch das Wort W i l l e bezeichnet, und daß eben diese doppelte Erkenntniß, die wir vom eigenen Leibe haben, uns über ihn selbst, über sein Wirken und Bewegen auf Motive, wie auch über sein Leiden durch äußere Einwirkung, mit Einem Wort, über das, was er, nicht als Vorstellung, sondern außerdem, also a n s i c h ist, denjenigen Aufschluß giebt, welchen wir über das Wesen, Wirken und Leiden aller andern realen Objekte unmittelbar nicht haben.

Das erkennende Subjekt ist eben durch diese besondere Beziehung auf den einen Leib, der ihm, außer derselben betrachtet, nur eine Vorstellung gleich allen übrigen ist, Individuum. Die Beziehung aber, vermöge welcher das erkennende Subjekt I n d i v i d u u m ist, ist eben deshalb nur zwischen ihm und einer einzigen unter allen seinen Vorstellungen, daher es nur dieser einzigen nicht bloß als einer Vorstellung, sondern zugleich in ganz anderer Art, nämlich als eines Willens, sich bewußt ist. Da aber, wenn es von jener besondern Beziehung, von jener zwiefachen und ganz heterogenen Erkenntniß des Einen und Nämlichen, abstrahirt; dann jenes Eine, der Leib, eine Vorstellung gleich allen andern ist: so muß, um sich hierüber zu orientiren, das erkennende Individuum entweder annehmen, daß das Unterscheidende jener einen Vorstellung bloß darin liegt, daß seine Erkenntniß nur zu jener einen Vorstellung in dieser doppelten Beziehung steht, nur in dieses e i n e anschauliche Objekt ihm auf zwei Weisen zugleich die Einsicht offen steht, daß dies aber nicht durch einen Unterschied dieses Objekts von allen andern, sondern nur durch einen Unterschied des Verhältnisses seiner Erkenntniß zu diesem einen Objekt, von dem, so es zu allen andern hat, zu erklären ist; oder auch es muß annehmen, daß dieses eine Objekt wesentlich von allen andern verschieden ist, ganz allein unter allen zugleich Wille und Vorstellung ist, die übrigen hingegen bloße Vorstellung, d. h. bloße Phantome sind, sein Leib also das einzige wirkliche Individuum in der Welt, d. h. die einzige Willenserscheinung und das einzige unmittelbare Objekt des Subjekts. – Daß die andern Objekte, als bloße V o r s t e l l u n g betrachtet, seinem Leibe gleich sind, d. h. wie dieser den (nur als Vorstellung selbst möglicherweise vorhandenen) Raum füllen, und auch wie dieser im Raume wirken, dies ist zwar beweisbar gewiß, aus dem für Vorstellungen *a priori* sichern Gesetz der Kausalität, welches keine Wirkung ohne Ursache zuläßt: aber, abgesehn davon, daß sich von der Wirkung nur auf eine Ursache überhaupt, nicht auf eine gleiche Ursache schließen läßt; so ist man hiemit immer noch im Gebiet der bloßen Vorstellung, für die allein das Gesetz der Kausalität gilt, und über welches hinaus es nie führen kann. Ob aber die dem Individuo nur als Vorstellungen bekannten Objekte, dennoch, gleich seinem eigenen Leibe, Erscheinungen eines Willens sind; dies ist, wie bereits im vorigen Buche ausgesprochen, der eigentliche Sinn der Frage nach der Realität der Außenwelt: dasselbe zu leugnen, ist der Sinn des theoretischen Egoismus, der eben dadurch alle Erscheinungen, außer seinem eigenen Individuum, für Phantome hält, wie der praktische Egoismus genau das Selbe in praktischer Hinsicht thut, nämlich nur die eigene Person als eine wirklich solche, alle übrigen aber als bloße Phantome ansieht und behandelt. Der theoretische Egoismus ist zwar durch Beweise nimmermehr zu widerlegen: dennoch ist er zuverlässig in der Philosophie nie anders, denn als skeptisches Sophisma, d. h. zum Schein gebraucht worden. Als ernstliche Ueberzeugung hingegen könnte er allein im Tollhause gefunden werden: als solche bedürfte es dann gegen ihn nicht sowohl eines Beweises, als einer Kur. Daher wir uns insofern auf ihn nicht weiter einlassen, sondern ihn allein als die letzte Feste des Skepticismus, der immer polemisch ist, betrachten. Bringt nun also unsere stets an Individualität gebundene und eben hierin ihre Beschränkung habende Erkenntniß es nothwendig mit sich, daß Jeder nur Eines s e y n, hingegen alles andere e r k e n n e n kann, welche Beschränkung eben eigentlich das Bedürfniß der Philosophie erzeugt; so werden wir, die wir eben deshalb durch Philosophie die Schranken unserer Erkenntniß zu erweitern streben, jenes sich uns hier entgegenstellende skeptische Argument des theoretischen Egoismus ansehn als eine kleine Gränzfestung, die zwar auf immer unbezwinglich ist, deren Besatzung aber durchaus auch nie aus ihr herauskann, daher man ihr vorbeigehn und ohne Gefahr sie im Rücken liegen lassen darf.

Wir werden demzufolge die nunmehr zur Deutlichkeit erhobene doppelte, auf zwei völlig heterogene Weisen gegebene Erkenntniß, welche wir vom Wesen und Wirken unsers eigenen Leibes haben, weiterhin als einen Schlüssel zum Wesen jeder Erscheinung in der Natur gebrauchen und alle Objekte, die nicht unser eigener Leib, daher nicht auf doppelte Weise, sondern allein als Vorstellungen unserm Bewußtseyn gegeben sind, eben nach Analogie jenes Leibes beurtheilen und daher annehmen, daß, wie sie einerseits, ganz so wie er, Vorstellung und darin mit ihm gleichartig sind, auch andererseits, wenn man ihr Daseyn als Vorstellung des Subjekts bei Seite setzt, das dann noch übrig Bleibende, seinem innern Wesen nach, das selbe seyn muß, als was wir an uns Wille nennen. Denn welche andere Art von Daseyn oder Realität sollten wir der übrigen Körperwelt beilegen? woher die Elemente nehmen, aus der wir eine solche zusammensetzten? Außer dem Willen und der Vorstellung ist uns gar nichts bekannt, noch denkbar. Wenn wir der Körperwelt, welche unmittelbar nur in unserer Vorstellung dasteht, die größte uns bekannte Realität beilegen wollen; so geben wir ihr die Realität, welche für Jeden sein eigener Leib hat: denn der ist Jedem das Realste. Aber wenn wir nun die Realität dieses Leibes und seiner Aktionen analysiren, so treffen wir, außerdem daß er unsere Vorstellung ist, nichts darin an, als den Willen: damit ist selbst seine Realität erschöpft. Wir können daher eine anderweitige Realität, um sie der Körperwelt beizulegen, nirgends finden. Wenn also die Körperwelt noch etwas mehr seyn soll, als bloß unsere Vorstellung, so müssen wir sagen, daß sie außer der Vorstellung, also an sich und ihrem innersten Wesen nach, Das sei, was wir in uns selbst unmittelbar als Willen finden. Ich sage, ihrem innersten Wesen nach: dieses Wesen des Willens aber haben wir zuvörderst näher kennen zu lernen, damit wir Das, was nicht ihm selbst, sondern schon seiner, viele Grade habenden Erscheinung angehört, von ihm zu unterscheiden wissen: dergleichen ist z. B. das Begleitetseyn von Erkenntniß und das dadurch bedingte Bestimmtwerden durch Motive: dieses gehört, wie wir im weitern Fortgang einsehn werden, nicht seinem Wesen, sondern bloß seiner deutlichsten Erscheinung als Thier und Mensch an. Wenn ich daher sagen werde: die Kraft, welche den Stein zur Erde treibt, ist ihrem Wesen nach, an sich und außer aller Vorstellung, Wille; so wird man diesem Satz nicht die tolle Meinung unterlegen, daß der Stein sich nach einem erkannten Motive bewegt, weil im Menschen der Wille also erscheint*. – Nunmehr aber wollen wir das bis hieher vorläufig und

---

* Wir werden also keineswegs dem Bako v. Verulam beistimmen, wenn er *(de augm. scient. L. 4 in fine)* meint, daß alle mechanischen und physischen Bewegungen der Körper erst nach vorhergegangener Perception in diesen Körpern erfolgten; obgleich

allgemein Dargestellte ausführlicher und deutlicher nachweisen, begründen und in seinem ganzen Umfang entwickeln*.

§ 20.

Als des eigenen Leibes Wesen an sich, als dasjenige, was dieser Leib ist, außerdem daß er Objekt der Anschauung, Vorstellung ist, giebt, wie gesagt, der Wille zunächst sich kund in den willkürlichen Bewegungen dieses Leibes, sofern diese nämlich nichts Anderes sind, als die Sichtbarkeit der einzelnen Willensakte, mit welchen sie unmittelbar und völlig zugleich eintreten, als Ein und das Selbe mit ihnen, nur durch die Form der Erkennbarkeit, in die sie übergegangen, d. h. Vorstellung geworden sind, von ihnen unterschieden.

Diese Akte des Willens haben aber immer noch einen Grund außer sich, in den Motiven. Jedoch bestimmen diese nie mehr, als das was ich zu dieser Zeit, an diesem Ort, unter diesen Umständen will; nicht aber daß ich überhaupt will, noch was ich überhaupt will, d. h. die Maxime, welche mein gesammtes Wollen charakterisirt. Daher ist mein Wollen nicht seinem ganzen Wesen nach aus den Motiven zu erklären; sondern diese bestimmen bloß seine Aeußerung im gegebenen Zeitpunkt, sind bloß der Anlaß, bei dem sich mein Wille zeigt: dieser selbst hingegen liegt außerhalb des Gebietes des Gesetzes der Motivation: nur seine Erscheinung in jedem Zeitpunkt ist durch dieses nothwendig bestimmt. Lediglich unter Voraussetzung meines empirischen Charakters ist das Motiv hinreichender Erklärungsgrund meines Handelns: abstrahire ich aber von meinem Charakter und frage dann, warum ich überhaupt dieses und nicht jenes will; so ist keine Antwort darauf möglich, weil eben nur die Erscheinung des Willens dem Satze vom Grunde unterworfen ist, nicht aber er selbst, der insofern grundlos zu nennen ist. Hiebei setze ich theils Kants Lehre vom empirischen und intelligibeln Charakter, wie auch meine in den »Grundproblemen der Ethik«, S. 48–58, und wieder S. 178 ff. der ersten

---

eine Ahndung der Wahrheit auch diesem falschen Satz das Daseyn gab. Eben so verhält es sich mit Keplers Behauptung, in seiner Abhandlung *de planeta Martis,* daß die Planeten Erkenntniß haben müßten, um ihre elliptischen Bahnen so richtig zu treffen und die Schnelligkeit ihrer Bewegung so abzumessen, daß die Triangel der Fläche ihrer Bahn stets der Zeit proportional bleiben, in welcher sie deren Basis durchlaufen.

* Hiezu Kap. 19 des zweiten Bandes.

Auflage [Bd. VI der ang. Ausg., S. 85–96 und 215 ff.] dahin gehörigen Erörterungen voraus, theils werden wir im vierten Buch ausführlicher davon zu reden haben. Für jetzt habe ich nur darauf aufmerksam zu machen, daß das Begründetseyn einer Erscheinung durch die andere, hier also der That durch das Motiv, gar nicht damit streitet, daß ihr Wesen an sich Wille ist, der selbst keinen Grund hat, indem der Satz vom Grunde, in allen seinen Gestalten, bloß Form der Erkenntniß ist, seine Gültigkeit sich also bloß auf die Vorstellung, die Erscheinung, die Sichtbarkeit des Willens erstreckt, nicht auf diesen selbst, der sichtbar wird.

Ist nun jede Aktion meines Leibes Erscheinung eines Willensaktes, in welchem sich, unter gegebenen Motiven, mein Wille selbst überhaupt und im Ganzen, also mein Charakter, wieder ausspricht; so muß auch die unumgängliche Bedingung und Voraussetzung jener Aktion Erscheinung des Willens seyn: denn sein Erscheinen kann nicht von etwas abhängen, das nicht unmittelbar und allein durch ihn, das mithin für ihn nur zufällig wäre, wodurch sein Erscheinen selbst nur zufällig würde: jene Bedingung aber ist der ganze Leib selbst. Dieser selbst also muß schon Erscheinung des Willens seyn, und muß zu meinem Willen im Ganzen, d. h. zu meinem intelligibeln Charakter, dessen Erscheinung in der Zeit mein empirischer Charakter ist, sich so verhalten, wie die einzelne Aktion des Leibes zum einzelnen Akte des Willens. Also muß der ganze Leib nichts Anderes seyn, als mein sichtbar gewordener Wille, muß mein Wille selbst seyn, sofern dieser anschauliches Objekt, Vorstellung der ersten Klasse ist. – Als Bestätigung hievon ist bereits angeführt, daß jede Einwirkung auf meinen Leib sofort und unmittelbar auch meinen Willen afficirt und in dieser Hinsicht Schmerz oder Wollust, im niedrigeren Grade angenehme oder unangenehme Empfindung heißt, und auch, daß umgekehrt jede heftige Bewegung des Willens, also Affekt und Leidenschaft, den Leib erschüttert und den Lauf seiner Funktionen stört. – Zwar läßt sich, wenn gleich sehr unvollkommen, von der Entstehung, und etwas besser von der Entwickelung und Erhaltung meines Leibes auch ätiologisch eine Rechenschaft geben, welche eben die Physiologie ist: allein diese erklärt ihr Thema gerade nur so, wie die Motive das Handeln erklären. So wenig daher die Begründung der einzelnen Handlung durch das Motiv und die nothwendige Folge derselben aus diesem damit streitet, daß die Handlung überhaupt und ihrem Wesen nach nur Erscheinung eines an sich selbst grundlosen Willens ist; eben so wenig thut die physiologische Erklärung der Funktionen des Leibes der philosophischen Wahrheit Eintrag, daß das ganze Daseyn dieses Leibes und die gesammte Reihe seiner Funktionen nur die Objektivirung eben jenes Willens ist, der in des selben Leibes äußerlichen Aktionen nach Maaßgabe der Motive erscheint. Sucht doch die Physiologie auch sogar eben diese äußerlichen Aktionen, die unmittelbar willkürlichen Bewegungen, auf Ursachen im Organismus zurückzuführen, z. B. die Bewegung des Muskels zu erklären aus einem Zufluß von Säften (»wie die Zusammenziehung eines Strickes der naß wird« sagt Reil, in seinem Archiv für Physiologie, Bd 6, S. 153): allein gesetzt, man käme wirklich zu einer gründlichen Erklärung dieser Art, so würde dies doch nie die unmittelbar gewisse Wahrheit aufheben, daß jede willkürliche Bewegung *(functiones animales* [tierisch-organische Funktionen]*)* Erscheinung eines Willensaktes ist. Eben so wenig nun kann je die physiologische Erklärung des vegetativen Lebens *(functiones naturales, vitales* [natürliche, Lebens-Funktionen]*)*, und gediehe sie auch noch so weit, die Wahrheit aufheben, daß dieses ganze, sich so entwickelnde thierische Leben selbst Erscheinung des Willens ist. Ueberhaupt kann ja, wie oben erörtert worden, jede ätiologische Erklärung nie mehr angeben, als die nothwendig bestimmte Stelle in Zeit und Raum einer einzelnen Erscheinung, ihren nothwendigen Eintritt daselbst nach einer festen Regel: hingegen bleibt das innere Wesen jeder Erscheinung auf diesem Wege immer unergründlich, und wird von jeder ätiologischen Erklärung vorausgesetzt und bloß bezeichnet durch die Namen Kraft, oder Naturgesetz, oder, wenn von Handlungen die Rede ist, Charakter, Wille. – Obgleich also jede einzelne Handlung, unter Voraussetzung des bestimmten Charakters, nothwendig bei dargebotenem Motiv erfolgt, und obgleich das Wachsthum, der Ernährungsproceß und sämmtliche Veränderungen im thierischen Leibe nach nothwendig wirkenden Ursachen (Reizen) vor sich gehn; so ist dennoch die ganze Reihe der Handlungen, folglich auch jede einzelne, und eben so auch deren Bedingung, der ganze Leib selbst, der sie vollzieht, folglich auch der Proceß durch den und in dem er besteht- nichts Anderes, als die Erscheinung des Willens, die Sichtbarwerdung, Objektität des Willens. Hierauf beruht die vollkommene Angemessenheit des menschlichen und thierischen Leibes zum menschlichen und thierischen Willen überhaupt, derjenigen ähnlich, aber sie weit übertreffend, die ein absichtlich verfertigtes

Werkzeug zum Willen des Verfertigers hat, und dieserhalb erscheinend als Zweckmäßigkeit, d. i. die teleologische Erklärbarkeit des Leibes. Die Theile des Leibes müssen deshalb den Hauptbegehrungen, durch welche der Wille sich manifestirt, vollkommen entsprechen, müssen der sichtbare Ausdruck derselben seyn: Zähne, Schlund und Darmkanal sind der objektivirte Hunger; die Genitalien der objektivirte Geschlechtstrieb; die greifenden Hände, die raschen Füße entsprechen dem schon mehr mittelbaren Streben des Willens, welches sie darstellen. Wie die allgemeine menschliche Form dem allgemeinen menschlichen Willen, so entspricht dem individuell modificirten Willen, dem Charakter des Einzelnen, die individuelle Korporisation, welche daher durchaus und in allen Theilen charakteristisch und ausdrucksvoll ist.

[...]

§ 21.

Wem nun, durch alle diese Betrachtungen, auch *in abstracto*, mithin deutlich und sicher, die Erkenntniß geworden ist, welche *in concreto* Jeder unmittelbar, d. h. als Gefühl besitzt, daß nämlich das Wesen an sich seiner eigenen Erscheinung, welche als Vorstellung sich ihm sowohl durch seine Handlungen, als durch das bleibende Substrat dieser, seinen Leib, darstellt, sein W i l l e ist, der das Unmittelbarste seines Bewußtseyns ausmacht, als solches aber nicht völlig in die Form der Vorstellung, in welcher Objekt und Subjekt sich gegenüber stehn, eingegangen ist; sondern auf eine unmittelbare Weise, in der man Subjekt und Objekt nicht ganz deutlich unterscheidet, sich kund giebt, jedoch auch nicht im Ganzen, sondern nur in seinen einzelnen Akten dem Individuo selbst kenntlich wird: – wer, sage ich, mit mir diese Ueberzeugung gewonnen hat, dem wird sie, ganz von selbst, der Schlüssel werden zur Erkenntniß des innersten Wesens der gesammten Natur, indem er sie nun auch auf alle jene Erscheinung überträgt, die ihm nicht, wie seine eigene, in unmittelbarer Erkenntniß neben der mittelbaren, sondern bloß in letzterer, also bloß einseitig, als V o r s t e l l u n g allein, gegeben sind. Nicht allein in denjenigen Erscheinungen, welche seiner eigenen ganz ähnlich sind, in Menschen und Thieren, wird er als ihr innerstes Wesen jenen nämlichen Willen anerkennen; sondern die fortgesetzte Reflexion wird ihn dahin leiten, auch die Kraft, welche in der Pflanze treibt und vegetirt, ja, die Kraft, durch welche der Krystall anschießt, die, welche den Magnet zum Nordpol wendet, die, deren Schlag ihm aus der Berührung heterogener Metalle entgegenfährt, die, welche in den Wahlverwandtschaften der Stoffe als Fliehn und Suchen, Trennen und Vereinen erscheint, ja, zuletzt sogar die Schwere, welche in aller Materie so gewaltig strebt, den Stein zur Erde und die Erde zur Sonne zieht, – diese Alle nur in der Erscheinung für verschieden, ihrem innern Wesen nach aber als das Selbe zu erkennen, als jenes ihm unmittelbar so intim und besser als alles Andere Bekannte, was da, wo es am deutlichsten hervortritt, Wille heißt. Diese Anwendung der Reflexion ist es allein, welche uns nicht mehr bei der Erscheinung stehn bleiben läßt, sondern hinüberführt zum Ding an sich. Erscheinung heißt Vorstellung, und weiter nichts: alle Vorstellung, welcher Art sie auch sei, alles Objekt, ist Erscheinung. Ding an sich aber ist allein der Wille: als solcher ist er durchaus nicht Vorstellung, sondern *toto genere* von ihr verschieden: er ist es, wovon alle Vorstellung, alles Objekt, die Erscheinung, die Sichtbarkeit, die Objektität ist. Er ist das Innerste, der Kern jedes Einzelnen und eben so des Ganzen: er erscheint in jeder blindwirkenden Naturkraft: er auch erscheint im überlegten Handeln des Menschen; welcher Beiden große Verschiedenheit doch nur den Grad des Erscheinens, nicht das Wesen des Erscheinenden trifft.

[…]

§ 26.

[…]

Ist uns nun durch diese Betrachtung der Unterschied deutlich geworden zwischen der Naturkraft und allen ihren Erscheinungen; haben wir eingesehn, daß jene der Wille selbst auf dieser bestimmten Stufe seiner Objektivation ist; den Erscheinungen allein aber, durch Zeit und Raum, Vielheit zukommt, und das Gesetz der Kausalität nichts Anderes, als die Bestimmung der Stelle in Jenen für die einzelnen Erscheinungen ist; dann werden wir auch die vollkommene Wahrheit und den tiefen Sinn der Lehre des Malebranche von den gelegentlichen Ursachen, *causes occasionelles*, erkennen. Es ist sehr der Mühe werth, diese seine Lehre, wie er sie in den *Recherches de la vérité*, zumal im dritten Kapitel des zweiten Theils des sechsten Buchs und in den hinten angehängten *éclaircissements* [Erläuterungen] zu diesem Kapitel, vorträgt, mit meiner gegenwärtigen Darstellung zu vergleichen und die vollkommenste

Uebereinstimmung beider Lehren, bei so großer Verschiedenheit des Gedankenganges, wahrzunehmen. Ja, ich muß es bewundern, wie Malebranche, gänzlich befangen in den positiven Dogmen, welche ihm sein Zeitalter unwiderstehlich aufzwang, dennoch, in solchen Banden, unter solcher Last, so glücklich, so richtig die Wahrheit traf und sie mit eben jenen Dogmen, wenigstens mit der Sprache derselben, zu vereinigen wußte.

Denn die Gewalt der Wahrheit ist unglaublich groß und von unsäglicher Ausdauer. Wir finden ihre häufigen Spuren wieder in allen, selbst den bizarrsten, ja absurdesten Dogmen verschiedener Zeiten und Länder, zwar oft in sonderbarer Gesellschaft, in wunderlicher Vermischung, aber doch zu erkennen. Sie gleicht sodann einer Pflanze, welche unter einem Haufen großer Steine keimt, aber dennoch zum Lichte heranklimmt, sich durcharbeitend, mit vielen Umwegen und Krümmungen, verunstaltet, verblaßt, verkümmert; aber dennoch zum Lichte.

Allerdings hat Malebranche Recht: jede natürliche Ursache ist nur Gelegenheitsursache, giebt nur Gelegenheit, Anlaß zur Erscheinung jenes einen und untheilbaren Willens, der das Ansich aller Dinge ist und dessen stufenweise Objektivirung diese ganze sichtbare Welt. Nur das Hervortreten, das Sichtbarwerden an diesem Ort, zu dieser Zeit, wird durch die Ursache herbeigeführt und ist insofern von ihr abhängig, nicht aber das Ganze der Erscheinung, nicht ihr inneres Wesen: dieses ist der Wille selbst, auf den der Satz vom Grunde keine Anwendung findet, der mithin grundlos ist. Kein Ding in der Welt hat eine Ursache seiner Existenz schlechthin und überhaupt, sondern nur eine Ursache, aus der es gerade hier und gerade jetzt da ist. Warum ein Stein jetzt Schwere, jetzt Starrheit, jetzt Elektricität, jetzt chemische Eigenschaften zeigt, das hängt von Ursachen, von äußern Einwirkungen ab und ist aus diesen zu erklären: jene Eigenschaften selbst aber, also sein ganzes Wesen, welches aus ihnen besteht, und folglich sich auf alle jene angegebenen Weisen äußert, daß er also überhaupt ein solcher ist, wie er ist, daß er überhaupt existirt, das hat keinen Grund, sondern ist die Sichtbarwerdung des grundlosen Willens. Also alle Ursache ist Gelegenheitsursache. So haben wir es gefunden in der erkenntnißlosen Natur: gerade so aber ist es auch da, wo nicht mehr Ursachen und Reize, sondern Motive es sind, die den Eintrittspunkt der Erscheinungen bestimmen, also im Handeln der Thiere und Menschen. Denn hier wie dort ist es ein und der selbe Wille, wel-

cher erscheint, in den Graden seiner Manifestation höchst verschieden, in den Erscheinungen dieser vervielfacht und in Hinsicht auf diese dem Satz vom Grunde unterworfen, an sich frei von dem allen. Die Motive bestimmen nicht den Charakter des Menschen, sondern nur die Erscheinung dieses Charakters, also die Thaten; die äußere Gestalt seines Lebenslaufs, nicht dessen innere Bedeutung und Gehalt: diese gehn hervor aus dem Charakter, der die unmittelbare Erscheinung des Willens, also grundlos ist. Warum der Eine boshaft, der Andere gut ist, hängt nicht von Motiven und äußerer Einwirkung, etwan von Lehren und Predigten ab, und ist schlechthin in diesem Sinne unerklärlich. Aber ob ein Böser seine Bosheit zeigt in kleinlichen Ungerechtigkeiten, feigen Ränken, niedrigen Schurkereien, die er im engen Kreise seiner Umgebungen ausübt, oder ob er als ein Eroberer Völker unterdrückt, eine Welt in Jammer stürzt, das Blut von Millionen vergießt: dies ist die äußere Form seiner Erscheinung, das Unwesentliche derselben, und hängt ab von den Umständen, in die ihn das Schicksal setzte, von den Umgebungen, von den äußern Einflüssen, von den Motiven; aber nie ist seine Entscheidung auf diese Motive aus ihnen erklärlich: sie geht hervor aus dem Willen, dessen Erscheinung dieser Mensch ist. Davon im vierten Buch. Die Art und Weise, wie der Charakter seine Eigenschaften entfaltet, ist ganz der zu vergleichen, wie jeder Körper der erkenntnißlosen Natur die seinigen zeigt. Das Wasser bleibt Wasser, mit seinen ihm inwohnenden Eigenschaften; ob es aber als stiller See seine Ufer spiegelt, oder ob es schäumend über Felsen stürzt, oder, künstlich veranlaßt, als langer Strahl in die Höhe spritzt: das hängt von den äußern Ursachen ab: Eines ist ihm so natürlich wie das Andere; aber je nachdem die Umstände sind, wird es das Eine oder Andere zeigen, zu Allem gleich sehr bereit, in jedem Fall jedoch seinem Charakter getreu und immer nur diesen offenbarend. So wird sich auch jeder menschliche Charakter unter allen Umständen offenbaren: aber die Erscheinungen, die daraus hervorgehn, werden seyn, je nachdem die Umstände waren.
[...]

§ 27.
[...]
Wenn von den Erscheinungen des Willens, auf den niedrigeren Stufen seiner Objektivation, also im Unorganischen, mehrere unter einander in Konflikt gerathen, indem jede, am Leitfaden der Kausa-

lität, sich der vorhandenen Materie bemächtigen will; so geht aus diesem Streit die Erscheinung einer höhern Idee hervor, welche die vorhin dagewesenen unvollkommeneren alle überwältigt, jedoch so, daß sie das Wesen derselben auf eine untergeordnete Weise bestehn läßt, indem sie ein Analogon davon in sich aufnimmt; welcher Vorgang eben nur aus der Identität des erscheinenden Willens in allen Ideen und aus seinem Streben zu immer höherer Objektivation begreiflich ist. Wir sehn daher z. B. im Festwerden der Knochen ein unverkennbares Analogon der Krystallisation, als welche ursprünglich den Kalk beherrschte, obgleich die Ossifikation [Verknöcherung] nie auf Krystallisation zurückzuführen ist. Schwächer zeigt sich diese Analogie im Festwerden des Fleisches. So auch ist die Mischung der Säfte im thierischen Körper und die Sekretion ein Analogon der chemischen Mischung und Abscheidung, sogar wirken die Gesetze dieser dabei noch fort, aber untergeordnet, sehr modificirt, von einer höhern Idee überwältigt, daher bloß chemische Kräfte, außerhalb des Organismus, nie solche Säfte liefern werden; sondern

> *Encheiresin naturae* nennt es die Chemie,
> Spottet ihrer selbst und weiß nicht wie.
> [Goethe, *Faust* I, 1940 f.]

Die aus solchem Siege über mehrere niedere Ideen, oder Objektivationen des Willens, hervorgehende vollkommenere gewinnt, eben dadurch, daß sie von jeder überwältigten, ein höher potenzirtes Analogon in sich aufnimmt, einen ganz neuen Charakter: der Wille objektivirt sich auf eine neue deutlichere Art: es entsteht, ursprünglich durch *generatio aequivoca* [Urzeugung], nachher durch Assimilation an den vorhandenen Keim, organischer Saft, Pflanze, Thier, Mensch. Also aus dem Streit niedrigerer Erscheinungen geht die höhere, sie alle verschlingende, aber auch das Streben aller in höherm Grade verwirklichende hervor. – Es herrscht demnach schon hier das Gesetz: *serpens, nisi serpentem comederit, non fit draco* [Die Schlange kann nur dadurch zum Drachen werden, daß sie eine Schlange verschlingt. Baco von Verulam, *Serm. fideles* 38, De fortuna].

Ich wollte, daß es mir möglich gewesen wäre, durch die Klarheit der Darstellung, die dem Stoffe anhängende Dunkelheit dieser Gedanken zu überwinden: allein ich sehe gar wohl, daß die eigene

Betrachtung des Lesers mir sehr zu Hülfe kommen muß, wenn ich nicht unverstanden bleiben, oder mißverstanden werden soll. – Der gegebenen Ansicht gemäß, wird man zwar im Organismus die Spuren chemischer und physischer Wirkungsarten nachweisen, aber nie ihn aus diesen erklären können; weil er keineswegs ein durch das vereinigte Wirken solcher Kräfte, also zufällig hervorgebrachtes Phänomen ist, sondern eine höhere Idee, welche sich jene niedrigeren durch überwältigende Assimilation unterworfen hat; weil der in allen Ideen sich objektivirende eine Wille, indem er zur höchstmöglichen Objektivation strebt, hier die niedern Stufen seiner Erscheinung, nach einem Konflikt derselben, aufgiebt, um auf einer höhern desto mächtiger zu erscheinen. Kein Sieg ohne Kampf: indem die höhere Idee, oder Willensobjektivation, nur durch Ueberwältigung der niedrigeren hervortreten kann, erleidet sie den Widerstand dieser, welche, wenn gleich zur Dienstbarkeit gebracht, doch immer noch streben, zur unabhängigen und vollständigen Aeußerung ihres Wesens zu gelangen. Wie der Magnet, der ein Eisen gehoben hat, einen fortdauernden Kampf mit der Schwere unterhält, welche, als die niedrigste Objektivation des Willens, ein ursprünglicheres Recht auf die Materie jenes Eisens hat, in welchem steten Kampf der Magnet sich sogar stärkt, indem der Widerstand ihn gleichsam zu größerer Anstrengung reizt; eben so unterhält jede und auch die Willenserscheinung, welche sich im menschlichen Organismus darstellt, einen dauernden Kampf gegen die vielen physischen und chemischen Kräfte, welche, als niedrigere Ideen, ein früheres Recht auf jene Materie haben. Daher sinkt der Arm, den man eine Weile, mit Ueberwältigung der Schwere, gehoben gehalten: daher ist das behagliche Gefühl der Gesundheit, welches den Sieg der Idee des sich seiner bewußten Organismus über die physischen und chemischen Gesetze, welche ursprünglich die Säfte des Leibes beherrschen, ausdrückt, doch so oft unterbrochen, ja eigentlich immer begleitet von einer gewissen, größern oder kleinern Unbehaglichkeit, welche aus dem Widerstand jener Kräfte hervorgeht, und wodurch schon der vegetative Theil unsers Lebens mit einem leisen Leiden beständig verknüpft ist. Daher auch deprimirt [unterdrückt] die Verdauung alle animalischen Funktionen, weil sie die ganze Lebenskraft in Anspruch nimmt zur Ueberwältigung chemischer Naturkräfte durch die Assimilation. Daher also überhaupt die Last des physischen Lebens, die Nothwendigkeit des Schlafes und zuletzt des Todes, indem endlich, durch Umstände begünstigt, jene unterjochten Naturkräfte dem, selbst durch den steten Sieg ermüdeten, Organismus die ihnen entrissene Materie wieder abgewinnen, und zur ungehinderten Darstellung ihres Wesens gelangen. Man kann daher auch sagen, daß jeder Organismus die Idee, deren Abbild er ist, nur darstellt nach Abzug des Theiles seiner Kraft, welche verwendet wird auf Ueberwältigung der niedrigeren Ideen, die ihm die Materie streitig machen. Dieses scheint dem Jakob Böhme vorgeschwebt zu haben, wenn er irgendwo sagt, alle Leiber der Menschen und Thiere, ja alle Pflanzen seien eigentlich halb todt. Jenachdem nun dem Organismus die Ueberwältigung jener, die tieferen Stufen der Objektität des Willens ausdrückenden Naturkräfte mehr oder weniger gelingt, wird er zum vollkommeneren oder unvollkommeneren Ausdruck seiner Idee, d. h. steht näher oder ferner dem I d e a l, welchem in seiner Gattung die Schönheit zukommt.

So sehn wir in der Natur überall Streit, Kampf und Wechsel des Sieges, und werden eben darin weiterhin die dem Willen wesentliche Entzweiung mit sich selbst deutlicher erkennen. Jede Stufe der Objektivation des Willens macht der andern die Materie, den Raum, die Zeit streitig. Beständig muß die beharrende Materie die Form wechseln, indem, am Leitfaden der Kausalität, mechanische, physische, chemische, organische Erscheinungen, sich gierig zum Hervortreten drängend, einander die Materie entreißen, da jede ihre Idee offenbaren will. Durch die gesammte Natur läßt sich dieser Streit verfolgen, ja, sie besteht eben wieder nur durch ihn: ει γαρ μη ην το νεικος εν τοις πραγμασιν, εν αν ην απαντα, ως φησιν Εμπεδοκλης· *(nam si non inesset in rebus contentio, unum omnia essent, ut ait Empedocles.* [denn wenn der Streit nicht den Dingen innewohnte, so würde alles Eines sein, wie Empedokles sagt.] *Arist[oteles,] Metaph. B., 5):* ist doch dieser Streit selbst nur die Offenbarung der dem Willen wesentlichen Entzweiung mit sich selbst. Die deutlichste Sichtbarkeit erreicht dieser allgemeine Kampf in der Thierwelt, welche die Pflanzenwelt zu ihrer Nahrung hat, und in welcher selbst wieder jedes Thier die Beute und Nahrung eines andern wird, d. h. die Materie, in welcher seine Idee sich darstellte, zur Darstellung einer andern abtreten muß, indem jedes Thier sein Daseyn nur durch die beständige Aufhebung eines fremden erhalten kann; so daß der Wille zum Leben durchgängig an sich selber zehrt und in verschiedenen Gestalten seine eigene Nahrung ist, bis zuletzt das Menschengeschlecht, weil es alle andern überwältigt, die Natur für ein Fabrikat zu seinem Gebrauch ansieht, das selbe Geschlecht jedoch auch, wie wir im vierten Buche finden werden, in sich selbst jenen Kampf, jene Selbstentzweiung des Willens zur furchtbarsten Deutlichkeit offenbart, und *homo homini lupus* [der Mensch dem Menschen ein Wolf: Plautus, *Asinaria*, II, 495] wird. Inzwischen werden wir den selben Streit, die selbe Ueberwältigung eben so wohl auf den niedrigen Stufen der Objektität des Willens wiedererkennen. Viele Insekten (besonders die Ichneumoniden [Schlupfwespen]) legen ihre Eier auf die Haut, ja, in den Leib der Larven anderer Insekten, deren langsame Zerstörung das erste Werk der auskriechenden Brut ist. Der junge Armpolyp, der aus dem alten als ein Zweig herauswächst und sich später von ihm abtrennt, kämpft, während er noch an jenem festsitzt, schon mit ihm um die sich darbietende Beute, so daß einer sie dem andern aus dem Maule reißt *(Trembley, Polypod. II*, S. 110, und *III*, S. 165). In dieser Art liefert aber das grellste Beispiel die Bulldogs-Ameise *(bull-dog-ant)* in Australien: nämlich wenn man sie durchschneidet, beginnt ein Kampf zwischen dem Kopf- und dem Schwanztheil: jener greift diesen mit seinem Gebiß an, und dieser wehrt sich tapfer, durch Stechen auf jenen: der Kampf pflegt eine halbe Stunde zu dauern, bis sie sterben, oder von andern Ameisen weggeschleppt werden. Der Vorgang findet jedesmal Statt. (Aus einem Briefe von Howitt, im *W[eekly] Journal,* abgedruckt in Galignani's *Messenger,* vom 17. Nov. 1855.) An den Ufern des Missouri sieht man bisweilen eine mächtige Eiche von einer riesenhaften wilden Weinrebe, am Stamm und allen Aesten, so umwunden, gefesselt und geschnürt, daß sie, wie erstickt, verwelken muß. Das Selbe zeigt sich sogar auf den niedrigsten Stufen, z. B. wo durch organische Assimilation Wasser und Kohle in Pflanzensaft, oder Pflanze oder Brod in Blut verwandelt wird, und so überall, wo mit Beschränkung der chemischen Kräfte auf eine untergeordnete Wirkungsart, animalische Sekretion vor sich geht; dann auch in der unorganischen Natur, wann z. B. anschießende Krystalle sich begegnen, kreuzen und gegenseitig so stören, daß sie nicht die rein auskrystallisirte Form zeigen können, wie denn fast jede Druse [kristallbewachsenes Hohlgestein] das Abbild eines solchen Streites des Willens auf jener so niedrigen Stufe seiner Objektivation ist; oder auch wann ein Magnet dem Eisen die Magneticität aufzwingt, um seine Idee auch hier darzustellen; oder auch wann der Galvanismus die Wahlverwandtschaften überwältigt, die festesten Verbindungen zersetzt, die chemischen Gesetze so sehr aufhebt, daß die Säure eines am negativen Pol zersetzten Salzes zum positiven Pol muß, ohne mit den Alkalien, durch die sie unterwegs geht, sich verbinden, oder nur den Lakmus, welchen sie antrifft, röthen zu dürfen. Im Großen zeigt es sich in dem Verhältniß zwischen Centralkörper und Planet: dieser, obgleich in verschiedener Abhängigkeit, widersteht noch immer, gleichwie die chemischen Kräfte im Organismus; woraus dann die beständige Spannung zwischen Centripetal- und Centrifugalkraft hervorgeht, welche das Weltgebäude in Bewegung erhält und selbst schon ein Ausdruck ist jenes allgemeinen der Erscheinung des Willens wesentlichen Kampfes, den wir eben betrachten. Denn da jeder Körper als Erscheinung eines Willens angesehn werden muß, Wille aber nothwendig als ein Streben sich darstellt; so kann der ursprüngliche Zustand jedes zur Kugel geballten Weltkörpers nicht Ruhe seyn, sondern Bewegung, Streben vorwärts in den unendlichen Raum, ohne Rast und Ziel. Diesem steht weder das Gesetz der Trägheit, noch das der Kausalität entgegen: denn da, nach jenem, die Materie als solche gegen Ruhe und Bewegung gleichgültig ist, so kann Bewegung, so gut wie Ruhe, ihr ursprünglicher Zustand seyn; daher, wenn wir sie in Bewegung vorfinden, wir eben so wenig berechtigt sind vorauszusetzen, daß derselben ein Zustand der Ruhe vorhergegangen sei, und nach der Ursache des Eintritts der Bewegung zu fragen, als umgekehrt, wenn wir sie in Ruhe fänden, wir eine dieser vorhergegangene Bewegung vorauszusetzen und nach der Ursache ihrer Aufhebung zu fragen hätten. Daher ist kein erster Anstoß für die Centrifugalkraft zu suchen, sondern sie ist, bei den Planeten, nach Kants und Laplaces Hypothese, Ueberbleibsel der ursprünglichen Rotation des Centralkörpers, von welchem jene sich, bei dessen Zusammenziehung, getrennt haben. Diesem selbst aber ist Bewegung wesentlich: er rotirt noch immer und fliegt zugleich dahin im endlosen Raum, oder cirkulirt vielleicht um einen größern, uns unsichtbaren Centralkörper. Diese Ansicht stimmt gänzlich überein mit der Muthmaaßung der Astronomen von einer Centralsonne, wie auch mit dem wahrgenommenen Fortrücken unsers ganzen Sonnensystems, vielleicht auch des ganzen Sternhaufens, dem unsere Sonne angehört, daraus endlich auf ein allgemeines Fortrücken aller Fixsterne, mit sammt der Centralsonne, zu schließen ist, welches freilich im unendlichen Raum alle Bedeutung verliert (da Bewegung im absoluten Raum von der Ruhe sich nicht unterscheidet) und eben hiedurch, wie schon unmittelbar durch das Streben und Fliegen ohne Ziel, zum Ausdruck jener Nichtigkeit, jener Ermangelung eines letzten Zweckes wird, welche wir, am Schlusse dieses Buches, dem Streben des Willens in allen seinen Erscheinungen werden zuerkennen müssen; daher eben auch wieder endloser Raum und endlose Zeit die allgemeinsten und wesentlichsten Formen seiner gesammten Erscheinung seyn mußten, als welche sein ganzes Wesen auszudrücken daist. – Wir können endlich den in Betrachtung genommenen Kampf aller Willenserscheinungen gegen einander sogar schon in der bloßen Materie, als solcher betrachtet, wiedererkennen, sofern nämlich das Wesen ihrer Erscheinung von Kant richtig ausgesprochen ist als Repulsiv- und Attraktivkraft; so daß schon sie nur in einem Kampf entgegenstrebender Kräfte ihr Daseyn hat. Abstrahiren wir von aller chemischen Verschiedenheit der Materie, oder denken uns in der Kette der Ursachen und Wirkungen so weit zurück, daß noch keine chemische Differenz daist; so bleibt uns die bloße Materie, die Welt zu einer Kugel geballt, deren Leben, d. h. Objektivation des Willens, nun jener Kampf zwischen Attraktions- und Repulsionskraft ausmacht, jene als Schwere, von allen Seiten zum Centrum drängend, diese als Undurchdringlichkeit, sei es durch Starrheit oder Elasticität, jener widerstrebend, welcher stete Drang und Widerstand als die Objektität des Willens auf der alleruntersten Stufe betrachtet werden kann und schon dort dessen Charakter ausdrückt.

So sehn wir denn hier, auf der untersten Stufe, den Willen sich darstellen als einen blinden Drang, ein finsteres, dumpfes Treiben, fern von aller unmittelbaren Erkennbarkeit. Es ist die einfachste und schwächste Art seiner Objektivation. Als solcher blinder Drang und erkenntnißloses Streben erscheint er aber noch in der ganzen unorganischen Natur, in allen den ursprünglichen Kräften, welche aufzusuchen und ihre Gesetze kennen zu lernen, Physik und Chemie beschäftigt sind, und jede von welchen sich uns in Millionen ganz gleichartiger und gesetzmäßiger, keine Spur von individuellem Charakter ankündigender Erscheinungen darstellt, sondern bloß vervielfältigt durch Zeit und Raum, d. i. durch das *principium individuationis,* wie ein Bild durch die Facetten eines Glases vervielfältigt wird.

Von Stufe zu Stufe sich deutlicher objektivirend, wirkt dennoch auch im Pflanzenreich, wo nicht mehr eigentliche Ursachen, sondern Reize das Band seiner Erscheinungen sind, der Wille doch noch völlig erkenntnißlos, als finstere treibende Kraft, und so endlich auch noch im vegetativen Theil der thierischen Erscheinung, in der Hervorbringung und Ausbildung jedes Thieres und in der Unterhaltung der innern Oekonomie desselben, wo immer nur noch bloße Reize seine Erscheinung nothwendig bestimmen. Die immer höher stehenden Stufen der Objektität des Willens führen endlich zu dem Punkt, wo das Individuum, welches die Idee darstellt, nicht mehr durch bloße Bewegung auf Reize seine zu assimilirende Nahrung erhalten konnte; weil solcher Reiz abgewartet werden muß, hier aber die Nahrung eine specieller bestimmte ist, und bei der immer mehr angewachsenen Mannigfaltigkeit der Erscheinungen das Gedränge und Gewirre so groß geworden ist, daß sie einander stören, und der Zufall, von dem das durch bloße Reize bewegte Individuum seine Nahrung erwarten muß, zu ungünstig seyn würde. Die Nahrung muß daher aufgesucht, ausgewählt werden, von dem Punkt an, wo das Thier dem Ei oder Mutterleibe, in welchem es erkenntnißlos vegetirte, sich entwunden hat. Dadurch wird hier die Bewegung auf Motive und wegen dieser die Erkenntniß nothwendig, welche also eintritt als ein auf dieser Stufe der Objektivation des Willens erfordertes Hülfsmittel, μηχανη, zur Erhaltung des Individuums und Fortpflanzung des Geschlechts. Sie tritt hervor, repräsentirt durch das Gehirn oder ein größeres Ganglion, eben wie jede andere Bestrebung oder Bestimmung des sich objektivirenden Willens durch ein Organ repräsentirt ist, d. h. für die Vorstellung sich als ein Organ darstellt*.

Allein mit diesem Hülfsmittel, dieser μηχανη, steht nun, mit einem Schlage, die Welt als Vorstellung da, mit allen ihren Formen, Objekt und Subjekt, Zeit, Raum, Vielheit und Kausalität. Die Welt zeigt jetzt die zweite Seite. Bisher bloß Wille, ist sie nun zugleich Vorstellung, Objekt des erkennenden Subjekts. Der Wille, der bis hieher im Dunkeln, höchst sicher und unfehlbar, seinen Trieb verfolgte, hat sich auf dieser Stufe ein Licht angezündet, als ein Mittel, welches nothwendig wurde, zur Aufhebung des Nachtheils, der aus dem Gedränge und der komplicirten Beschaffenheit seiner Erscheinungen eben den vollendetesten erwachsen würde. Die bisherige unfehlbare Sicherheit und Gesetzmäßigkeit,

---

* Hiezu Kap. 22 des zweiten Bandes; wie auch in meiner Schrift »Ueber den Willen in der Natur«, S. 54 ff. u. S. 70–79 der ersten, oder S. 46 ff. u. S. 63–72 der zweiten Auflage [Bd. V der ang. Ausg., S. 246 ff. und 265–273].

mit welcher er in der unorganischen und bloß vegetativen Natur wirkte, beruhte darauf, daß er allein in seinem ursprünglichen Wesen, als blinder Drang, Wille, thätig war, ohne Beihülfe, aber auch ohne Störung von einer zweiten ganz andern Welt, der Welt als Vorstellung, welche zwar nur das Abbild seines eigenen Wesens, aber doch ganz anderer Natur ist und jetzt eingreift in den Zusammenhang seiner Erscheinungen. Dadurch hört nunmehr die unfehlbare Sicherheit derselben auf. Die Thiere sind schon dem Schein, der Täuschung ausgesetzt. Sie haben indessen bloß anschauliche Vorstellungen, keine Begriffe, keine Reflexion, sind daher an die Gegenwart gebunden, können nicht die Zukunft berücksichtigen.
[...]
Endlich nun da, wo der Wille zum höchsten Grade seiner Objektivation gelangt ist, reicht die den Thieren aufgegangene Erkenntniß des Verstandes, dem die Sinne die Data liefern, woraus bloße Anschauung, die an die Gegenwart gebunden ist, hervorgeht, nicht mehr zu: das komplicirte, vielseitige, bildsame, höchst bedürftige und unzähligen Verletzungen ausgesetzte Wesen, der Mensch, mußte, um bestehn zu können, durch eine doppelte Erkenntniß erleuchtet werden, gleichsam eine höhere Potenz der anschaulichen Erkenntniß mußte zu dieser hinzutreten, eine Reflexion jener: die Vernunft als das Vermögen abstrakter Begriffe. Mit dieser war Besonnenheit da, enthaltend Ueberblick der Zukunft und Vergangenheit, und, in Folge derselben, Ueberlegung, Sorge, Fähigkeit des prämeditirten [vorbedachten], von der Gegenwart unabhängigen Handelns, endlich auch völlig deutliches Bewußtseyn der eigenen Willensentscheidungen als solcher. Trat nun schon mit der bloß anschauenden Erkenntniß die Möglichkeit des Scheines und der Täuschung ein, wodurch die vorige Unfehlbarkeit im erkenntnißlosen Treiben des Willens aufgehoben wurde, deshalb Instinkt und Kunsttrieb, als erkenntnißlose Willensäußerungen, mitten unter den von Erkenntniß geleiteten, ihm zu Hülfe kommen mußten; so geht mit dem Eintritt der Vernunft jene Sicherheit und Untrüglichkeit der Willensäußerungen (welche am andern Extrem, in der unorganischen Natur, sogar als strenge Gesetzmäßigkeit erscheint) fast ganz verloren: der Instinkt tritt völlig zurück, die Ueberlegung, welche jetzt Alles ersetzen soll, gebiert (wie im ersten Buche ausgeführt) Schwanken und Unsicherheit: der Irrthum wird möglich, welcher in vielen Fällen die adäquate Objektivation des Willens durch Thaten hindert. Denn, wenn gleich der Wille schon im Cha-

rakter seine bestimmte und unveränderliche Richtung genommen hat, welcher entsprechend das Wollen selbst unfehlbar, nach Anlaß der Motive, eintritt; so kann doch der Irrthum die Aeußerungen desselben verfälschen, indem dann Wahnmotive gleich wirklichen einfließen und diese aufheben*: so z. B. wenn Superstition eingebildete Motive unterschiebt, die den Menschen zu einer Handlungsweise zwingen, welche der Art, wie sein Wille, unter den vorhandenen Umständen, sich sonst äußern würde, gerade entgegengesetzt ist: Agamemnon schlachtet seine Tochter; ein Geizhals spendet Almosen, aus reinem Egoismus, in der Hoffnung dereinstiger hundertfacher Wiedererstattung, u. s. f.

Die Erkenntniß überhaupt, vernünftige sowohl als bloß anschauliche, geht also ursprünglich aus dem Willen selbst hervor, gehört zum Wesen der höhern Stufen seiner Objektivation, als eine bloße μηχανη, ein Mittel zur Erhaltung des Individuums und der Art, so gut wie jedes Organ des Leibes. Ursprünglich also zum Dienste des Willens, zur Vollbringung seiner Zwecke bestimmt, bleibt sie ihm auch fast durchgängig gänzlich dienstbar: so in allen Thieren und in beinahe allen Menschen. Jedoch werden wir im dritten Buche sehn, wie in einzelnen Menschen die Erkenntniß sich dieser Dienstbarkeit entziehn, ihr Joch abwerfen und frei von allen Zwecken des Wollens rein für sich bestehn kann, als bloßer klarer Spiegel der Welt, woraus die Kunst hervorgeht; endlich im vierten Buch, wie durch diese Art der Erkenntniß, wenn sie auf den Willen zurückwirkt, die Selbstaufhebung desselben eintreten kann, d. i. die Resignation, welche das letzte Ziel, ja, das innerste Wesen aller Tugend und Heiligkeit, und die Erlösung von der Welt ist.

[...]

---

* Die Scholastiker sagten daher recht gut: *Causa finalis movet non secundum suum esse reale, sed secundum esse cognitum.* [Die Endursache wirkt nicht nach ihrem wirklichen, sondern nach ihrem erkannten Wesen.] Siehe Suarez, *Disp. metaph. disp.* XXIII, sect. 7 et 8

Viertes Buch (1. Band)

Der Welt als Wille zweite Betrachtung: Bei erreichter Selbsterkenntniß Bejahung und Verneinung des Willens zum Leben

[...]

§ 71.

Indem ich hier die Grundzüge der Ethik und mit ihnen die ganze Entwickelung jenes einen Gedankens, dessen Mittheilung mein Zweck war, beendige, will ich einen Vorwurf, der diesen letzten Theil der Darstellung trifft, keineswegs verhehlen, sondern vielmehr zeigen, daß er im Wesen der Sache liegt und ihm abzuhelfen schlechthin unmöglich ist. Es ist dieser, daß nachdem unsere Betrachtung zuletzt dahin gelangt ist, daß wir in der vollkommenen Heiligkeit das Verneinen und Aufgeben alles Wollens und eben dadurch die Erlösung von einer Welt, deren ganzes Daseyn sich uns als Leiden darstellte, vor Augen haben, uns nun eben dieses als ein Uebergang in das leere N i c h t s erscheint.

Hierüber muß ich zuvörderst bemerken, daß der Begriff des N i c h t s wesentlich relativ ist und immer sich nur auf ein bestimmtes Etwas bezieht, welches er negirt. Man hat (namentlich Kant) diese Eigenschaft nur dem *nihil privativum* [relativen Nichts], welches das im Gegensatz eines + mit – Bezeichnete ist, zugeschrieben, welches –, bei umgekehrtem Gesichtspunkte zu + werden könnte, und hat im Gegensatz dieses *nihil privativum* das *nihil negativum* [absolutes Nichts] aufgestellt, welches in jeder Beziehung Nichts wäre, wozu man als Beispiel den logischen, sich selbst aufhebenden Widerspruch gebraucht. Näher betrachtet aber ist kein absolutes Nichts, kein ganz eigentliches *nihil negativum,* auch nur denkbar; sondern jedes dieser Art ist, von einem höhern Standpunkt aus betrachtet, oder einem weitern Begriff subsumirt, immer wieder nur ein *nihil privativum.* Jedes Nichts ist ein solches nur im Verhältniß zu etwas Anderm gedacht, und setzt dieses Verhältniß, also auch jenes Andere, voraus.

[...]

Das allgemein als positiv Angenommene, welches wir das S e i e n d e nennen und dessen Negation der Begriff N i c h t s in seiner allgemeinsten Bedeutung ausspricht, ist eben die Welt der Vorstellung, welche ich als die Objektität des Willens, als seinen Spiegel, nachgewiesen habe. Dieser Wille und diese Welt sind eben auch wir selbst, und zu ihr gehört die Vorstellung überhaupt, als ihre eine Seite: die Form dieser Vorstellung ist Raum und Zeit, daher Alles für diesen Standpunkt Seiende irgendwo und irgendwann seyn muß. Zur Vorstellung gehört sodann auch der Begriff, das Material der Philosophie, endlich das Wort, das Zeichen des Begriffs. Verneinung, Aufhebung, Wendung des Willens ist auch Aufhebung und Verschwinden der Welt, seines Spiegels. Erblicken wir ihn in diesem Spiegel nicht mehr, so fragen wir vergeblich, wohin er sich gewendet, und klagen dann, da er kein Wo und Wann mehr hat, er sei ins Nichts verloren gegangen.

Ein umgekehrter Standpunkt, wenn er für uns möglich wäre, würde die Zeichen vertauschen lassen, und das für uns Seiende als das Nichts und jenes Nichts als das Seiende zeigen. So lange wir aber der Wille zum Leben selbst sind, kann jenes Letztere von uns nur negativ erkannt und bezeichnet werden, weil der alte Satz des Empedokles, daß Gleiches nur von Gleichem erkannt wird, gerade hier uns alle Erkenntniß benimmt, so wie umgekehrt eben auf ihm die Möglichkeit aller unserer wirklichen Erkenntniß, d. h. die Welt als Vorstellung, oder die Objektität des Willens, zuletzt beruht. Denn die Welt ist die Selbsterkenntniß des Willens.

Würde dennoch schlechterdings darauf bestanden, von Dem, was die Philosophie nur negativ, als Verneinung des Willens, ausdrücken kann, irgendwie eine positive Erkenntniß zu erlangen; so bliebe uns nichts übrig, als auf den Zustand zu verweisen, den alle Die, welche zur vollkommenen Verneinung des Willens gelangt sind, erfahren haben, und den man mit den Namen Ekstase, Entrückung, Erleuchtung, Vereinigung mit Gott u. s. w. bezeichnet hat; welcher Zustand aber nicht eigentlich Erkenntniß zu nennen ist, weil er nicht mehr die Form von Subjekt und Objekt hat, und auch übrigens nur der eigenen, nicht weiter mittheilbaren Erfahrung zugänglich ist.

Wir aber, die wir ganz und gar auf dem Standpunkt der Philosophie stehn bleiben, müssen uns hier mit der negativen Erkenntniß begnügen, zufrieden den letzten Gränzstein der positiven erreicht zu haben. Haben wir also das Wesen an sich der Welt als Wille, und in allen ihren Erscheinungen nur seine Objektität erkannt, und diese verfolgt vom erkenntnißlosen Drange dunkler Naturkräfte bis zum bewußtvollsten Handeln des Menschen; so weichen wir keineswegs der Konsequenz aus, daß mit der freien Verneinung, dem Aufgeben des Willens, nun auch alle jene Erscheinungen aufgehoben sind, jenes beständige Drängen und Treiben ohne Ziel und ohne Rast, auf allen Stufen der Objektität, in welchem und durch welches die Welt besteht, aufgehoben die Mannigfaltigkeit stufenweise folgender Formen, aufgehoben mit dem Willen seine ganze Erscheinung, endlich auch die allgemeinen Formen dieser, Zeit und Raum, und auch die letzte Grundform derselben, Subjekt und Objekt. Kein Wille: keine Vorstellung, keine Welt.

Vor uns bleibt allerdings nur das Nichts. Aber Das, was sich gegen dieses Zerfließen ins Nichts sträubt, unsere Natur, ist ja eben nur der Wille zum Leben, der wir selbst sind, wie er unsere Welt ist. Daß wir so sehr das Nichts verabscheuen, ist nichts weiter, als ein anderer Ausdruck davon, daß wir so sehr das Leben wollen, und nichts sind, als dieser Wille, und nichts kennen, als eben ihn. – Wenden wir aber den Blick von unserer eigenen Dürftigkeit und Befangenheit auf Diejenigen, welche die Welt überwanden, in denen der Wille, zur vollen Selbsterkenntniß gelangt, sich in Allem wiederfand und dann sich selbst frei verneinte, und welche dann nur noch seine letzte Spur, mit dem Leibe, den sie belebt, verschwinden zu sehn abwarten; so zeigt sich uns, statt des rastlosen Dranges und Treibens, statt des steten Ueberganges von Wunsch zu Furcht und von Freude zu Leid, statt der nie befriedigten und nie ersterbenden Hoffnung, daraus der Lebenstraum des wollenden Menschen besteht, jener Friede, der höher ist als alle Vernunft, jene gänzliche Meeresstille des Gemüths, jene tiefe Ruhe, unerschütterliche Zuversicht und Heiterkeit, deren bloßer Abglanz im Antlitz, wie ihn Raphael und Correggio dargestellt haben, ein ganzes und sicheres Evangelium ist: nur die Erkenntniß ist geblieben, der Wille ist verschwunden. Wir aber blicken dann mit tiefer und schmerzlicher Sehnsucht auf diesen Zustand, neben welchem das Jammervolle und Heillose unsers eigenen, durch den Kontrast, in vollem Lichte erscheint. Dennoch ist diese Betrachtung die einzige, welche uns dauernd trösten kann, wann wir einerseits unheilbares Leiden und endlosen Jammer als der Erscheinung des Willens, der Welt, wesentlich erkannt haben, und anderseits, bei aufgehobenem Willen, die Welt zerfließen sehn und nur das leere Nichts vor uns behalten. Also auf diese Weise, durch Betrachtung des Lebens und Wandels der Heiligen, welchen in der eigenen Erfahrung zu begegnen freilich selten vergönnt ist, aber welche ihre aufgezeichnete

Arthur Schopenhauer

Geschichte und, mit dem Stämpel innerer Wahrheit verbürgt, die Kunst uns vor die Augen bringt, haben wir den finstern Eindruck jenes Nichts, das als das letzte Ziel hinter aller Tugend und Heiligkeit schwebt, und das wir, wie die Kinder das Finstere, fürchten, zu verscheuchen; statt selbst es zu umgehn, wie die Inder, durch Mythen und bedeutungsleere Worte, wie Resorbtion in das B r a h m, oder N i r w a n a der Buddhaisten. Wir bekennen es vielmehr frei: was nach gänzlicher Aufhebung des Willens übrig bleibt, ist für alle Die, welche noch des Willens voll sind, allerdings Nichts. Aber auch umgekehrt ist Denen, in welchen der Wille sich gewendet und verneint hat, diese unsere so sehr reale Welt mit allen ihren Sonnen und Milchstraßen – Nichts.*

Arthur Schopenhauer, Zürcher Ausgabe, Werke in zehn Bdn., Zürich (Diogenes) 1977; Bd. III/2 199–201, 204–209, 211 u. 212–216; Bd. I/1 139–155, 186–188, 195–204; Bd. II/1 504–508.

---

* Dieses ist eben auch das Pradschna-Paramita der Buddhaisten, das »Jenseit aller Erkenntniß«, d.h. der Punkt, wo Subjekt und Objekt nicht mehr sind. (Siehe J. J. Schmidt, »Ueber das Mahajana und Pradschna-Paramita«.)

Anhang

Quellennachweis

Text 1
Aristoteles, Philosophische Schriften in sechs Bdn., Bd. V Metaphysik, übers. v. H. Bonitz, bearb. v. H. Seidl, Hamburg (Felix Meiner) 1995; 61–67, 232–237, 247–250, 254–260 u. 262–267 [1003a–1005b, 1064a–1066a, 1069a–1070a, 1071b–1073b u. 1074b–1076a].

Text 2
Lukrez (Titus Lucretius Carus), De rerum natura. Welt aus Atomen, hg. u. übers. v. K. Büchner, Stuttgart (Philipp Reclam jun.) 1981; 11–23, 37–51, 73–79, 89–93, 97, 101–107, 137–139, 159–163, 173–177, 209, 229–237, 243–245, 251–253, 365–369, 383, 437–441, 509–513 u. 461–463.

Text 3
Thomas von Aquin, Summe gegen die Heiden, Bd. III.1, hg. u. übers. v. K. Allgaier, Darmstadt (Wissenschaftliche Buchgesellschaft) 1990, 3–17, 59–77, 97–105, 189, 193, 263–275 u. 303–317; Bd. IV, hg. u. übers. v. M. H. Wörner, Darmstadt (Wissenschaftliche Buchgesellschaft) 1996; 83–85.

Text 4
Baruch de Spinoza, Sämtliche Werke in sieben Bdn., hg. v. C. Gebhardt, Die Ethik nach geometrischer Methode dargestellt, übers. v. O. Baensch, eingel. v. R. Schottlaender, mit neuer Auswahlbibliographie v. W. Bartuschat (= Philosophische Bibliothek Bd. 92) Hamburg (Felix Meiner), verbesserter Nachdruck 1994; I. Teil 16–24, 31–32, 34–38 u. 39–48, II. Teil 54–56 u. 58–61, V. Teil 286–287 u. 289.

Text 5
Gottfried Wilhelm Leibniz, Philosophische Schriften Bd. I, hg. u. übers. v. H. H. Holz, Darmstadt (Wissenschaftliche Buchgesell-

schaft) ²1985 (1965); 57–63, 67–79, 83–97, 103–105, 113–123, 135–145 u. 151–159.

Text 6
Arthur Schopenhauer, Zürcher Ausgabe, Werke in zehn Bdn., Zürich (Diogenes) 1977; Bd. III/2 199–201, 204–209, 211 u. 212–216; Bd. I/1 139–155, 186–188, 195–204; Bd. II/1 504–508.

Weiterführende Literatur

I. Allgemein einführende und vertiefende Literatur

A Companion to Metaphysics, hg. von Jaegwon Kim und Ernest Sosa, Oxford: Blackwell 1995.
Dempf, Alois: Metaphysik. Versuch einer problemgeschichtlichen Synthese, Amsterdam: Rodopi 1986.
Die Fragmente der Vorsokratiker, Bd. 1 und 2, Griechisch-Deutsch von Hermann Diels, hg. von Walther Kranz, o.O.: Weidmann ⁶1951, ⁶1952.
Chisholm, Roderick M.: On Metaphysics, Minneapolis: University of Minnesota Press 1989.
Eriugena, Johannes Scotus: Über die Einteilung der Natur, übersetzt von Ludwig Noack, unveränderte zweite Auflage der Ausgaben 1870 (Buch I-III), 1874 (Buch IV-V), Hamburg: Meiner 1983.
Handbook of Metaphysics and Ontology, 2 Bände, hg. von Hans Burkhardt und Barry Smith, München: Philosophia 1995.
Hamlyn, D. W.: Metaphysics, Cambridge: Cambridge University Press 1984.
Hume, David: A Treatise of Human Nature, hg. von P. H. Nidditch, Oxford: Clarendon Press 1978.
Kant, Immanuel: Schriften zur Metaphysik und Logik, Band V der Werkausgabe, hg. von Wilhelm Weischedel, Frankfurt a.M.: Suhrkamp ²1978.
Metaphysik, hg. von Georg Jánoschka und Franz Kanz, Darmstadt: Wissenschaftliche Buchgesellschaft 1977.
Nietzsche, Friedrich: Jenseits von Gut und Böse / Zur Genealogie der Moral, Band 5 der von Giorgio Colli und Mazzino Montinari herausgegebenen kritischen Studienausgabe, München: dtv/De Gruyter 1993.

Platon: Werke, 8 Bände, Griechisch-Deutsch, hg. von Gunther Eigler, Sonderausgabe, Darmstadt: Wissenschaftliche Buchgesellschaft 1990.

Plotin: Schriften, Griechisch-Deutsch, übersetzt und neubearbeitet von Richard Harder, fortgeführt von Rudolf Beutler und Willy Theiler, 12 Teilbände (Vc: die Lebensbeschreibung Plotins durch Porphyrius, VI: Indexband unter Mitwirkung von G. O'Daly), Hamburg: Meiner 1956–1971.

Schlesinger, George N.: Metaphysics, Oxford: Blackwell 1989.

Smart, J. J. C.: Our Place in the Universe. A Metaphysical Discussion, Oxford: Blackwell 1989.

Taylor, Richard: Metaphysics, Englewood Cliff, N.J.: Prentice Hall ²1974.

Van Inwagen, Peter: Metaphysics, Oxford: Oxford University Press 1993.

Weissmahr, Béla: Ontologie, Stuttgart/Berlin/Köln: Kohlhammer ²1991.

II. Literatur zu den ausgewählten Autoren

1. Aristoteles:

Ackrill, John L.: Aristoteles. Eine Einführung in sein Philosophieren, Sammlung Göschen, Berlin/New York: De Gruyter 1985.

Articles on Aristotle, 4 Bände (3. Band: Metaphysics), hg. von Jonathan Barnes, Malcolm Schofield, Richard Sorabji, London: Duckworth 1975, 1977, 1979, 1979.

Brinkmann, Klaus: Aristoteles' allgemeine und spezielle Metaphysik, Berlin: De Gruyter 1979.

Bröcker, Walter: Aristoteles, Frankfurt a. M.: Klostermann ³1964.

Guthrie, W. K. C.: A History of Greek Philosophy, Bd. VI (Aristotle. An Encounter), Cambridge: Cambridge University Press 1981.

Höffe, Otfried: »Aristoteles«, in Klassiker der Philosophie, 1. Band, hg. von Otfried Höffe, München: Beck ²1985, 63–94.

2. Lukrez:

Gigon, Olof: »Lukrez«, in Bd. 2 von Die Großen der Weltgeschichte, hg. von Kurt Fassmann, Zürich: Kindler 1972, 98–115.

Anhang

Ludwig, Harald: Materialismus und Metaphysik. Studien zur epikureischen Philosophie bei Titus Lucretius Carus, Köln: Hanstein 1976.
Striker, Gisela: »Epikur«, in Klassiker der Philosophie, 1. Band, hg. von Otfried Höffe, München: Beck ²1985, 95–115.
Lukrez: Von der Natur, übersetzt von Hermann Diels, Einführung und Erläuterungen von Ernst Günther Schmidt, München: dtv/Artemis 1991.

3. Thomas von Aquin:

Aquinas: A Collection of Critical Essays, hg. von Anthony Kenny, London/Melbourne: Macmillan 1969.
Heinzmann, Richard: »Thomas von Aquin«, in Klassiker der Philosophie, 1. Band, hg. von Otfried Höffe, München: Beck ²1985, 198–219.
Kenny, Anthony: Aquinas, Oxford: Oxford University Press 1980.
Weisheipl, James: Thomas von Aquin. Sein Leben und seine Theologie, Graz/Wien/Köln: Styria 1980. (Übersetzung von: Weisheipl, James: Friar Thomas d'Aquino. His Life, Thought and Works, New York: Doubleday 1974.)
Pieper, Josef: Hinführung zu Thomas von Aquin, München: Kösel ²1963.
Sertillanges, A. D.: Der Heilige Thomas von Aquin, Köln/Olten: Hegner ²1954.
Thomas von Aquin im philosophischen Gespräch, Aufsatzsammlung, hg. von Wolfgang Kluxen, Freiburg/München: Alber 1975.

4. Spinoza:

Bennett, Jonathan: A Study of Spinoza's ›Ethics‹, Cambridge: Cambridge University Press 1984.
Curley, E. M.: Spinoza's Metaphysics: An Essay in Interpretation, Cambridge, Mass.: Harvard University Press 1969.
De Vries, Theun: Baruch de Spinoza in Selbstzeugnissen und Bilddokumenten, Hamburg: Rowohlt 1970.
Specht, Rainer: »Spinoza«, in Klassiker der Philosophie, 1. Band, hg. von Otfried Höffe, München: Beck ²1985, 338–359.
Sprigge, Timothy L. S.: »Spinozistic Pantheism«, in: T. L. S.

Sprigge, Theories of Existence, Harmondsworth: Penguin 1990, 153–176.
Walther, Manfred: Metaphysik als Anti-Theologie. Die Philosophie Spinozas im Zusammenhang der religionsphilosophischen Problematik, Hamburg: Meiner 1971.
Wiedmann, Franz: Baruch de Spinoza. Eine Hinführung, Würzburg: Königshausen und Neumann 1982.

5. Leibniz:

Burkhardt, Hans: Logik und Semiotik in der Philosophie von Leibniz, München: Philosophia 1980.
Mates, Benson: The Philosophy of Leibniz, Oxford: Oxford University Press 1986.
Poser, Hans: »Gottfried Wilhelm Leibniz«, in Klassiker der Philosophie, 1. Band, hg. von Otfried Höffe, München: Beck ²1985, 378–404.
Leibniz' Logik und Metaphysik, hg. von Albert Heinekamp und Franz Schupp, Darmstadt: Wissenschaftliche Buchgesellschaft 1988.
The Cambridge Companion to Leibniz, hg. von Nicholas Jolley, Cambridge: Cambridge University Press 1995.
Wilson, Catherine: Leibniz's metaphysics: A historical and comparative study, Princeton, N.J.: Princeton University Press 1989.

6. Schopenhauer:

Breidert, Wolfgang: »Arthur Schopenhauer«, in Klassiker der Philosophie, 2. Band, hg. von Otfried Höffe, München: Beck ²1985, 115–131.
Hübscher, Arthur: Denker gegen den Strom. Schopenhauer: gestern – heute – morgen, Bonn: Bouvier 1973.
Magee, Bryan: The Philosophy of Schopenhauer, Oxford/New York: Clarendon/Oxford University Press 1983.
Schopenhauer im Denken der Gegenwart, hg. von Volker Spierling, München/Zürich: Piper 1987. (Neuere Essays.)
Über Arthur Schopenhauer, hg. von Gerd Haffmans, Zürich: Diogenes 1977. (Ältere Essays und Zeugnisse.)